首狩(くびかり)の宗教民族学

Religionsethnologie der Kopfjagd

山田仁史

Hitoshi Yamada

筑摩書房

首狩の宗教民族学

目次

序章　首狩と日本人　9
首狩の復活？　11／日本の首狩？　14／戦国時代の首取　18／日本の首塚　20／首狩と首取のちがい　23／首なし武者と胴なしの頭部　24／轆轤首と飛頭蛮　28／弥生時代の首狩習俗？　32
註　35

第1章　生業と世界観——宗教民族学の見取図　37
宗教民族学とは　39／狩猟採集民の世界観　41／牧畜民の世界観　45／農耕民の世界観　51／語族の問題　57
註　63

第2章　首狩・頭骨・カニバリズム——世界を視野に入れて　65
関連する諸習俗　67／首狩の研究史　68／鉄器は必要か？　74／世界の首狩　75／メラネシア　77／マイケル・ロックフェラー失踪事件　80／ミクロネシアとポリネシア　83／ユーラシア内陸部の頭皮剝ぎと髑髏杯　85／

ケルトとヨーロッパ　88／北米とメソアメリカ　92／南アメリカの乾し首（ツァンツァ）　94／
ナスカの首なし遺体　97／アフリカ　98／東北アジア・東アジア　100
註　102

第3章　東南アジアの首狩　109

〈首狩文化複合〉　111／近現代史における首狩　115／鳥占（とりうら）　120／標的と襲撃　121／
斃（たお）れた味方の処置　124／戦士の帰還　127／首祭　129／血讐・講和・奴隷・規模　132／
頭蓋への処置　134／頭蓋の保管場所　137／ワ族の〈首の並木道（シェーデル・アレー）〉　141／
頭蓋に対する扱い　144／下顎骨の扱い　147／「首狩白人（デア・ヴァイセ・コップフイエーガー）」　149／
頭髪と装飾・芸術　150／勇者の〈勲章〉　152／成年式としての首狩　156／
結婚の条件　159／他界へのパスポート　161／あの世での奴隷　164／
喪明けの首狩　167／葬儀・服喪の人身供犠　169／首狩から人身供犠へ　171／
作物と豊穣――大陸部　175／作物と豊穣――島嶼部　179／豊作をもたらす首　184／
内と外　187／狩猟とのかかわり　191／再び〈首狩文化複合〉について　194
註　196

第4章　台湾原住民の首狩　207

台湾の原住民　209／探検の時代　211／台北帝大の調査研究　216／
タブー化された記憶　219／偏見からの解放へ　222／首狩を指す語　225／
先史における首狩の可能性　227／早期の漢文史料　228／
スペイン語・オランダ語史料　230／清代の漢文史料　235／
平埔族とアミ族の問題　238／首狩隊の構成　242／鳥占と出発　248／
招魂と襲撃　250／首祭と楽器　253／斃れた味方——タイヤル　256／
斃れた味方——サイシャット・ブヌン・ツォウ・ルカイ　259／
斃れた味方——パイワン・プユマ　262／首を切られた幽霊譚　267／装飾と芸術　269／
首狩の二型式　272／頭骨架と〈霊魂の梯子〉　273／
〈馘首守護標幟〉と〈馘首成功標幟〉　279／パイワン・ルカイの首棚　286／
馘首者の〈勲章〉　289／他界観と喪明け　294／男子集会所と年齢階梯制　297／
ブヌンの頭蓋処置　302／進級式と出草　306／頭蓋の軽視？　316／
首狩の起源神話　324／狩と首狩　332／農耕と豊穣　339／パイワンの五年祭　348／
首狩の季節　356／首の持つ力　357／敵から味方への転換　359
註　361

終章　なぜ首を狩ったのか？——農耕・神話・シンボリズム　379

イエンゼンの学説　381／起源神話と世界像　384／農耕民の慣習としての首狩　389／
初期農耕における女性と男性　392／〈首そのものの力〉か〈霊への供物〉か　394／
首狩の倫理　397／首のシンボリズム　399／ハルシュタットの納骨堂（バインハウス）　402／
太平洋戦争での首取　405

註　407

あとがき　411
引用文献　ix
索　引　i

首狩の宗教民族学

装丁　神田昇和

序章　首狩と日本人

首狩の復活？

二〇〇一年二月、インドネシア・ボルネオ島の中部カリマンタン州（次頁の図0－1参照）――。ここで、「首狩の復活か？」と騒がれることとなる事件が起きた。マドゥラ人移民一一八人が土着のダヤク系住民に襲われて虐殺されたが、その際、山刀（ブッシュナイフ）・槍・吹矢などで武装したダヤク人たちは首を狩って持ち去っただけでなく、犠牲者の肉を食べたという風聞まで流れた。首は勝利の証として槍の穂先に串刺しにし、近隣をパレードした後、路傍に展示したと言われる。

犠牲となったマドゥラ人たちは、熱心なムスリム（イスラーム教徒）として知られる人々である。第二次大戦後のインドネシア政府による移民政策でボルネオ島に渡り、主に水田開発や森林開発にたずさわってきた。そうした中で労働市場を奪われていたダヤク人たちの不満が一挙に爆発し、この事件につながったとされている。(1)

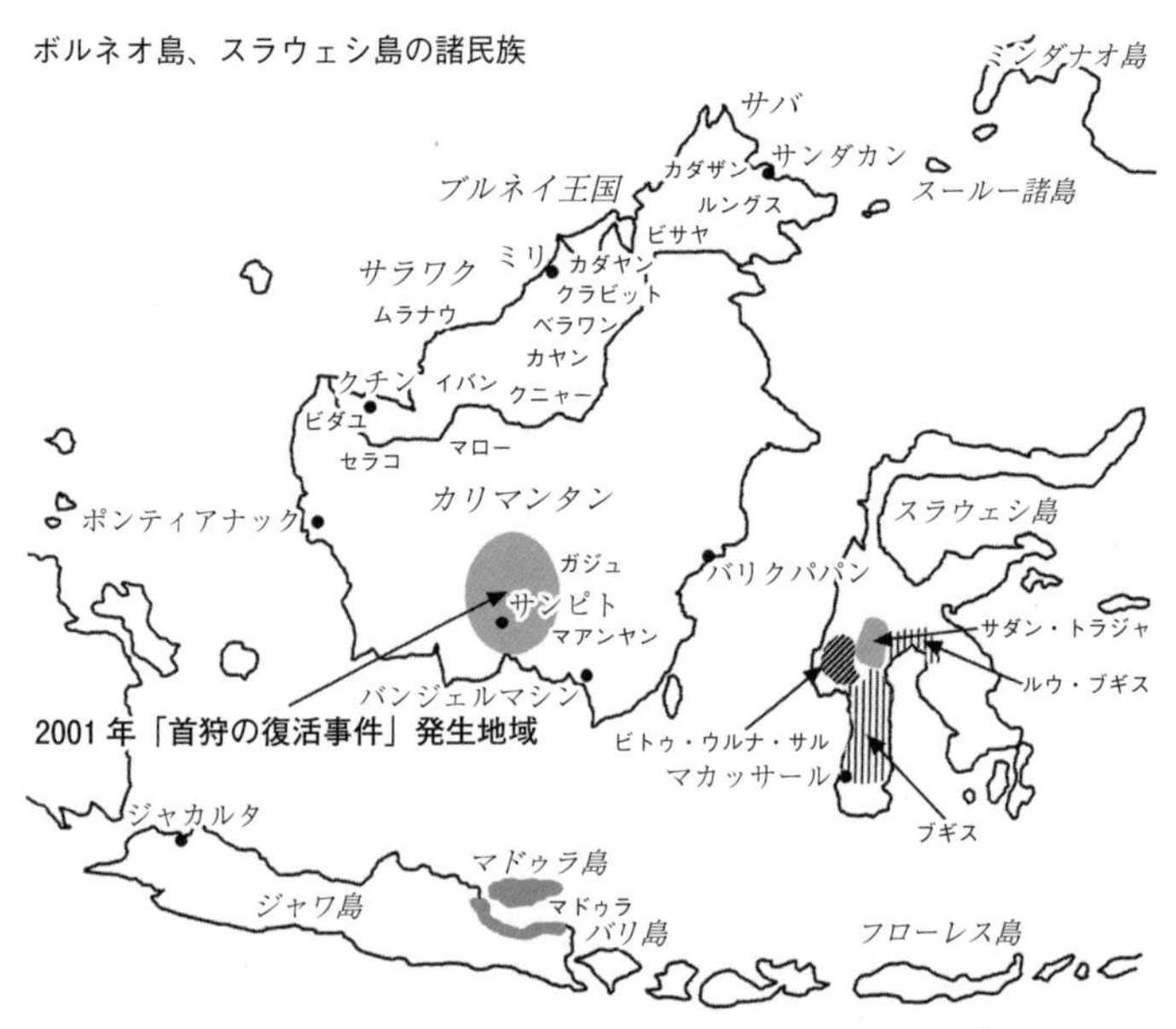

図0-1　2001年「首狩の復活」事件発生地域。太字は民族集団名（石井　2002: 15）

これが「首狩の復活」と呼ばれるのは、ダヤク人の間にかつて首狩が行われていたからだ。しかし「伝統的な」首狩慣習と比べると、共通点もあるが相違点も大きい。

すなわち、首を取るという表面的な行為自体は共通しているが、かつてダヤク人のみならず東南アジア各地の首狩に見られたような精神的背景は、ここには欠如しているのである。その精神的背景については、本書で詳しく見てゆくことになるが、首狩が豊作をもたらしてくれるという観念、男子が一人前として認められ結婚の前提条件となる成年式としての意義、首狩をした者だけが真の男として死後幸福になれるという他界観、あるいは死んだ首長にあの世で仕える奴隷を確保する手段としての首狩や、建物を堅固にする人柱としての首狩、といったものである。こうした宗教的とも呼べる要素が、「復活」した首狩にはもはや結びついていないのだ。

他方で首狩は、東南アジア島嶼部においては今なお生きた現実である――少なくとも想像力のレベルでは。と言うのも、土木工事や建築物への人柱として首狩がなされるという噂の存在が、各地から報告されているからだ。ボルネオ島沖合の油井建設、フローレス島の石造大聖堂やダム、スンバ島とチモール島の橋や灌漑施設、はては国際ホテルの建設に至るまで、人柱や首狩の噂と無縁ではないという。それは、近代化とそれに伴う社会・自然環境の激変に対する、現地社会の一つのリアクションなのであり、そこに持ち出されるのが「伝統的」な首狩というイディオムである。[2] 東マレーシア・サバ州では、過去の首狩を「我らの伝統」として観光の目玉とするキャンペーンが起きてもいる。[3]

後から述べるように、東南アジアのいくつかの地域では二〇世紀に至るまで、首狩が続けられてきた。その記憶は、今なお人々の脳裏に強く焼きつけられている。そのことが、こうした事件や噂の背景にはある。首狩は過去のものとなったように見えて、その根は実は依然として失われていないのだ。

日本の首狩？

このように、首狩は決して、現代社会とまったく無関係な過去の風習ではない。とは言え、今挙げたのは東南アジアの例である。やはり遠い世界の出来事と思われるかもしれない。それでは日本は、首狩と無関係だろうか？

この問いですぐに連想されそうなのは、日本でも合戦などにおいて古くから首が取られてきた事実である。これを「首狩」と呼べるかどうかは後から考えることにして、さしあたり歴史をさかのぼってみよう。

史家の黒田日出男（ひでお）によれば、[4]日本中世の戦闘における敵首の掻き方は、さまざまな絵巻物に描かれている。たとえば『平治物語絵巻』（一三世紀後半頃）には、髻（もとどり）をつかんで腰刀で首を掻き切るリアルな場面があり、『平治物語絵詞』（同世紀中葉）では、一人が押さえ付け、もう一人が首を掻き落とす描写がある。『蒙古襲来絵詞』（同世紀末）には、モンゴル軍の戦場で敵を組み敷き、首を掻き切る竹崎季長（すえなが）の姿が見え、やはり髪の毛をつかんで喉の方から首を掻いていた。

こうした掻き首や処刑した首は、長刀ないし太刀に刺されて陣所に運ばれ、「首見参（くびげんざん）」すなわち味方の将に見せることが行われた。その後、首懸けに括（くく）りつけられたが、『前九年合戦絵詞』（一三世紀後半）に見える首懸けの片一方の柱には、樹木が使われていた。渡された竿に、髻の部分を結わえつけて首を懸けたのである。『後三年合戦絵詞』（一四世紀中葉）（図0－2）では、将軍（源義家）の陣所に首懸けが三つも作られ、合計四八もの首が懸けられている。首懸けの横棒に赤紐で髻を結わえ、首にはそれぞれ姓名や年齢などを記した首札が付されていた。

　戦場における「掻き首」は、八世紀にはすでに行われていた。『続日本紀』天応元年（七八二）六月一日条によると「賊衆四千余人、其の斬る所の首級、僅かに七十余人」とあり、また『日本紀略』延暦一三年（七九四）一〇月二八日条には「征夷将軍大伴弟麻呂奏す、斬首四百五十七級、捕虜百五十人、獲馬八十五匹、焼落七十五処」とあって、ここでは反乱した四五七人もの蝦夷の首を斬ったことが分かる。こうして掻かれた首や斬首は、中世になると、ことに朝敵のような重罪人の場合、見せしめのパレードとして都の大路を渡され、獄門の木に梟首されるようになっていった。

　面白いのは、中世武士たちの場合、「たんに自己の軍功を証明するためにだけ首を掻いたのではなく、八幡・鹿島・香取・諏訪を始めとする諸「軍神」を祝い、武運と戦勝を祈願・報賽するために「生贄」としての敵の「生首」を求めた」と思われることである。黒田によれば、『平家物語』巻十一の二「勝浦合戦の事」にある「残り留まつて防矢射ける兵ども二十余人が首斬り懸けさせ、軍神に祭り、悦びの鬨を作り、「門出よし」とぞ喜ばれる」といった記述から、そのことがうかがえるという。「彼等にとって「軍神」は、「生首」を「生贄」として求め

図 0-2　『後三年合戦絵詞』（東京国立博物館所蔵）

る神であった。つまり、日本の合戦で大量の首が掻き切られるのは、敵を倒した戦功を証明するというレベルだけではなく、「軍神」への「生贄」に捧げるというレベルでの力が働いていたのだ[5]」。

黒田が言うほど「生贄」という要素を強調できるかは、やや疑問だが、中世日本においては首をさらすことをもって「軍神をまつる」と称し、また「軍神へ首をまつる」ための血祭り、という観念もあったらしい[6]。

戦国時代の首取

戦国時代の合戦でも、首取の行為は盛んに続けられた。それは「単純に割り切ってしまえば、当時の武士たちにとっては、それが即功名につながっていたからである[7]」。鈴木眞哉著『刀と首取り』によると、この時代の武士たちの経歴を書いたものを見ると、大抵戦功歴の形を取っているが、それはしばしば「首取歴」にほかならない。たとえば、『寛永諸家系図伝』（一六四三年）に出ている大久保彦左衛門（忠教）の経歴は、天正四年（一五七六）七月、遠州乾で首を取ったのを皮切りに、九年三月の遠州高天神、一一年一〇月の信州田口、一二年の信州上田、一三年一月の信州藍木、同年八月の信州上田という具合に、どこでどう戦って首を取ったかということに尽きている。そしてこれは特別な例ではなく、他の徳川家の旗本衆の家譜などを見ても、似たようなものだという。

気になるのは取られた首の扱われ方であるが、二木謙一『合戦の文化史』によれば、室町時代頃から首実検の作法・しきたりといったものが定められ、『軍用記』『頸対面之次第』などの故実書に詳述されるようになった。それによると、首実検を行う場所は、多くは主戦場近辺の寺などがあてられた。敵勢に首を奪還されないように警戒を厳にした中で、首を検分する人は門内の二、三間奥に置かれた床几に腰を下ろし、首をお目にかける人は門外に控える。門もない所では、幕を張り、中を巻き上げて内外の隔てをこしらえた。首実検に先だち、首化粧（首装束）が施された。首を水でよく洗い、血や土などを洗い落とし、髪を整えて元結にて髻を高く結い上げる。そしてお歯黒（鉄漿）や白粉・紅をつけた高貴の首ならばそのようにこしらえ、顔が傷ついている場合には米の粉をふりかけて傷をおさえる。こうして首化粧した首には、板に「何某これを討ち取る。何某の首」と二行に書いた首札を鬢の毛に結びつけ、首台または首板の上に据えた。それから首実検を終えると、戦場の勇者の首は敵方に送り届けるのがならわしであった。「要するに首実検は、味方の戦果を確認し、その士気をますます高めるとともに、武運つたなくして散った敵の戦死者に対する最大限の表敬がこめられた儀礼である(8)」。

なお首実検に際して、大将首には酒を飲ませる儀礼も存在した。首の前に昆布一切れと土器二つを重ねておき、首を取った者が銚子の酒を土器に二度注ぎ、二回飲ませる形をとった。二度注ぎの二回は四（死）であり、引導を渡す意味があった。またこの時の酒は左注ぎだったので、平時の左注ぎは嫌われるのだという(9)。

戦国期の首取と言うと、織田信長による金髑髏（どくろ）のエピソードが有名である。つまり『信長公記』巻七によれば、天正二年（一五七四）正月朔日、岐阜城で年始の酒宴が開かれた。古今聞いたこともないような珍奇の肴（さかな）が出された席上、織田信長は前年に滅ぼした朝倉義景、浅井久政・長政の首を披露したという。それは薄濃（はくだみ）、すなわち漆塗りの上に金を施したものであったと伝えられ、これを公卿（くぎょう）（白木の折敷（おしき））に据え置いたと記されている。しかし二木によるとこうした「アブノーマル」な例はむしろ稀で、総じて戦国武将の敵の戦死者に対する扱い方は丁重であった(10)。

日本の首塚

敬意をもって扱われた首は、いわゆる首塚に葬られることも多かった。『日本の首塚』を著した遠藤秀男の調査によれば(11)、日本全国で確認できた首塚は一一三基（図0－3）。北は宮城県から南は熊本県まで広く分布しており、東京都大手町にある平将門の首塚のように有名なものから、多数の首を合葬した塚、そして鬼の首塚と称されるものまで含まれている。そのうち、

図0-3　日本における首塚の分布（遠藤　1973: 6）

ほぼ八割は合戦による戦死者のものである。

首塚にまつわる伝承で最も古いのは、七世紀の大化改新の際に討たれた蘇我入鹿のものとされる。『今昔物語集』巻二二第一には次のようにある。中大兄皇子が太刀で入鹿の頸を打ち落としたところ、「其の頸飛びて、高御座の許に参りて申さく、「我罪なし。何事によりて殺さるゝぞ。」と」。皇極天皇はこのクーデターについて何も知らなかっただけでなく、女帝でもあったので恐がって、高御座（玉座）の戸を閉めさせた。すると「頸、其の戸にぞあたりて落ちにける」。入鹿の首塚は、奈良県の明日香などにある。そして、討たれた首が空を飛ぶ伝説は、後の僧玄昉や平将門などとも共通しており、入鹿の伝承はその源流に近いものと考えられている。[12]

以後日本では、首塚が築かれ続けた。遠藤が挙げた個人のための首塚を列挙すると、古代・中世では玄昉、平将門、源頼政、木曾義仲、平重衡（しげひら）・敦盛、源実朝、曾我兄弟・工藤祐経、新田義貞・二条為冬、楠木正成、護良（もりなが）親王、自天王。戦国時代では今川義元、織田信長、明智光秀、清水宗治、陶晴賢（すえはるかた）、山本勘助、鳥居元忠・石田三成、木村重成。江戸時代では由比正雪・丸橋忠弥、吉良上野介、裏宿七兵衛、日本左衛門、小栗上野介、世良修蔵。実に明治に至るまで、戦場においてあるいは斬首により、多くの首が胴から離れた。また戦功品としては首のほか耳鼻そぎも行われ、耳塚・鼻塚も数多く作られている[13]。

首取と車の両輪のような関係にあったのは刀の存在である。刀は、その効用はともかく、第二次大戦が終わるまで兵器として位置づけられていたが、首取慣行の方はそれより早く姿を消した。およそ、明治元年（一八六八）の戊辰戦争と、翌明治二年にまたがる箱館戦争あたりが終期となったらしい。たとえば明治元年四月、旧幕府軍の拠（よ）る宇都宮城を新政府軍が奪還した時、薩摩藩の隊長の一人は「この日打取り全く首を揚げしは百十級なり」と日記に記した。また新政府側についた秋田藩が、同年一一月にそれまでの戦闘経過を政府に報告した中には「斬獲」として、誰が首を取ったか逐一書き上げられ、戦国時代までの軍忠状と同様だった。ところが、近代的軍隊が整備されるに至って首取は行われなくなった。明治七年（一八七四）の佐賀の乱から同一〇年（一八七七）の西南戦争に至る士族の反乱にあっては、もはや首が取られた形跡はないという[14]。

ほぼ千年にわたる日本の合戦における首取史は、こうして終焉を迎えたのである。

首狩と首取のちがい

では、こうした日本の首取行為を、首狩と呼んでよいのだろうか?

結論を先に言えば、私は一応、両者を区別しておくのがよいと考えている。そもそも首狩とは、英語のヘッドハンティング(headhunting)、ドイツ語のコップフヤークト(Kopfjagd)、オランダ語のコッペンスネレン(koppensnellen)、フランス語のシャッス・オ・テット(chasse aux têtes)といった語句の訳語であるが、民族学者たちによって大きく二種類に区別されてきた。たとえばオランダのウィルケンは、(1)主に不意討ちによって故意に誰かを殺し首を取る形式と、(2)戦闘で斃(たお)れた敵の首を切って持ち帰る形式とを区別した[15]。

オーストリア・ウィーン大学のハイネ゠ゲルデルンもまた、両者を厳密に分けることは困難であるとしながらも、(1)本格的な首狩、すなわち頭蓋を得るという明白な目的のために行われ、犠牲となる相手に対し前もって必ずしも敵対している必要のない場合と、(2)血讐(ブルートラッヘ)または単に略奪という政治的理由から戦争・争闘を行い、斃れた敵の首を切って頭蓋を保存する場合とを区別した。そして前者においては、野外で通行人や畑仕事中の人、釣り人などを急襲する傾きがあるのに対し、後者では村を攻撃することが多いと述べている。[16]

スイス・バーゼル大学の民族学者シュースター[17]もやはりこれら二種類の首狩に言及したし、デンマークのビルケット＝スミス[18]が（1）真の首狩（リアル・ヘッドハンティング）および（2）首級（ヘッド・トロフィーズ）と語句を使い分けたのも、こうした区分に対応したものであろう。

このように、首狩には、（1）最初から首の獲得を企図して出かけ、しばしば偶然出会った相手を不意討ちして首を持ち帰る場合と、（2）村同士の戦争などにおいて、敵の首を得て持ち帰るという場合とがあって、その意図からしても世界的な分布から言っても、異なる習俗と見なすことが適当である。したがって本書では、（1）を狭義の首狩と見なし、（2）を区別する必要がある場合には、宗教民族学者・宇野円空[19]の用語にしたがって「首取」と呼ぶことにしたい。しかし両者は併存していることも少なくないし、厳密に分けることが難しい場合も多いので、両方を広義の首狩に含めておくことにしよう。

つまりこの定義からすれば、先に見てきた日本の事例は狭義の首狩には含まれない。わざわざ言葉を変えて首取と表現してきたのは、このためである。

首なし武者と胴なしの頭部

とは言え、日本の首取にも、狭義の首狩と似たところはいろいろある。すでに挙げたような行為としての共通性の他、首実検の際に敵首に酒を供したことなども、後述する東南アジアの首狩の場合とよく似ている。

また、首を奪われ怨みを抱いて死んだ犠牲者に関して、その場所に首なしの幽霊が現れるとか、逆に首だけが徘徊するといった噂が流れたことも、興味深い共通点である。

たとえば静岡県沼津市の千本松原には、天正年中に武田勝頼と北条氏政の軍が激突した際の首塚が、いくつかあった。それで、この地の住民は夜間首塚に近寄ることを嫌い、通行人はずっと遠回りをしてでも避けて通っていた。彼らが嫌う理由は、月の明るい夜などに首塚上に白馬にまたがった首なし武者が立っていたからとされ、時には海辺を疾駆する幽霊武者に出会って、何か月も寝込んだ村人があったほどだという。

北陸の福井では、柴田勝家ゆかりの城下町だけに、敗死の四月二四日夕方になると、勝家以下の首なし武者たちが、音もなく行列を作って通過していくと信じられてきた。そのため毎年この日の夕刻には、通りに面した町家は、ぴたりと表戸を閉ざしてきた。

同じく北陸の話では、永正四年（一五〇七）、一向一揆勢の中にいた加賀石川郡の玄任（げんにん）という豪の者が敗死した後、付近に亡魂がさまよい歩くようになって、里人をおびやかし始めた。『北陸七国志』（馬場信意撰、宝永四年序、巻二）によれば、里民の門をほと〳〵と叩く者あり。亭主誰ぞとて立出づれば、首もなき骸(むくろ)の色白きが、四五人出来(いできた)る。これはと驚き、よく見んとするに、消え〳〵となりて失せぬ。また或夜、民家の窓より色青々としたる生首がさし入って、にっこと笑えば、女房これを見て、あっと叫んで伏転(ふしまろ)ぶ。その声と共に、かき消すように失せにけり。

こうした変事が続くので、村人は怖(お)じ恐れてついに僧を頼んで昼夜にわたる法華経をあげてもらった。するとぱったりと亡霊の来訪がやんだので、翌年、阿波賀という所に経堂を建てて、死者の供養を続けることにしたという。[20] 面白いのは、幽霊が胴体だけで現れる場合と、頭部だけで想像される場合の二種類があったことだ。

　こうした幽霊譚は、かつて首狩の盛んだった地域からも広く伝わっている。たとえば、台湾のオーストロネシア系原住民たちは、後から見るようにかつてその首狩がよく知られていたが、やはり同じような言い伝えを持っていた。

　そのうちツォウ族達邦社(タッパン)(「社」は村落のこと)の「馘首(かくしゅ)されたる者の幽霊の話」によれば、

昔、ムムヤツという山に、二人の友達とともに狩に赴(おもむ)きぬ。一人は小屋にとどまり、一人は月光をたよりに鹿の水飲場を探しに赴けり。小屋に残りし者、友の帰りを待ちいたりしが、昼の疲れに知らず知らず横になりて眠りけり。しかるに夜中になりて人の音すれば、友の帰りしならんと起きて入口を見れば、知らざる人立てり。驚きてよく見れば、その者の首は斬られて前に垂れ、わずか二本指の広さの皮にて胴と続くのみ。彼は五体一時に麻痺して転倒し、あっと叫べば怪物は消え失せたり。これなん馘首せられたる者の幽霊ならんと。[21]

これは、首を狩られた者が胴体だけで出現した例だが、頭部だけの話もある。たとえばブヌン族丹大社「首のみの男の話」は次のように語る。

昔、首のみの男ありけり。嫁を迎えたれども、首のみにては詮なしとて出で行きぬ。その時、首はあまりの悔やしさに、嫁の腰巻に嚙みつきたり。嫁もさる者、素知らぬふりをして橋上に到り、腰巻を解きて河に投ぜしに、首も共に流れて「ドードー」と泣きたり。今にその泣き声やまず。[22]

これとそっくりの話が、パイワン族パリラヤン社からも伝えられている。

昔、一人の美男あり。ある女のもとに来たりて契りを結べり。ある日、彼昼来りしが、首のみ見えてさらに姿は見えざれば、女は不思議に思いて屋内に入るを拒みたり。しかるに首は直ちに女の陰部に喰いつきたり。女も驚きかつ怒り、むしり取りてそれを叢中に棄てたり。[23]

これら二つの伝承では、男が首だけの姿で現れた理由はよく分からないが、首狩の被害に遭った者の姿がイメージの背景にあることは、十分に推測できよう。

轆轤首と飛頭蛮

胴がない頭部だけの怪物と言えば、日本では轆轤首がよく知られている。首が長くのびるタイプの轆轤首の方が今ではポピュラーだが、これは鳥山石燕の『画図百鬼夜行』（図0−4）や月岡芳年の『新形三十六怪撰』などに描かれたイメージがその後の轆轤首像を固定してしまったためらしく、もとはむしろ首が胴から離れるのが、本来の轆轤首の姿であった。

たとえばラフカディオ・ハーンの『怪談』（一九〇四年初版）に収められた「轆轤首」の話は、十返舎一九編『怪物輿論』（一八〇三年刊）巻之四「轆轤首悕念却報福話」に基づいているが、ここでも夜中に胴から首が離れて飛行することになっている。それによると、武勲の誉れ高かった武士が主君なき後、剃髪出家し回竜と名乗って各地を行脚していた。ある時甲

図 0-4 『画図百鬼夜行』に描かれた轆轤首（東北大学狩野文庫所蔵）

斐国で一夜の宿を借り、夜中に襖から隣の部屋をうかがうと、家人五人が横になっていたが、どれも首がない。回竜は轆轤首のよからぬ企みを見抜き、主人の胴体を窓辺から外へ突き落とした上で、庭向こうの林へ向かった。はたして五つの首が飛び回りながら、地面に匍う虫や樹間を飛ぶ虫を捕らえてしきりに喰っている。そして、「今宵の旅の僧は、全身よく肥えていた。あれを喰ったら我々の胃の腑もさぞかし飽満するだろう」などと話していた。やがて回竜に気づいた首たちは攻撃を仕掛けたが、打たれて近寄ることができない。結局四人は家に戻って胴と合体したが、主人だけは胴体をよそにやられたため戻ることができず、回竜の袂に喰らいついたまま息絶えたのであった。[24]

　鳥山の描いた轆轤首が、「飛頭蛮」という文字に「ろくろくび」という読みをあてていることからも明らかなように、この妖怪のモデルは中国の「飛頭蛮」である。とりわけ中国南部の伝承として知られ、「落頭民」「飛頭獠子」などとも称される。

　最も有名なのは、東晋・干宝の『捜神記』巻一二に見える「落頭民」の話であろう。それによれば、秦の時代、南方に落頭民という種族がおり、この種族の者の首は空を飛ぶことができた。呉の時、朱桓という将軍が雇った婢は落頭民出身で、毎晩寝た後、首が飛んで行き、明け方になると戻ってきた。夜中に婢を照らしてみると、首から下の胴体だけがあり、体は少し冷たくなっていて、呼吸もかすかだった。そこで胴体に布団をかぶせておくと、夜明けに帰って来た首は布団にさえぎられ、合体できない。首は二、三度近づいては離れ、床に落ちて、悲しげにうめき、今にも死にそうに呼吸も絶え絶えになった。それで布団をはがすと、首は再び飛び上がって頸にくっつき、やがてスヤスヤ眠りについた。また、布団ではなく銅の盆で落頭民の胴体を覆った人もいたが、その時は首が中に入れず、とうとう死んでしまったという。

また唐・段成式の『酉陽雑俎(ゆうようざつそ)』巻四「境異」では、嶺南（広東・広西地方）の渓洞(けいどう)に、「飛頭獠子」といって頭を飛ばす者がいたと語る。頭が飛ぶ前日になると、その者の頸の周りに、赤い糸のような痕がつく。それで妻や子供らが見守っていると、夜になると病人のような状態になり、突然、頭に羽根が生えて胴体から離れ、飛び去ってしまう。そして川岸の泥から蟹や蚯蚓(みみず)などを探して食べ、夜明けになると飛び戻って来る、というのである。[25] ハーンの再話に見える轆轤首は、むしろこれに近い。

頭のない幽霊の伝承は江蘇省や浙江省の漢族にも流布するものの、[26] こうした飛頭蛮の伝承は中国南部に多く、大抵は異民族の話として伝えられている。民族学者の大林太良が述べたように、[27] ここに見られる「首への関心」は、首狩と無関係ではなかろう。つまり、後から見てゆくことになるが、東南アジアから中国西南部にかけては、かつて首狩が盛んに行われた地域が広がっていた。首狩の遠い記憶や、場合によってはリアルな体験が、根強く残る地域にあっては、首を失うことへの関心が、いやでも存続することになったのだろう。他方では、漢族側からの異族表象が、恐怖や怪異とないまぜとなって、これらの伝承に現れている、と言えるかもしれない。

それはさておき、近年の日本における妖怪ブームの中で、飛頭蛮の後裔である轆轤首もそれなりに人気があるようだ。してみると、現代に生きる日本人も、首狩とかすかにつながっているのである。

弥生時代の首狩習俗？

つながっているとは言っても、今のは物語の中での話である。現実世界とは次元が違う。ではいったい日本で、先に見た首取ではない狭義の首狩は行われたのだろうか？

実は、弥生時代に首狩がなされていたのでは、という説がある。佐賀県・吉野ヶ里遺跡から首なし人骨が発見されたのがきっかけだ。多数見付かった甕棺(かめかん)の一つに、成人男性のものと思われる人骨があったが、それには首がなかったのである。そこで中国の考古学者・林華東(りんかとう)は、これは首狩の犠牲者ではないかと考えた[28]。

しかし、これには反対意見もある。吉野ヶ里の人骨をくわしく観察した形質人類学者の松下孝幸によれば、この首なし人骨には刃物で首を飛ばされた痕跡がない。頸椎には傷がないという。ところが、左右の鎖骨の内側面には傷があり、それはちょうど首のあたりである。鎖骨の内側に向かって、上から下に刃物を差し込んだような跡がある。その他の骨には異常が認められないので、強引に武器で頭蓋をはずしてしまったのではなく、死んだ後に、頭蓋を切り離したものと松下は推測している。それにしても、吉野ヶ里では「頭蓋のない遺体の数が少なすぎる」から、「殺人事件が起きたと考えるのがいちばん自然な気がする」[29]。こう松下は述べている。

別の側面からの反対意見もある。考古学の高山純は、東南アジアからオセアニアにかけての首狩に関する民族例をいろいろと検討した結果、首を狩られた犠牲者が吉野ヶ里のように丁重に埋葬されることは少ないと論じた。ただ吉野ヶ里の場合、馘首されてしまった戦士の死体が郷里に持ち帰られて埋葬された可能性もある、と高山は考えている[30]。

本書で見てゆく世界の首狩や考古資料でも、斃れた味方は不吉な死をとげたというので、丁寧な扱いを受けない場合が多い。また古代エジプトのように、首なし人骨が発見されても、それは刑罰によるものと解釈されることもある。ただし、台湾のように首なし人骨にくわえて穿孔された人間の歯が見つかったり、ナスカのように人頭から植物が生えるさまを描いた壺が発掘されたりした場合には、首狩と豊穣の関連を示唆する可能性がある。

ただいずれにしても、日本列島においてムラ同士の戦闘が活発になったのが弥生時代だったことは、間違いない。考古学の松木武彦が論じたように、縄文時代とは異なる世界観が、弥生期になって到来したのである[31]。

それはいかなるものだったのか。一つ参考になるのは、『播磨国風土記』讃容郡（さよのこおり）の記述である。そこには、郡名の由来譚として次のような話が見えている。

讃容と云う所以は、大神妹妋二柱、各競いて国占めましし時に、妹玉津日女の命、生ける鹿を捕らえ臥せて、その腹を割きて、稲をその血に種きたまいき。すなわち、一夜の間に、苗生う。すなわち取りて殖えしめたまう。ここに、大神勅云りたまいしく、「汝妹は、五月夜に殖えつるかも」とのりたまいき。すなわち他し処に去りき。故れ、五月夜の郡と号け、神を賛用都比売の命と名づく。

つまり、生きた鹿の腹を割いて、稲種をその血にまいたところ、一夜にして苗が生えた。そこで「五月夜」に植えたことから、サツキヨ、縮めてサヨという郡名ができたというのである。ここで面白いのは、鹿の血が稲の生長を促進させていることだ[32]。第4章で見るように、台湾原住民のもとにも、人間や動物の血が作物の生長を助ける、という観念が存在した。

こういう発想、つまり血が作物を実らせるとか、豊穣のために死や殺害が前提となるといった思考法は、人類史的に見ると初期の農耕民段階で出てきたものだと考えられている。そして、首狩もそうした世界観に基づくものと思われるのだ。してみると、弥生時代の日本で首狩が行われていたとしても、さほど驚くことではない。ただ、このことをもう少しくわしく述べるために、次章では宗教民族学という枠組みから、あらためて説明してみよう。

註

（1）石井　二〇〇二、Hawkins 2005.
（2）Hoskins 1996: 31-32, 石井　二〇〇二：二五。
（3）Ginging 2007.
（4）黒田　一九八八。
（5）黒田　一九八八：一九－二〇。
（6）佐伯　二〇一四。
（7）鈴木　二〇〇〇：一五九。
（8）二木　二〇〇七：一六一－一六六。
（9）遠藤　一九七三：五八－五九。
（10）二木　二〇〇七：一六六－一六七。
（11）遠藤　一九七三：三－六、三三〇－三三七。
（12）遠藤　一九七三：七九－八五。
（13）清水　二〇一三。
（14）鈴木　二〇〇〇：二〇四－二〇六。
（15）Wilken [1884-85]: 149, [1889]: 49.
（16）Heine-Geldern 1917: 15, 22, 1923: 932, 邦訳：三九〇。
（17）Schuster 1956: 6.

(18) Birket-Smith 1973.
(19) 宇野 一九三〇：七九一。
(20) 遠藤 一九七三：一八－一九、一九七四：二〇八－二一〇。
(21) 佐山 一九一三－二一、四：一〇五－一〇六。
(22) 佐山 一九一三－二一、六：二二二。
(23) 佐山 一九一三－二一、五：三五三。
(24) 小泉 一九九〇：六二－七四、三三八、三八一－三八七。
(25) 伊藤 一九九六：二九四－二九六。
(26) 徐（Xu）［一九九二］：四五一－四五三。
(27) 大林 二〇〇一：一三三－一三四。
(28) 林（Lin） 一九九三、一九九九。
(29) 松下 二〇〇一：一四七－一五〇。
(30) 高山 二〇〇三。
(31) 松木 二〇〇一。
(32) 長田 二〇〇〇a、b：一八四－一八六。

第1章　生業と世界観——宗教民族学の見取図

宗教民族学とは

本書で私は、宗教民族学の立場から首狩にアプローチしていくが、そもそもこれはどんな学問なのだろうか？　かいつまんで述べよう。まずそれは、宗教史学・宗教現象学・宗教社会学・宗教心理学などとならぶ、宗教学の下位分野と見なすことができる[1]。また他方では、経済民族学・社会民族学・政治民族学・法民族学・芸術民族学・認識民族学・医療民族学などとならんで、民族学の一分野でもある[2]。

英語圏やフランス語圏で宗教人類学と呼ばれるものと一部重なるけれども[3]、私が主に依拠しようとするドイツ語圏の宗教民族学は、やや独自の伝統を持つ。そのあらましを知るには、シュミッツ、ティール、ヴァイス、ヴェルンハルト、シュミットらの概説書やリーディングスがよい[4]。日本語でもいくつかの概説が書かれており[5]、やや古いものもあるが、今でも読むに値する。

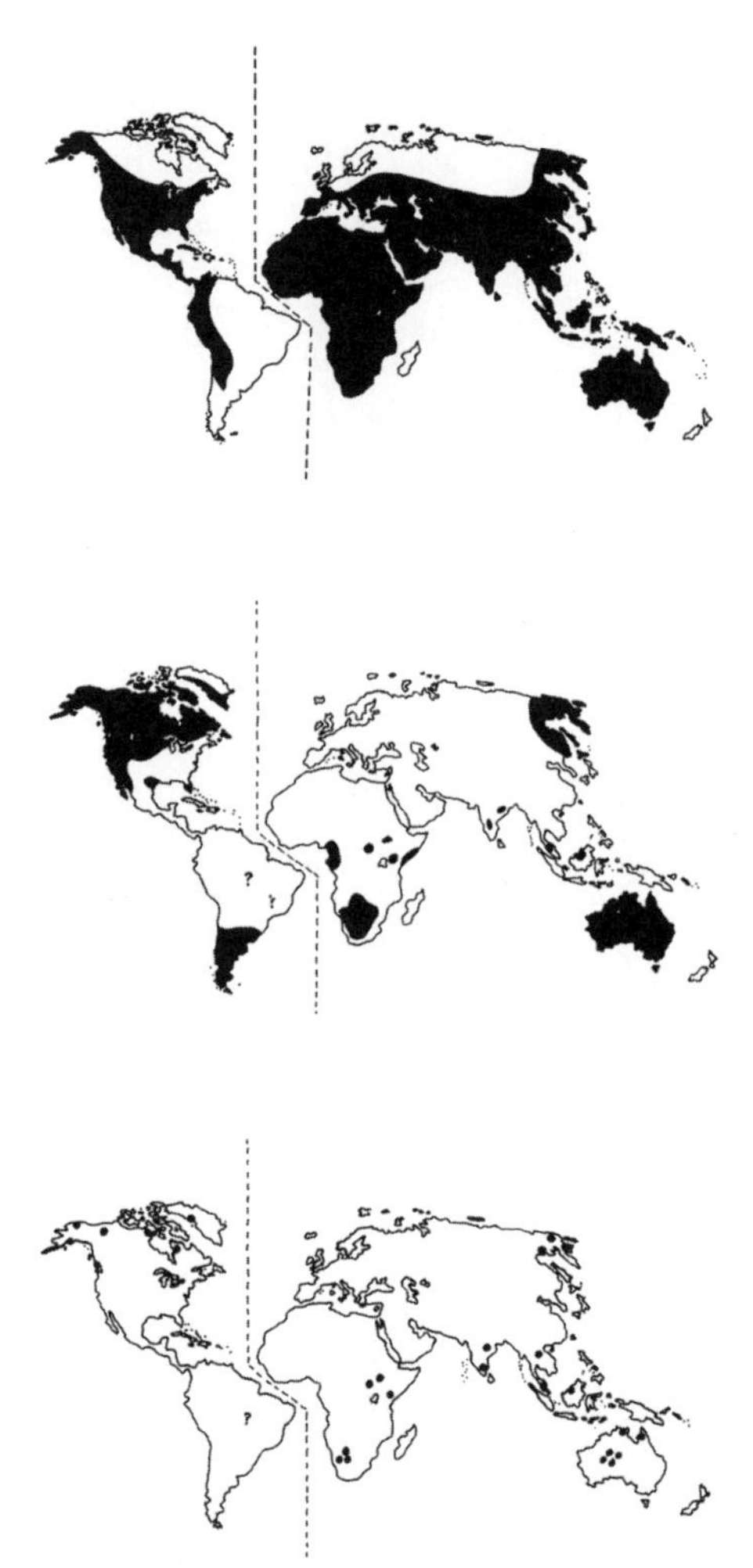

図1-1　世界における狩猟民の分布。上から紀元前1万年、紀元後1500年、紀元後1972年（Lee & DeVore 1979）

狩猟採集民の世界観

宗教民族学がまず重視するのは、生業である。つまり、人がいかにして食物を手に入れるかという活動のことだ。これは基本的に、狩猟（漁撈）採集、牧畜（遊牧）、農耕というように三つに分けてとらえることができる。そして、それぞれの生業に応じて世界観（ヴェルトアンシャウウング）（世界像（ヴェルトビルト）とも言う）、つまり物の見方が大きく異なるのである。

狩猟採集民と言ってもピンと来ないかもしれないが、ここに興味深い地図がある（図1-1）。狩猟民研究の古典となっている『狩りする人』から採ったもので、上から紀元前一万年、紀元後一五〇〇年、そして一九七二年と、歴史上のある時点でどれだけの狩猟採集民がどこにいたか、ということを示した地図である。

まず一番上は、紀元前一万年、すなわち農耕・牧畜の開始以前であり、当時の全人口が一千万人だったとすると、一千万人全員が狩猟民だった、ということになる。次に紀元後一五〇〇年、つまり大航海時代が始まり、ヨーロッパ人が世界各地に乗り出していった頃、全世界の人口は三億五千万人と見積もられている。しかし狩猟民は、すでにそのうち一％くらいになっていたという。この地図では、その主要な分布域は、環北極域、オーストラリア、南アメリカ南部、アフリカ南部、そして赤道に近い熱帯雨林といった、農耕・牧畜にさほど適していない地域に限られている。最後に一番下の一九七二年時点を見ると、地球全体の人口は約三十億人、そのうち狩猟民はわずか〇・〇〇一％とされている(6)。

では、かつての狩猟採集民にはどんな人々がいたのだろうか。ドイツの民族学者・社会学者トゥルンヴァルトは、次の四グループに分けた。

第一に、氷の狩猟採集民。例として、極北のエスキモー（イヌイット）、カナダのコッパー・エスキモー、シベリア北部の人々が挙げられている。

第二は、ステップ・砂漠・草原の狩猟採集民で、西南アフリカのベルクダマ、南アフリカのブッシュマン（サン）、オーストラリア人（アボリジニ）、カリフォルニア・インディアン、北米・大塩湖のインディアンが例として出ている。

第三に森の狩猟採集民。これに属するのは、アンダマン諸島民、セイロン（スリランカ）のヴェッダ、マレー半島のいわゆるネグリート、スマトラ島のクブ、中央アフリカの諸民族である。

第四は水辺の狩猟採集民であり、東シベリアの海岸チュクチ、コンゴの漁撈・交易民ロケレが例とされている(7)。

もちろん地域や民族により、また時代によっても差があるけれども、こうした狩猟採集民の間では広く〈動物の主(ぬし)〉と呼ばれる存在が信仰されてきた。それは野生動物のリーダーのような存在であり、その主な任務は、狩人と猟獲物の関係を監視することである。たとえば、もし狩人が動物をとりすぎると、〈動物の主〉は怒り、獲物がとれないようにしてしまう。彼らは時に人の姿、または動物ないし半獣の形をとって現れる。大型だったり、年老いていたり、白色、独眼、一本脚、巨根などの特徴を持つこともある。大抵は巨大あるいは強力な動物が〈動物の主〉とされ、アフリカではライオン・象・羚羊（アンテロープ）など、北ユーラシアでは熊・鹿・狼・虎・海獣など、南米ではジャガーなどである。日本の山姥（やまうば）や、マタギの祖といわれる磐司磐三郎（ばんじばんざぶろう）などにも、こうした〈動物の主〉のおもかげが残されている可能性がある。[8]

　これら〈動物の主〉とはちがい、小さい体ながら抜群の知恵や悪戯（いたずら）で周囲の者たちを翻弄する、しかし憎めない存在のトリックスターというのも、狩猟採集民の神話によく登場する。北米ではコヨーテやワタオウサギ、北ユーラシアではワタリガラス、アフリカではクモやカメレオンやウサギなどだ。

　今挙げた〈動物の主〉もトリックスターも、動物との関係が密接だった狩猟採集民ならではの、観察や親近感にもとづいて作り出され、語り継がれてきたものと言える。

　こうして動物界と身近に接してきた狩猟採集民は、獲物を殺さねば生きてゆけない生活だったとは言え、いやそれゆえにこそかもしれないが、獲物に対する畏怖、復讐に対する恐怖の念を常に抱いていたようだ。そのため、シベリアに住むツングース系エウェンキー族の狩人たちは、熊を仕留めた時には「これは俺がやったんじゃないぞ、ロシア人がやったんだ」などと熊

図1-2　ヤマル半島ネネツ族の、海辺の高台に集積された鹿・熊などの頭骨・長骨（Nordenskiöld 1882: 181）

に話し、責任を逃れようとしてきた。西シベリア・オビ川流域のマンシ（ヴォグール族）の猟師たちは、仕留めた熊に向かって、「俺たちがおまえを殺したんじゃない、悪いのはこの弓だ」と言って、弓矢のせいにしようとした。こうした責任逃れや言い訳は、多くの民族誌に見ることができる。(9)

また、とりわけ北方の狩猟採集民においては、動物が骨から再生しうるという観念が広く見られ、そのため食事に際しては骨の扱いに注意が払われた。これは、骨格は生命の担（にな）い手であり、それが完全に存在していれば、新たな肉がそれに付いて、死んだ獣は再生するか、同類の他の個体として生じるという信仰にもとづいている。熊や鹿の頭骨はことに大切に保存されたり、住居内外に安置されたりもしてきた[10]。たとえばロシア・ヤマル半島のネネツ（サモイェド）族では、熊・鹿の他アザラシ・鯨・トナカイの頭骨や長骨を、海辺の高台に集める風習があった。特に頭骨を棒などに刺していたようすが、一九世紀後半の旅行記に描かれている[11]（図1－2）。

狩猟採集民における頭骨の特別な扱いは、首狩と何か関係があるのだろうか？　私は、直接のつながりを想定することは難しいと思っている。第一に、後から説明するように狩猟採集民と農耕民とではメンタリティが大きく異なる。第二に、狩猟採集民の場合は今述べたように「骨からの再生」という観念があっての行為であった。けれども、頭蓋骨に何か特殊なパワーを感じるというところまで一般化するなら、人間精神の奥深い部分では、獣頭骨の扱いと首狩との間に、共通するなにものかを認めてもよいのかもしれない。

牧畜民の世界観

牧畜（遊牧）は日本史上、生業形態としてはほぼ存在しなかったこともあり、あまり馴染みのない生業（なりわい）かもしれない。単純化を恐れずに言えば、狩猟民と遊牧民は、どちらも動物に依存する生活だが、その依存の仕方が異なっている。すなわち、狩猟民は、まさに動物を殺すことによって生きているのに対し、牧畜民は動物を生かすことによって暮らしている。梅棹忠夫の表現では、牧畜民は「貯金をむやみにひきだしてくってはいけない。そうすると自滅するわけでありますの[12]」。そこで肉食よりもむしろ乳利用を発達させてきた、と梅棹は続けている。さらに、牧畜という生活様式は旧世界の乾燥地帯に見られるとして、四つの類型を挙げた。

第一番目には、ツンドラにおけるトナカイ遊牧民：東シベリア、北満州、ラップランド（スカンジナビア半島北部）。

第二の類型は、中央アジアのステップにおけるウマないしヒツジを主力とした遊牧民で、それ以外の家畜も持っているが、主力がウマ・ヒツジ：モンゴリアにおけるモンゴル遊牧民、キルギス遊牧民など。現在ではウシが非常に重要になってきている。

三番目は、砂漠とオアシスの地帯における、ラクダとヤギを主力とする遊牧民：西南アジア、あるいはオリエント地方、そして北アフリカ。

四番目は、サバンナにおけるウシの牧畜民：東アフリカからスーダン一帯にかけて住んでいる。アフリカの、特にナイロート系あるいはいわゆるナイロ・ハマイト系の牧畜民は、だいたい皆この類型に入る[13]。

人類学・地理学の池谷（いけや）和信が示した分布図（図1-3）も、梅棹の挙げたものとほぼ重なる。ただ、加えてチベット高地などで飼育されてきたヤク（ウシの一種）が提示されている[14]。

さて、牧畜民の世界観に広く見られる特徴は、天に父なる唯一の神がいる、という信仰であ

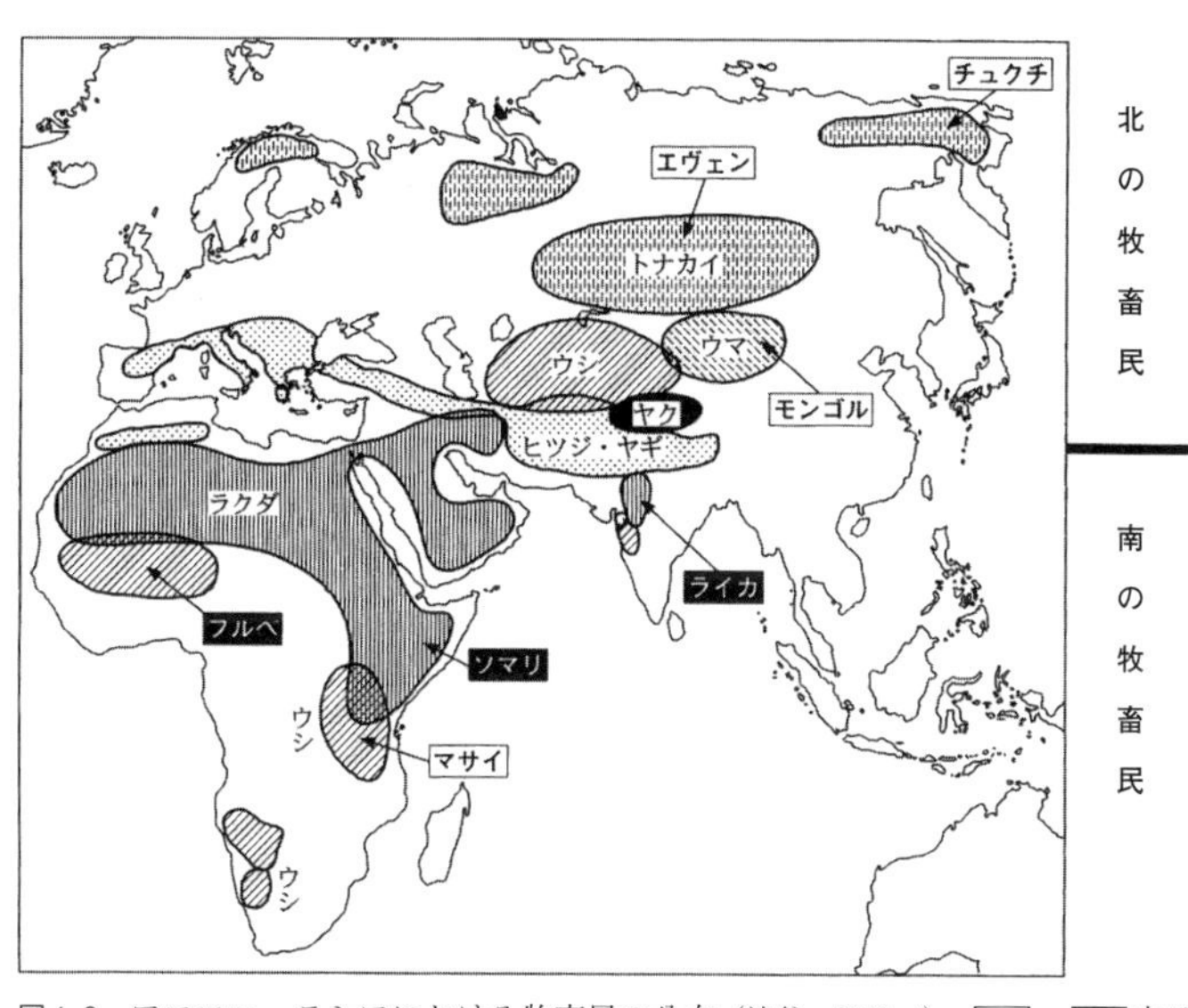

図1-3　アフロユーラシアにおける牧畜民の分布（池谷　2006: 4）。□・■内はそれぞれの類型に属する民族例

る。これは、後述する一神教を生み出した中近東以外からも知られている。たとえば東アフリカで牛を飼育するヌエル族においては、クウォスという天空の神が信じられてきた。クウォスは万物の創造者かつ主動者であり、人間からは「グワンドン」つまり「老いた父」ないし「祖父」「祖先」と呼びかけられる。宗教的文脈では、「父」「我らの父」といったニュアンスの語である。そしてこの神は、人間の創造者であり保護者であり、友人であるという意味において、人間の父と考えられてきた。[15]

またモンゴルやテュルク系諸民族のもとでは、「天」「天神」「神」を表すテングリないしテンゲルが広く信仰されてきた。モンゴルの族祖神話『元朝秘史』冒頭では、上天(テンゲル)からのさだめで蒼(あお)き狼が生まれ、その妻である淡紅色の牝鹿との間に、バタチカンという男子を生んだと伝えられる。その十代の末裔ドブン＝メルゲンの妻アラン＝ゴアが日月の精に感じて生んだ末子から、さらに数えて八代目がテムジン、後のチンギス＝ハーンとなった。つまりモンゴルの支配者は、天なる神にその権力原理を持っていたのである。

モンゴルでは、各地にオボーと呼ばれる石の堆積に木の枝を差しこんで立てたものがあり、天神が降る一種の「よりしろ」と考えられ信仰されてきた。このオボーにもふれながら、永遠の蒼天という観念について、モンゴル文化研究者の原山煌(あきら)は次のように述べている。

モンゴルの人たちにとっての究極の神は、言うまでもなく天そのものであったが、天がこの世と交流するためには、いわば降りてくるためのプラットホームのような目印が必要であった。……こうした感覚は、四囲すべてが平坦な草原に実際に立ってみれば、はっきりと実感することができる。あまりに茫漠としていて、よるべないという不安に襲われるのである。すぐれて抽象的な存在である天をおがもうとしても、なにか眼に見える具体的なポイントがなければ、はたして祈りが天に通じているのかどうか、それさえ頼りなく思えてくるのではないだろうか。……オボー……は、そういう眼で見ると、実にわかりやすい構造物である。草原に石を積み、少しでも天に近づくようにと、石組みの上にさらに木の枝などを差しこむ、すると広い草原の上に不動の一点が設定できるではないか。これなら神が天降る際にも、一目で降りるべき位置がわかる。[16]

確かに、牧畜という特異な生活様式が発展したのは、ユーラシア大陸からアフリカ大陸にかけての乾燥地帯である。原山の見方は、そうした環境・景観を背景にして独特な信仰が生まれたというものだ。

他にも、牧畜民における一神教の発達については、いくつかの説がある。たとえばイタリアの宗教史学者ペッタッツォーニによれば、

アジアを放浪する牧畜民の生活は、砂漠や草原や乾燥した高原で繰り広げられる。広い地平線、単調で果てしなく広い平面、そこに視線は消え去り、何か見えない、神秘的なもの、天から迫り降るものがあるかのような感覚が生まれる。天からは雨が降り、それが家畜の牧草となる草を育て、この家畜は人間の生活にも必要不可欠である。天からは稲妻が瞬き(またた)、嵐の暴力は人間の罪業に対する神の懲罰として、地上を直撃する。人間の生死は天なる存在の手中に握られているのだ。それは従って、実際に至高存在なのである。絶対的・抽象的な意味においてではなく、特定の姿をした特定の至高存在なのであり、それがこの独特な文化史的世界、すなわち牧畜民文化に結びついているのである。[17]

また、ビルケット＝スミスは次のように述べた。

牧畜は、単に経済のみならず文化の他の領域にも、消し去ることのできない痕跡を残した。家畜の大群をいくつか少数だけ守る方が、多くの小群を守るよりも容易なので、子供たちや義理の子供たちが家長の宿営地にとどめられ、それがいわゆる大家族をなすのは自然の道理である。その長は族長であり、王の権限をもって民衆と家畜を支配するのだ。

牧畜民の放浪生活と移動文化は軍事的優位にも現れ、隣接地域の農耕民はそのことを非常にしばしば思い知らされた。牧畜民にとって、平和的な農耕民を一種の家畜と見なし、彼らを屠殺し、隷属させ、思いのまま搾取しうるという以上に、自然な考え方があったろうか？　草原の要路は、善きにつけ悪しきにつけ牧畜民の意のままであった。客の鷹揚な歓待、それと結びついた少なからぬ独善性、血統への誇り、軍事的感覚——そしてしばしば特に発達した怠惰。

彼らの宗教にも、多くの場所では異質なまたは何らかの後の時代の観念が洪水となって押し寄せ、元来の核心部分の上に氾濫してしまったとは言え、同様のおおらかさがいくらか感じられる。新年に家畜群から初子を供犠する対象としての至高存在への信仰は、実際彼らの間にひろく分布していた。生命力に満ちた世界の諸一神教が牧畜民種族から発したのは、偶然ではないのである[18]。

このように、牧畜と「天の父なる唯一神」という観念との結びつきについては、いくつかの仮説がある。原山やペッタッツォーニのごとく景観や自然現象などの生活環境を重視する者、大家族や家父長制といった社会組織に注目するビルケット＝スミスなど、依拠するところは異なるとは言え、いずれも牧畜民文化・社会の特性がこうした信仰形態を生んだ、と見ているのである。

農耕民の世界観

ところで、農耕民の分布や類型を示すのは容易ではない。一応の基準としては、主要な農具をもとに、技術的段階を三つに区分する仕方がある。それらは、掘棒(ほりぼう)を用いた掘棒農耕、手鍬(てぐわ)による手鍬農耕（かつては耨耕(どうこう)と呼ばれた）、そして犂(り)による犂耕(りこう)ないし犂農耕である[19]（図1－4）。掘棒や手鍬はシンプルな道具で、かつて世界的に広く行われていた焼畑でも、よく用いられてきた。他方、犂においては牛・水牛・馬といった役畜(えきちく)にこれを牽(ひ)かせるのが普通であり、牧畜的要素が農耕に結びついたものと見ることができる。

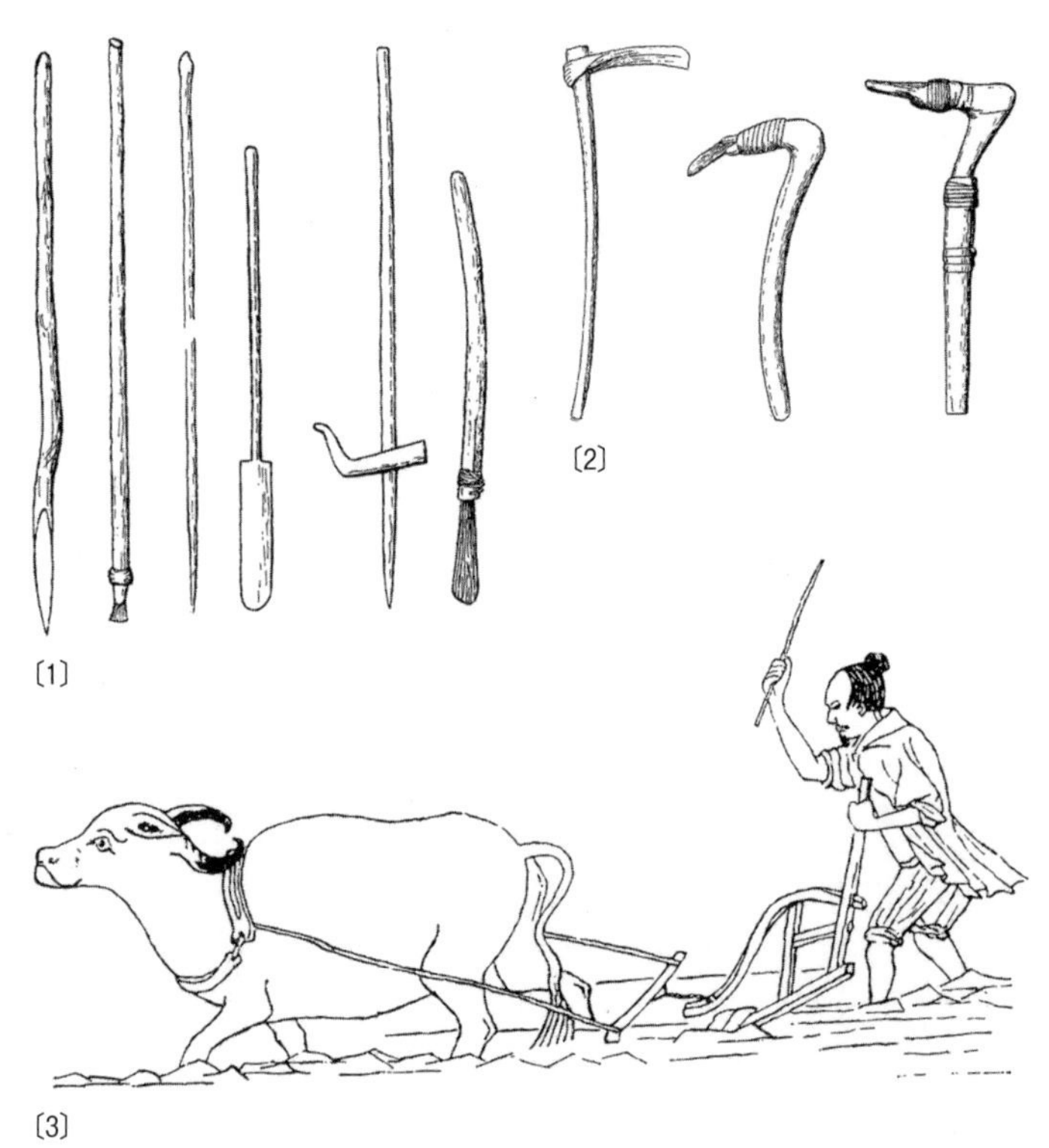

図 1-4 〔1〕東南アジアの掘棒の形態（Werth 1954: 130)。〔2〕東南アジアの手鍬（Werth 1954: 140)。〔3〕古代中国における犂耕（Werth 1954: 169）

このように、農耕民と言っても多様であり、なかなか一概にまとめることはできない。しかし、首狩を行ってきたのは主に手鍬農耕民、つまり技術的に低い段階の農耕民であり、「初期農耕民」と呼ばれることも多い。そして彼らの世界観には、ある特徴が見られる。単純化を恐れずに言えば、それは定住化に伴い、死者や祖先を身近に感じるようになったということと、作物の生育サイクルである死と生の循環に対する関心、とまとめられよう。さらに作物の豊穣への強い希求は、ついには死がなくては生は訪れない、殺さなければ生まれて来ない、という観念にまで達したのかもしれない。これが生命力の象徴である血液や頭部と結びついたところに、首狩という習俗が生まれたのかもしれない。

やや結論を急いでしまったが、この初期農耕民の世界観に注目してきたのが、ドイツの民族学者たち、ことにフロベニウスやその弟子のイェンゼンである。イェンゼンが報告した少女ハイヌヴェレの神話は、この世界観の端的な表現として有名だ。インドネシア東部、マルク諸島に属するセラム島西部のウェマーレ族の話である（図1－5）。

ハイヌヴェレという名前は、ウェマーレ語でココ椰子の枝のことである。大昔、人間たちの九家族が、人類発祥の地とされるヌヌサク山から移住した際、彼らはタメネ・シワという場所に滞在した。その頃アメタという独身の男がおり、狩猟中、猪の牙についたココ椰子の実を見つけ、これを植えた。三日後、椰子の木はもう高く生長しており、さらに三日後には花が咲いた。花を切り取ってそれから飲み物を作ろうと思い、その作業をしている時、彼は指を切ってしまい、血が椰子の花に落ちた。三日後に来てみると、血と花液が混じって人の顔ができており、さらに三日後には胴体ができ、その三日後には少女になっていた。アメタは彼女をハイヌヴェレと名づけ、家へ連れ帰った。

ハイヌヴェレは瞬（またた）く間に成長し、三日後には結婚可能な娘になっていたが、普通の人間ではなかった。彼女が排泄すると、その大便は中国製の皿や銅鑼（どら）のような貴重品であった。アメタは裕福になった。

その頃タメネ・シワでは、九夜続く盛大なマロ舞踏が開催され、九家族が参加して、九重の輪になり踊った。この踊りでは、輪の中心に女性が座り、踊る人々に嗜好品のシリー（蒟醤（キンマ））とピナン（檳榔子（びんろうじ））を渡すのだった。今夜はハイヌヴェレがその役をした。次の夜もハイヌヴェレが舞踏場の中央に立ち、今度は人々に美しい珊瑚を渡した。彼女は三夜目には中国製の陶磁皿を、第四夜にはさらに大きな中国製陶皿を、第五夜には大きな山刀を、第六夜には銅製シリー箱を、第七夜には金の耳環を、第八夜には美しい銅鑼を渡し、こうして品物の価値はどんどん高まった。人々は嫉妬のあまり、彼女を殺すことに決めた。

九夜目もハイヌヴェレが広場の中央に立った。男たちは前もって掘っておいた穴に彼女を追いつめ、そこへ投げ込んで生き埋めにした。アメタはそれを知り、ハイヌヴェレの死体を掘り出して切り刻み、埋め戻した。やがて彼女の胃は大鍋に変じ、肺は紫のイモに、

図1-5 セラム島ウェマーレ族の少女（Jensen & Niggemeyer 1939: 図7）

乳房は乳房形のイモに、両眼は目の形の新芽が出るイモに、恥部は濃紫で匂いと味のよいイモに、尻は乾いた皮を持つイモに、耳は耳介（じかい）のように上へ伸びるイモに、また脚と腿と頭もそれぞれ別のイモになった。[20]

こういう話である。そしてイェンゼンは、果樹・イモ類を栽培する初期農耕民に特徴的な、死体から作物が発生するこの種の神話を、この伝承のヒロインにちなんでハイヌヴェレ型と名づけ、穀物栽培民における穀物盗み型の作物起源神話をプロメテウス型と呼んだ。[21] さらに、ウェマーレ族の首狩は原古の殺害の儀礼的再現である、と主張したのだが、その説には終章でまた戻ってくることにしよう。

いずれにせよ、狭義の首狩は狩猟採集民にはほぼ皆無であり、農耕社会に広く行われてきたこと、そして初期農耕民の世界観と深くかかわるだろうことを、ここでは確認しておきたい。なお、こうした宗教民族学の知見は今日、他の分野で行われている研究視点ともある程度重なっている。つまり、レンスキーらの巨視社会学[22]や、宗教学[23]、文化人類学[24]、通文化研究[25]などにおいても、生業と世界観・宗教とが、互いに関連しあいながら「進化」してきたと考えられているのである。

語族の問題

本章をしめくくる前にもう一つ、言語や語族の問題を考えておこう。本書の主な舞台となるアジア・太平洋の言語分布は複雑だし、研究者によって分類の仕方にも違いがあるが、言語学者のメリット・ルーレンにしたがいつつ、おおまかに俯瞰すれば図1-6のようになる。まず北・中央アジアには、古アジア諸語、アルタイ諸語、ウラル諸語がならんでおり、アルタイ諸語はツングース、モンゴル、テュルクに下位分類される。その南にシナ・チベット諸語が存在し、東南アジア大陸部・島嶼部にかけてはミャオ・ヤオ諸語、オーストロアジア諸語、タイ諸語、オーストロネシア諸語を話す人々が入り組みながら居住してきた。南アジアにはドラヴィダ諸語とインド・ヨーロッパ諸語、さらに西へ行くとアフロアジア諸語へと移行してゆく[26]。

これらのうち、本書で繰り返し登場してくるのはオーストロネシア語族である。今日の地域としては、おおまかに言って東南アジア島嶼部（台湾、フィリピン、インドネシア）、太平洋の島々（メラネシア、ポリネシア、ミクロネシア）、マダガスカル、そして東南アジア大陸部に点々と、この語族に属する言語が話されている[27]（図1-7）。これら諸言語の親縁関係が認識されるようになったのは早くも一七、一八世紀にさかのぼり、以来膨大な研究の蓄積がある。その拡散過程については、農耕技術の伝播プロセスと重なるとする見方や、海上交易ネットワーク

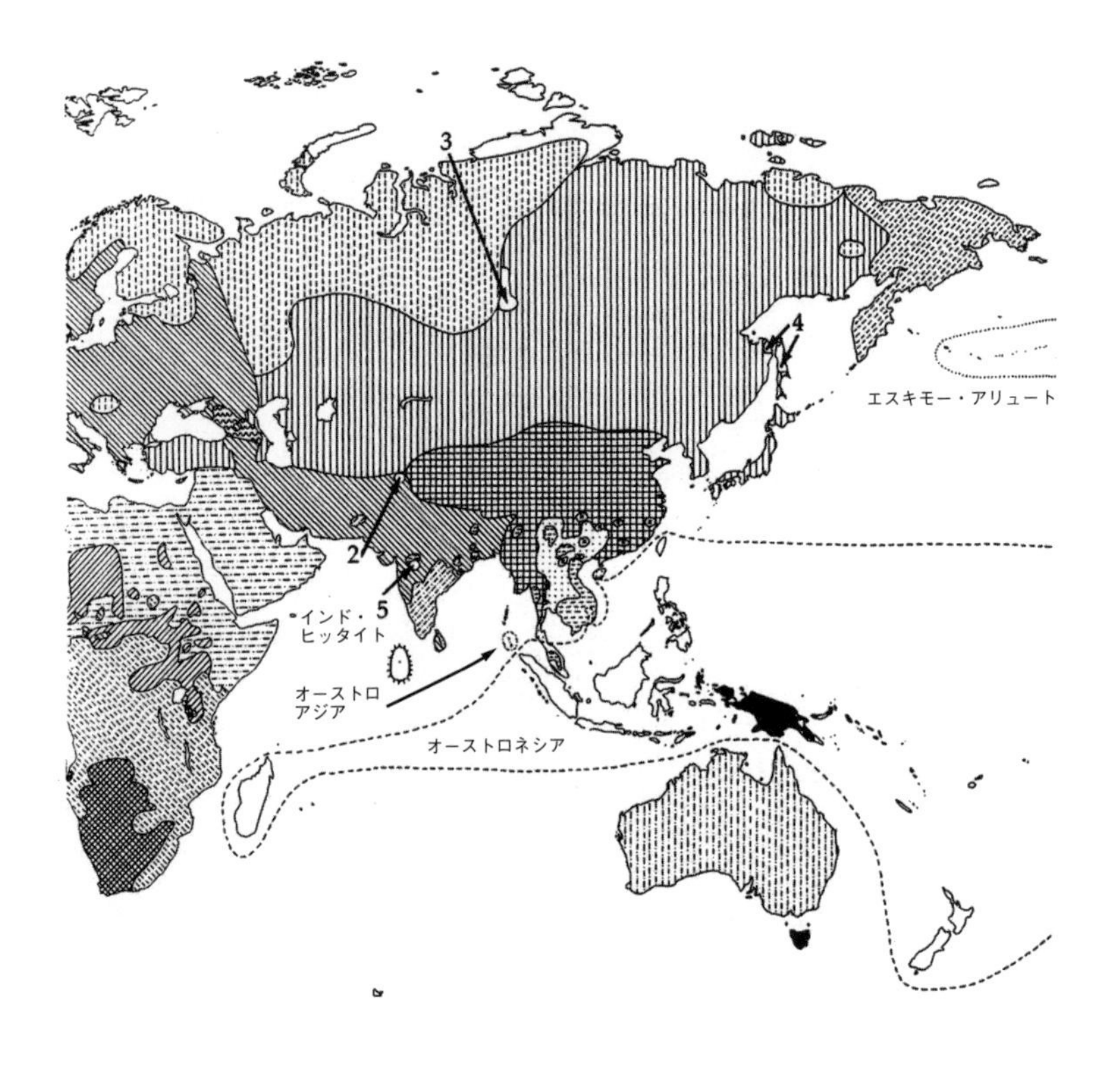

オーストラリア
ナデネ
アメリンド
1 バスク
2 ブルシャスキ
3 ケット
4 ギリヤーク（ニヴフ）
5 ナハーリー

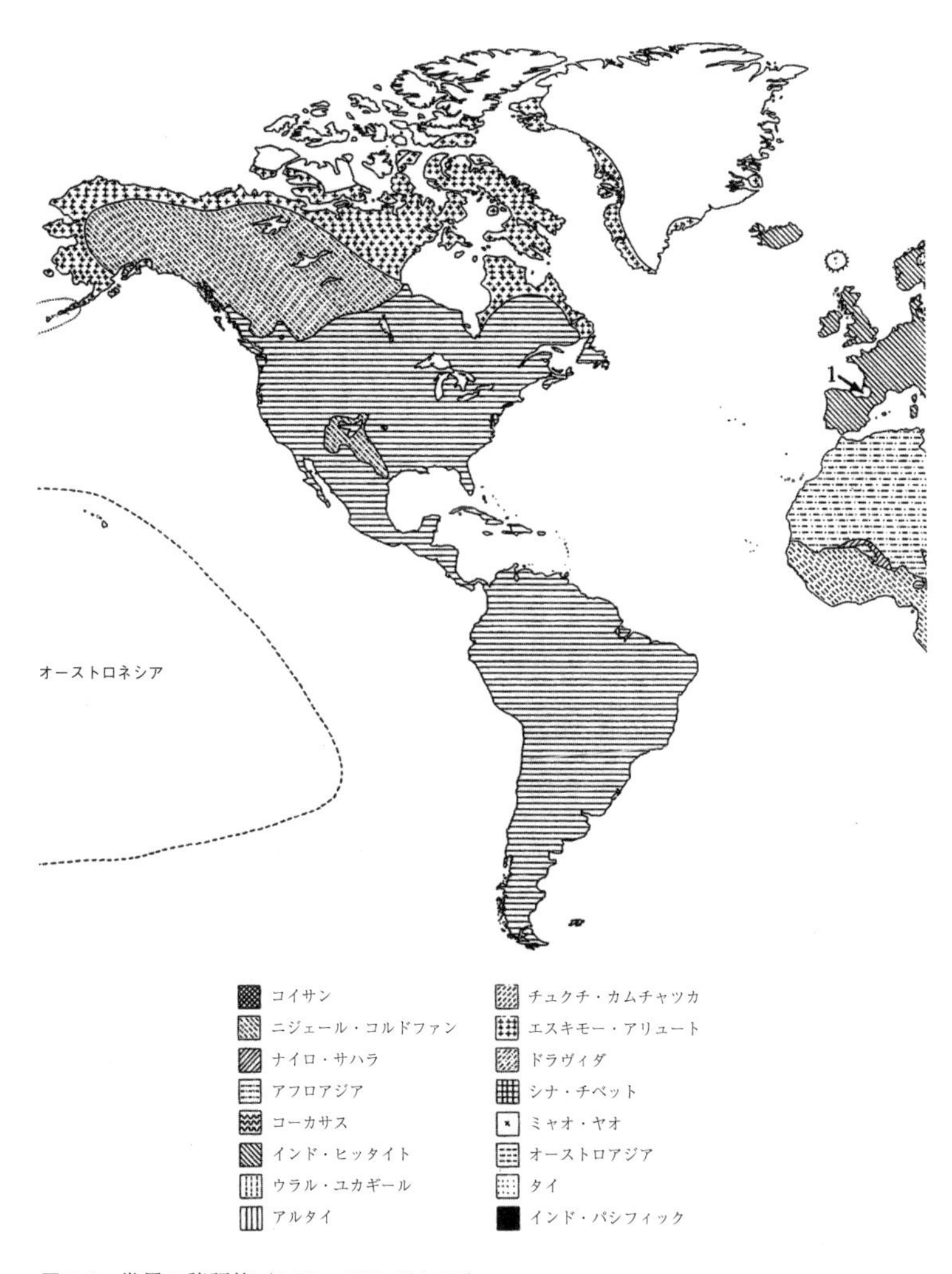

図1-6　世界の諸語族（Ruhlen 1991: 284-285）

WMP 西部マラヨ・ポリネシア
CMP 中部マラヨ・ポリネシア
SHWNG 南ハルマヘラ・西ニューギニア
OC オセアニア
パプア
アメリカ
ハワイ
OC
マーシャル
ナウル
キリバス
モン
ツバル
西サモア
マルケサス
バヌアツ
フィジー
ツアモツ
タヒチ
トンガ
クック
カレドニア
OC
イースター
ニュージーランド

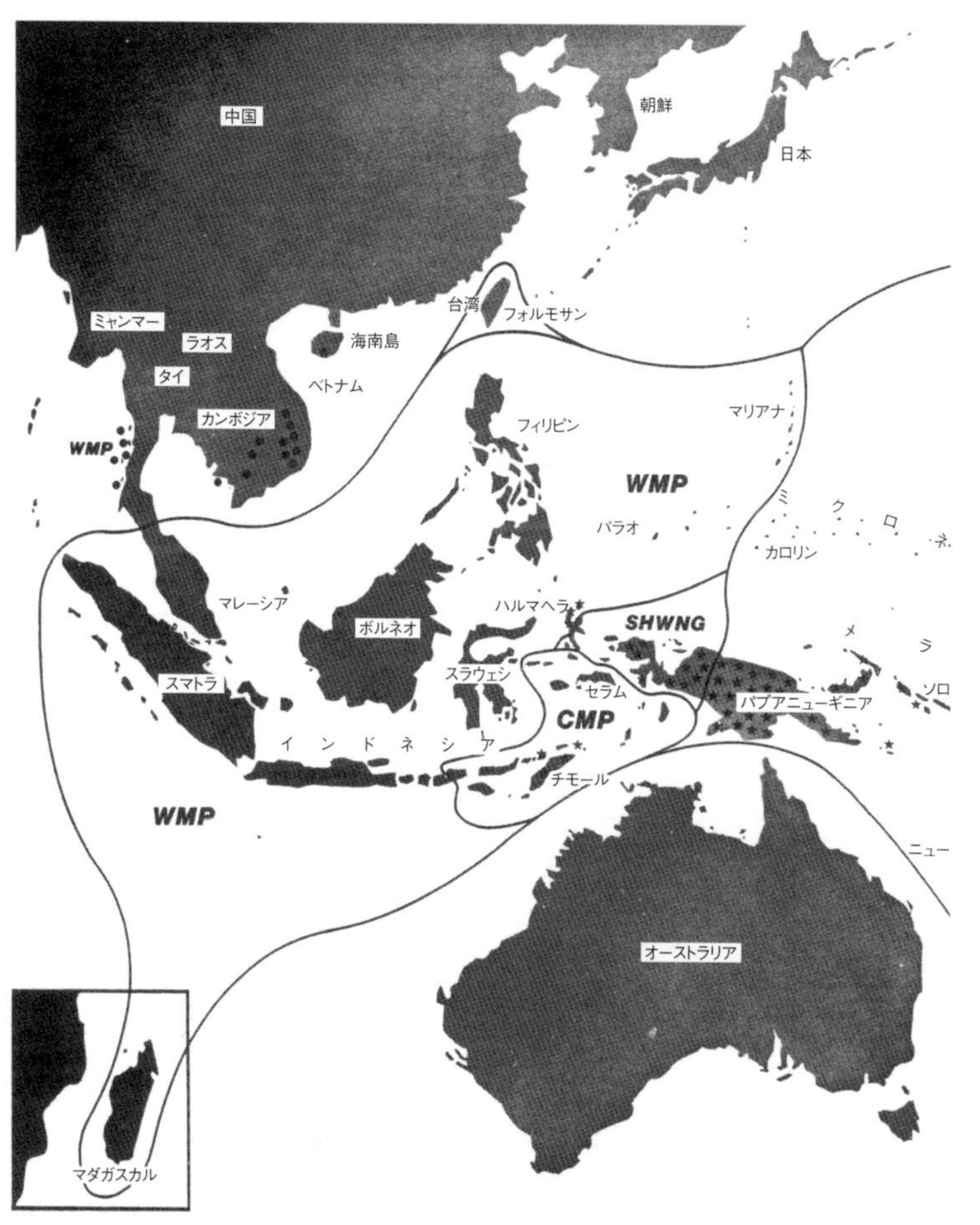

図1-7　オーストロネシア語族の分布（Tryon ed. 1995: xxv）

を強調する立場など議論が分かれるが、少なくとも以下の二点では合意が見られる。

まず、オーストロネシアンの原郷は東南アジア大陸部から中国南部にかけての地域にあり、ここから過去五千年の間に、現在の分布域全体に広がったこと。そして最も古い特徴を残す諸言語が、台湾の原住民諸族の間で話されてきたこと、である。しかし、はたしてオーストロネシア諸語がオーストロアジア、シナ・チベット、タイ（・カダイ）といった諸語と系統的関係にあるのかは、いまだ明らかにされていない。また大移動が台湾から始まったか否かについても、未詳の点が多いのである。(28)

もともと言語の概念であるから、オーストロネシア語族に属する人々が、身体形質や文化要素も共有するとは限らない。たとえばフィリピンやニューギニアには、非オーストロネシア語を話す人々が暮らしていたが、言語の一部がオーストロネシア語に置き換えられた所もある。また交易・征服・移住・漂流・婚姻などさまざまな形での人々の交流により、神話や首狩などの文化要素が運ばれ、異なる語族の人々に受け容れられることもあったに違いない。これは伝播論に立つ場合に忘れてならない、重要な点だ。

ともあれ後述するように、オーストロネシア語族のかなり古い段階で、「首狩」にあたる単語が存在したと考えられている。また首狩が東南アジア大陸部でも行われてきたことを考慮すると、かつては語族を超えて広範囲にこの慣行が存在したこと、そしてオーストロネシアンによって太平洋地域へ運ばれたことが想定される。(29) さらにまた、オーストロネシア系の文化要素は日本列島にも入って来たのはほぼ確実なので、[30] その意味でも弥生時代の日本に首狩があった可能性は、頭から否定できないのである。

註

(1) Hock 2014: 110-127.
(2) Mischung 2012.
(3) Stein & Stein 2011, Hicks (ed.) 2010, Obadia 2007, Rivière 2008.
(4) Schmitz (Hrsg.) 1964, Thiel 1984, Weiss 1987, Wernhart 2004, Schmidt 2008.
(5) 宇野　一九四九、岡（編）　一九六〇、イェンゼンほか　一九六三、大林　一九九八a。
(6) Lee & DeVore (eds.) 1979.
(7) Thurnwald 1931.
(8) 山田　二〇一一。
(9) Paproth 1976: 112-121.
(10) Chelius 1962, Meuli [1946].
(11) Nordenskiöld 1882: 181.
(12) 梅棹　一九七六：一〇六－一〇七。
(13) 梅棹　一九七六：一二二。

(14) 池谷　二〇〇六：四。

(15) Evans-Pritchard 1956: 1-10, 邦訳、上：二〇－三八。

(16) 原山　一九九五：六二－六三。

(17) Pettazzoni [1956]: 83.

(18) Birket-Smith [1941-42]: 173-174.

(19) Werth 1954.

(20) Jensen & Niggemeyer 1939: 59-65.

(21) Jensen 1966, Yamada 2014.

(22) Nolan & Lenski 2009.

(23) Dow 2006.

(24) Sanderson & Roberts 2008.

(25) Moor, Ultee & Need 2009.

(26) Ruhlen 1991.

(27) Tryon (ed.) 1995.

(28) Donohue & Denham 2010, Bellwood 2011.

(29) Baldick 2013.

(30) 山田　二〇一三。

第2章　首狩・頭骨・カニバリズム——世界を視野に入れて

関連する諸習俗

首狩が従来、二種類に区別されてきたのはすでに述べた。しかし考えてみると、首狩という慣習はふつう、首を取って来ることだけでは完結しない。取った首は何らかの形で保存されるのであり、この点に重点をおいて〈頭蓋崇拝〉と称されることもしばしばである。その場合、次のような区別をする必要がある。それは、族外頭蓋崇拝、つまり自分の属する集団の外から取って来た人頭の保存と、族内頭蓋崇拝、すなわち集団内の近親・友人・名士などの頭骨の保存とである。[1] 本書ではさしあたり、後者のみを狭義の〈頭蓋崇拝〉と呼んでおくことにしたい。

ただし、考古学的遺物においては、この判断はたいへん難しい。発見された人頭が他集団のものなのか、自集団のものかは、たとえ切断痕が残っていたとしても区別しにくいのである。[2] それは、集団内の闘争において、または刑罰として斬首された可能性も残るからだ。さらに、かつての英領ニューギニア・セピック川中流域では、親族の頭骨も負かした敵の頭骨も、同じように扱われた。どちらも粘土でリアリスティックに造型され、羽毛・花・顔料・貝などで装飾されて、豊穣儀礼での使用時以外は、椰子の繊維製の籠に保存されたのである[3]。

首狩に関係する習俗はこれだけではない[4]。人類史的に見ると、首全体を取るのではなく頭皮だけを剝ぎ取って持ち帰る頭皮剝ぎ(スカルピング)と呼ばれる慣習も首狩の一亜型と見られることがあるし、奪った首級からいわゆる〈髑髏(どくろ)杯〉を作る風習も関連して取り上げられることがある。また後述するように、人身供犠(ヒューマン・サクリファイス)と首狩との間に明確な境界線を引くことの困難は多くの先学により指摘されてきたし、戦利品としての人頭が食人俗(カニバリズム)の対象とされる場合も存在した[5]。

なおまた頭部や頭皮以外に、殺した相手の男性器を持ち帰る所もある。エチオピアなどアフリカ北東部から知られる慣習で[6]、日本の研究者の間では「金(きん)狩り」と俗称されている。ただこの場合、頭部と違って死者を特定できなくなってしまう。やはり頭部というのは人体にとって、特別な部位なのである。

首狩の研究史

首狩を学問の俎上に載せたのは、恐らくエドワード・タイラーを嚆矢(こうし)とするだろう。人類学の古典となったその『未開文化』において、彼はボルネオの首狩にふれ、葬礼においてなされた人身供犠や首狩の犠牲者が他界で奴隷として仕えるという観念を、殉死の一形態と見なした(7)。次いでドイツの民族学者・地理学者リヒャルト・アンドレーは論文「頭蓋崇拝」を著し、獣頭骨の代用として人頭が用いられるようになったと考えた他、髑髏杯の習俗や祖先崇拝における頭蓋の保存など、頭蓋にかかわるさまざまな風習を収集・比較した。その中で首狩（コップフシュネツレン）に関しては、精神の座としての頭に宿る死者の力や属性を我が物とするために行われたと論じた(8)。

東南アジア島嶼部については、ドイツの博物学者・人類学者マイヤーに次いで(9)、インドネシア民族学の父ウィルケンが首狩・頭蓋崇拝について基本的資料を集めた。「インド諸島諸民族におけるアニミズム」、次いで「インドネシア諸民族における頭髪供犠と他の服喪諸習俗について」、さらに「インド諸島諸民族における頭蓋崇拝について」という一連の論文がそれである(10)。

ウィルケンによれば、犠牲者の霊魂を自らの守護霊にする場合であれ、他界で死者に仕えるようにする場合であれ、首狩の根底には、頭骨を守護霊としての〈呪物（フェティイス）〉にするという観念が存在している(11)。このウィルケン説は、当時〈新しき宗教学（ニューウエレ・ホッツディーンストウエーテンスハップ）〉を提唱していたオランダのティーレから直接影響を受けたものであった。ティーレによれば、宗教以前の〈自然宗教（ナテユールホッツディーンスト）〉としてのアニミズムには、二つの基本教理がある。その一つは万物が霊魂を持つというもので、ここからフェティシズムが発生し、他方で霊魂は移動しうるといういま一つの教理からはスピリティズムが生ずるという(12)。ウィルケンはこのフェティシズムを首狩に応用し、霊魂の宿った頭蓋をフェティスと見たのであった。その説の当否はさておき、資料を博捜して首狩の東南アジアにおける分布とこの慣習の全体像を初めて描いてみせた点で、ウィルケンの諸論文は今でも基本文献としての価値を失っていない。

続いてドイツの民族学者ハインリヒ・シュルツは、頭蓋崇拝は祖先崇拝に由来するという説を発表し、レオ・フロベニウスも同様の論理で、死者への親愛の情から頭蓋崇拝一般が生じ、死者に従者を与えるための首狩もここに発すると考えた。後にこのシュルツ説は、アメリカ大陸の頭皮剝ぎを詳細に研究し、祖先の頭蓋保存と敵のそれ——すなわち族内および族外頭蓋崇拝——とをするどく区別したドイツの軍人兼民族学者ゲオルク・フリーデリチの批判を浴びた。[13]

東南アジア島嶼部の首狩についてはウィルケンの後、アムステルダムの民族誌博物館に勤務したプレイテが多くの資料を補足し、フォルメリングはさらなる資料の補足に加え、首狩の行われる理由を二四種に分類してそれぞれの例を掲げた。[14] 年代は降って一九五五年、オランダ構造人類学の流れに属するダウンズは「インドネシアにおける首狩」と題する論文を発表し、首狩は双分制社会において石合戦や模擬戦などと同じ儀礼的戦闘として発展したと論じた。[15] その翌年、後にスイスのバーゼル大学教授となった民族学者マインハルト・シュースターは、フランクフルト大学に博士論文『インドネシアにおける首狩』[16]を提出した。この論文は東南アジア島嶼部における首狩の諸相を体系的にまとめ、さらにその文化史的地位を論じたもので、非常にすぐれた研究なのだが、残念ながら今日まで未刊のままである。

一方、首狩の根底をなす宗教的観念に関しては、ウィルケンの後を継いでインドネシア民族学の指導的地位にあったクロイトが、霊質（ズイーレストッフ）すなわち万物に宿る生命力の源としての非人格的霊魂が特に集中する身体部位としての頭の特殊性を論じ、英国の人類学者フレイザーは名著『金枝篇』において、作物の豊穣をもたらすものとしての首狩の意義を強調した。このクロイトとフレイザー双方の学説を言わば総合したのが、アッサム研究で知られる英国の人類学者ハットンであり、頭に宿る霊質（ソウル・マター）が作物に豊作をもたらすという観念が、首狩の背景にあると考えた(17)。

世界のいくつかの地域については、首狩の資料集成が進められた。東南アジア大陸部についてはオーストリアのハイネ＝ゲルデルン、南アメリカについてはフランス生まれの民族学者メトロー、環太平洋地域についてデンマークのビルケット＝スミス、東南アジア・オセアニアについて日本の大林太良らの研究がそうした例である(18)。

一九三〇年代から四〇年代にかけては、それまでの諸研究をまとめ、今日まで首狩の概説としての地位を占める諸著作が公にされた。日本語では宗教民族学者の宇野円空による「人身供犠と首狩の発生」、社会学者の岡田謙（ゆずる）が台湾調査の成果も採り入れてまとめた「首狩の原理」、同じく台湾調査の経験を持つ宗教人類学の古野清人「首狩」である(19)。またこの時期、ドイツの民族学者・宣教師であったグジンデは一般向けの『頭蓋崇拝・首級・頭皮』を著し、医療民族学者のアッカークネヒトも一般向けに「旧世界における首級と頭蓋崇拝」と題する概説を発表した[20]。

第二次大戦後の理論的貢献としてはまず、神話に語られる原古の殺害の儀礼的再現として首狩をとらえようとするドイツの民族学者イェンゼン[21]の説を挙げねばならない。この説をめぐる議論は、終章で再び検討することにしよう。

英語圏ではイギリスの人類学者ニーダムが、首狩の説明として持ち出される因果関係を表す〈霊質〉などの語彙に対して疑義を表明し、フィリピンのルソン島イロンゴット族のもとで、妻と共に調査を行ったアメリカの人類学者レナート・ロザルドは、現地における首狩の歴史的民族誌を著した[22]。同じくルソン島ボントック族の首狩儀礼について社会人類学者の合田濤は、〈豊饒〉を外部から内部へ運び込むという視点から分析し、雲南省ワ族の首狩について聞き書きを行った鳥越憲三郎は、その稲作儀礼としての側面を強調している[23]。また、概して一九九〇年代半ばには首狩を儀礼的〈暴力〉ととらえる見方が台頭し[24]、二〇〇〇年代に入ると、かつての植民地主義において首狩がどう描かれ表象されてきたのか、といった視点が強まった[25]。

以上のように、首狩については実に多くの資料集成や学術研究があるのだが、概説と呼べるような文献は意外に少ない。そうした中、ウィーンの民族学者シュティーグルマイヤーが宗教学大事典『歴史と現代における宗教』第三版に寄稿した「首狩」は、簡にして要を得たすぐれた概説である[26]。

他に、バーゼルの民族学博物館で一九六一年一二月二日から翌年の四月三〇日まで開かれた

「首狩と食人」展のために、ニューギニアを専門とする民族学者シュミッツが執筆した同題の小冊子も、文献リストが不完全で内容にもやや偏りはあるが、一般向けの概説としてよくできている。[27]

なお、在野の民族学研究者・篠田八郎による『首狩り族の世界』[28]は、J・H・ハットンとA・C・ハッドンをとり違えたり（一〇〇、一〇一、二〇六頁）、ミルズやフューラー＝ハイメンドルフがヒバロ族の首祭を見たというような事実誤認（二二三頁）も散見するが、ボルネオに関してハッドンやリング・ロス、フィリピンについてモス、そしてアッサムについてはハットンやミルズといった基本的民族誌をそれなりに踏まえつつ、二〇世紀の世界各地における首狩の実情を描き出すことに努めている。

このように、私たちは首狩の分布や実態について、すでにたくさんのことを知っている。そしてその根本的な資料は主に、過去に記録されてきた民族誌によるところが大きい。そのため本書では、やや古い民族誌を頻繁に引用していくことになるのだが、その前に、ひとつ片づけておきたい問題がある。

鉄器は必要か？

それは、首狩にとって金属製の武器が必要だったか、という問題だ。かつて民族学者・先史学者の金子えりかは、首狩には金属製の武器が必要であったとの見解を発表した。[29] しかし民族誌資料からは馘首に竹ナイフを使用したという報告もあり、必ずしも金属器がなくても可能だったのである。

たとえば、ニューギニアとオーストラリアの間をつなぐトレス海峡がそうだった。一九世紀末にここを調査した英国の人類学者ハッドンによると、ニューギニア島東南部のキワイ島民は、敵を殺すとその首を竹ナイフで切り取り、籐（とう）の吊り縄を顎骨に挿して持ち帰った。近隣のマワッタ島民においても、殺された男の首は竹ナイフで切り落とされた。刃は尖った竹片から成り、柄には編んだ糸が巻かれていた。このナイフを使う時には柄に近い所に小貝で切れ目をつけ、他端から薄片を剝ぎ取ったので、この切れ目が柄の割れるのを防いだ。竹の外皮には細かい燧石（フリント）のような微粒子がいっぱいあるので、切り出したばかりの刃はとても鋭く、人頭を切り落とすには十分なのである。しかしそれは一回しか使えないため、人頭を一つ切り落とすたびに新たな刃が作られねばならない。ハッドンが買った竹ナイフには五個の切れ目がついており、これは人頭を五個切り落とすのに使われたことを意味していた。他に九個の切れ目を持つ竹ナイフもあった[30]。近年の分析によれば、トレス海峡の竹ナイフは西部島嶼ではウピ（upi）、東部島嶼ではクウォイエル（kwoier）と呼ばれ、いずれも非常に鋭利なものである。ロンドンのホーニマン博物館などに、こうした竹ナイフがいくつか所蔵されている[31]。

世界の首狩

さてこれから、先に挙げたさまざまな先行研究に基づきながら、世界における首狩の分布を確認しておくことにしよう[32]。

まず何と言っても首狩が盛行したのは「インドからマレー諸島を経て南海に至る」地域[33]、つまり第3章で取り上げる東南アジアと、それに隣接するオセアニアである。この地域で、広義の首狩の記録ないしその痕跡がある地域は、アッサム、ミャンマーから、台湾を含む東南アジア島嶼部、ニューギニアそしてソロモン諸島を初めとするメラネシアの島々におよぶ。ポリネシアとミクロネシアに行くと首狩の記録はやや少なくなり、オーストラリアからはまったく知られていない。東南アジアについてハイネ゠ゲルデルンが一九二三年に書いた、すぐれた要約を引いてみよう。

植民諸勢力により、首狩はかつての分布地域の大部分において禁圧されるか、または非常な制約をこうむっている。一九世紀には、首狩はまだアッサムと西ビルマのガロ族およびほとんどすべてのナガ系・クキ・チン系諸族、ビルマ・中国国境のワ族の一部、台湾およびルソン島北部のほとんどすべての山地諸族、多くのダヤク族およびセレベス島の異教諸民族によって行われたのであり、さらにスマトラ島のバタック族、ニアス島、ムンタワイ諸島、エンガノ島、スンバ島、チモール群島、南西諸島、南東諸島、ハルマヘラ島、セラム島西部・中部のアルフール族の慣習であった。

それ以外の多くの地域では、すでにヨーロッパ人の干渉以前にヒンズー教や仏教や中国やイスラームの影響により消滅したが、しかし風習や信仰や祭儀の内には、その残存がさまざまに保たれている。たとえば大陸部では多くのボド系諸族、カシ族、シンテン族、メイテイ族、ビルマ人、モン族においてであり、インドシナ東部にもこれが散見する。アンボン島とレアセ族では、首狩は大発見時代まで行われていた。ブル島では一五〇〇年頃テルナテ人により禁圧されたようである。ミンダナオ島の異教諸民族においては、それよりもっと最近になって次第に消滅したに違いない（多数の人身供犠は続けながら）。スマトラ島南部では、ランポン族の一支族たるオラン・アブン族のもとで一八世紀にようやく根絶され、ジャワ島やバリ島においてさえ、かつて首狩が行われた痕跡がまったく欠けているわけではない。

恐らく首狩は、ヒンズー教や中国の文化的影響の侵入以前には、東南アジアの手鍬（てぐわ）農耕を営むあらゆる民族の所に（手鍬農耕に移行した未開民族を除いて）広まっていたであろう。しかし首狩は、東南アジアで独立に発生したものでもなければ、東南アジアに散見する祖先の頭蓋崇拝とも恐らく直接の関係はなく、古代ヨーロッパおよび西アジアの首狩習俗と発生的に関連することはほぼ確実である(34)。

メラネシア

メラネシアからは、首狩について多くの報告があるが、何と言っても資料も研究も多いのは、イリアンジャヤを含むニューギニア、それにソロモン諸島である(35)。

今日のイリアンジャヤ、旧蘭領ニューギニアのマリンドアニム族からは、詳しい報告がある。パウル・ヴィルツやフェルテンテンによれば、ここでは首狩と食人が共に行われていた。首狩の主な目的は、犠牲者の名前を新生児に与える命名式だったが、首狩行に先だっては男子家屋も新設された。マリンドアニムでは、遠くに住み、知らない言葉を話す余所者（よそもの）は人間とは見なされず、敵であってその首を刎（は）ねてもよいと考えられていたという。首狩行には複数の村が参加し、老人や病人、それに祭宴の支度をする若い女たちを残して、女性や子供も犬や豚も、共に戦闘カヌーに乗って川を遡行した。この時にのみ歌われる唄を太鼓に合わせて口ずさみ、また首狩行の間は「熱を上げ」勇気を高めるために、頻繁に性交がなされた。敵村を襲う際は、味方を区別できるように顔や身体に石灰を塗り、首を竹ナイフで斬る前には、相手にその名を名乗らせた。とは言え、言葉の分からない相手同士なので、悲鳴や罵倒の叫びをそのまま名前とすることも多かったらしい。帰村すると祭宴がなされ、取った首は粘土などで加工・乾燥して男子家屋の棟木から下げた。こうした首狩がオランダ当局により禁止されてからは、交換によって首を入手し、新生児の命名を行うこともしばしばだった(36)。

ソロモン諸島の首狩については、考古学・民族誌・口頭伝承を組み合わせ、その詳細が明らかにされている。それによると、ここでは首狩と祖先の頭蓋崇拝の両方がなされたが、前者が盛んになったのは、一六世紀頃以降、オーストロネシア系住民と非オーストロネシアンとの接触・混淆が進むにつれてだという。この頃、焼畑でサツマイモなどを作っていた当地には、まだ鉄器が導入されていなかったが、政治・経済・文化の激変に伴い、首狩や戦闘捕虜の捕獲も頻繁になった。

首狩の契機としては、例えば戦闘カヌー(現地語トモコ)の進水式があり、こうした機会には敵の首が必要とされた。遠征は一一月から一二月の、海が比較的おだやかな時になされたが、そうした際にはまず儀礼の専門家により、首狩隊員の浄化が行われる。また占いにより標的の村を決定することもあった。興味深いことに、首狩遠征前の儀礼は、カツオ漁に出かける前の儀礼とよく似ている。このことは、東南アジアの首狩と狩猟の類似を思い出させる。

ソロモンでは、一度の遠征には二艘から五艘の戦闘カヌーに、それぞれ三〇から五〇人程度の戦士が分乗した。敵の村は、復讐が行われないように全滅させることが多かった。殺した敵の数は、身に着けた紐の結び目などで記録していた。また敵のことは魚や豚などと呼び、あたかも人間ではないような表現をとった。取って来た敵の頭骨は戦闘カヌー小屋に保管したり、専用の祭屋に保存することもあった。すぐれた戦士や首長の頭骨には装飾をほどこすこともあったらしい。そして、ここでの首狩の目的は、ポリネシアやメラネシアで一般にマナと呼ばれる超自然力の獲得にあったと考えられている。[37]

なお、バヌアツ（ニューヘブリデス）のエファテ島テオウマ遺跡からは、オーストロネシア語族の大移動に伴うと考えられるラピタ文化人の人骨が多数出土した。三千年以上前のものとされる七〇体の人骨は、ほとんどが頭蓋骨を欠いていたが、これらは埋葬のあと腐敗が進んでから、別の場所に運ばれたと考えられている。頭部の付いていた一体は余所者の遺体と推定され、その胸の所には三つの頭骨が置かれていた。この他、土器に入った頭骨も見つかっている。[38]どうやらここの首なし人骨は、首狩の結果とは解釈されていないらしい。

マイケル・ロックフェラー失踪事件

もう一度ニューギニアに戻ろう。先に見たマリンドアニムとならんで有名なのが、同じくイリアンジャヤに居住するアスマット族である。オランダ人宣教師ゼヘワールトがここに滞在していた一九五二年から五六年当時、地域差もあるが、まだ首狩と食人俗が行われていた。ゼヘワールトが、アスマットの首長から聞いた首狩の起源神話は、次のようなものである。

かつて二人兄弟がいた。兄のデソイピッツ（「傷ある人」の意）は身体の状態が悪く、弟のビウィリピッツ（「オウム男」の意）の世話になっていた。ある日、弟はうまく猪を捕らえて戻り、その首を切り落とした。するとそれを見た兄は、「おい、猪の頭じゃなく、人の頭を取ってみたらどうだ?」と提案し、手始めに自分の首を差し出した。弟は躊躇のすえ、竹ナイフで兄の喉を刺して殺し、その首を切った。兄の首は言葉をしゃべり、首狩や頭骨の処理の仕方を教えたという[39]。

この神話は、猪よりも人の頭部の方が価値がある、ないしは効力が強いと思われていたことを示す点で、後で見る東南アジアや台湾の首狩起源神話とも共通している。

いずれにせよ、当時のアスマットでは男子のイニシエーションとして首狩がなされており、脳は食され、頭骨は男子家屋に懸けられ、下顎骨は女性の胸飾りにされていた。また祖先の頭

図2-1　向かって右手に立っている2本が、アスマット族のビスポール（海洋文化館所蔵）

蓋骨を保存し携行したり、睡眠時に枕とする風習も続いていた。殺された味方のためにはビスポールと呼ばれる柱が建てられ、それによって敵への復讐を誓うのが常であった。[40] なおビスポールは、沖縄県本部町の海洋文化館でも見ることができる（図2-1）。

さて、このビスポールの魅力にとらわれた一人が、マイケル・ロックフェラーだった。彼は一九六一年一一月、イリアンジャヤへ民族芸術の調査に赴き、そのまま失踪した。マイケルは当時ニューヨーク州知事を務めていたネルソン・ロックフェラー（後に副大統領）の長男で、ロックフェラー財閥の四代目になるはずの、二三歳の青年だった。

マイケルは行動力旺盛で、父の経営するベネズエラの農場で働いたり、日本を訪れた経験もある。ハーバード大学で歴史学・経済学を専攻、優等で卒業した後、同大学ピーボディ博物館の調査隊に加わり、ニューギニアのダニ族を訪問。それから単独、アスマット族のもとに入り、オランダの人類学者ルネ・ワッシングおよび現地人助手二人と共に双胴船に乗っていたところ、沖合三マイルほどの所で転覆、そのまま行方不明となったのである。

大がかりな捜索が行われたが結局、彼は見つからず、さまざまな臆測が飛び交った。岸にたどり着く前に溺死した、この海域に多い鮫やワニの餌食になった、アスマット族の首狩・食人習俗の犠牲になった、などなど。

現在でもはっきりしたことは不明なままだが、最も有力視されている説は次のようなものだ。一九五九年、当時イリアンジャヤを統治していたオランダ人巡視隊により、アスマットの戦士何人かが殺害された。それに対する報復として、白人であるマイケルが標的になったというのである。さまざまな状況証拠から見て、これが最も確からしいと、現時点では考えられている。[41]

ミクロネシアとポリネシア

先に述べたように、メラネシアに比べてミクロネシアとポリネシアからは、首狩の詳しい報告はあまりない。そうした中で、ミクロネシアではパラオの事例がよく知られている。クバリーやクレーマーによると、パラオには「大きな戦争」と「小さな戦争」という二つの概念があり、後者が首狩にあたる。それにはさまざまな契機が存在した。たとえば男子結社の結成時であったり、首長が病気の時、あるいはバイと呼ばれる男子家屋を新築する時、などである。首狩に行く前には、ヤモリに似た動物や小さな虫の鳴き声を聞いて、吉凶を占った。もし味方の首が獲られた場合、その首なし死体は村に持ち帰らず、その場に埋めることになっていた。反対にうまく首が獲れた場合、村に戻って飲食や歌舞がなされ、頭蓋骨は木に懸けたり木のうろに保存した。また頭髪を竹竿に付け、風になびかせるようにすることもあったという。[42]

ポリネシアでは、ニュージーランドのマオリの場合、首狩とカニバリズムとが結びついていた。殺した敵の肉を食べた後、その骨で笛や槍先などを作ることもあり、また敵の首長の頭部パワーによってサツマイモなどの作物がよく実るようにするためであった。その目的の一つは、人頭に宿るをパと呼ばれる要塞の防禦柵などの上にさらすこともあった。

興味深いことに、マオリの首狩はヨーロッパ人の来訪により激化したとされている。つまり、ヨーロッパ人がマオリの人々から頭骨を買い、マオリたちはその金で火器を入手できるようになった一九世紀初め頃から、首狩がエスカレートしたというのである。一八三一年には、ニュー・サウス・ウェールズ州政府により、首の所持に罰則が科された。また、初めマオリの人々は自分たちの首長など、味方の首を保存していたのだが、白人がそれらを購入するようになって、敵首を獲るのが盛んになったという説もある。しかしクックは一七七〇年にクイーン・シャルロット湾のマオリのもとで、獲られた敵の首が保存されているのを見ているので、当時はすでに敵首の保存慣習が存在していた。なおマオリのもとでは、部族によって入墨のデザインが違っていたので、どの部族かを知るために頭蓋骨に皮膚を残しておいたとも言う[44]。

同様のプロセスは、マルケサス諸島からも知られる。ここでは西洋人との接触が盛んになった一八世紀以前から、討ち取った敵の首が精巧に処置されていた。眼窩(がんか)に真珠などが嵌(は)め込まれ、頰に豚の牙が固定された頭骨が、ふだんはメアエと呼ばれる聖地に保管されたり、戦闘カヌーの装飾に用いられたりした。しかしふつうは、そうした敵首は戦士たちが盛装に付けたり、戦闘時に身に着けたりして、自らの力を誇示したのであった。やがて一九世紀後半になり、西洋人がこれらの頭骨を収集し始める。それは主に珍奇な土産物として、または民族学博物館に収蔵するためだったが、そのためにオーダーメイドの装飾頭蓋骨が多く作製されたのである。[45]先に引用したように、ハイネ゠ゲルデルンは東南アジアやオセアニアの首狩は西方の系統である、と述べた。その説の当否はさしあたり保留として、ここでの首狩はどのようなものであったろうか？

ユーラシア内陸部の頭皮剝ぎと髑髏（どくろ）杯

まずユーラシア内陸部に頭皮剝ぎと髑髏杯の風習が存在していたことは、多くの研究によって明らかになっている。[46]江上波夫がまとめたところによれば、

頭皮剝奪と髑髏杯保有はイラン系民族とアルタイ系民族にはいずれも現れているが、ウゴル系民族とアメリカ・インディアン系諸族には頭皮剝奪のみで、髑髏杯保有はまったくみられない。一方、チベット系、チベット・ビルマ系には髑髏杯保有のみで、頭皮剝奪はまったく認められない。この事実は髑髏杯保有が、白鳥清の説のようにチベット系民族を中心とした習俗であるのに対し、頭皮剝奪はそれとは起源的に無関係な習俗で、ウゴル系種族やアメリカ・インディアン系諸種族の文化――それは多分、かつてウラル以東の北ア

ジアからアメリカにわたって非常に広汎に拡がっていた古層の文化に根ざし、その東西両端における遺存を示すものであろう――の非常に古く遡るユーラシア・アメリカの共通の古層な文化に由来したものであり、アルタイ系やイラン系の諸族では、この本来別途に出ていた両習俗が南北からトルキスタン方面に伝播し、そこで時には両者が彼らの間で遭遇して、そこでは髑髏杯保有と頭皮剝奪の風習が併存し、併用された場合もあったことを示唆しているようにみえる(47)。

古くは紀元前五世紀、今の黒海北岸あたりに居住していた遊牧騎馬民族スキタイ(スキュタイ)について、ヘロドトスが次のように記している。長いけれども、引用してみよう。

次に戦争に関することでは、この国の慣習は次のようである。スキュタイ人は最初に倒した敵の血を飲む。また戦闘で殺した敵兵は、ことごとくその首級を王の許へ持参する。首級を持参すれば鹵獲(ろかく)物の分配に与ることができるが、さもなくば分配に与れぬからである。スキュタイ人は首級の皮を次のようにして剝ぎとる。耳のあたりで丸く刃物を入れ、首級をつかんでゆすぶり、頭皮と頭蓋骨を離す。それから牛の肋骨を用いて皮から肉をそぎ落し、手で揉んで柔軟にすると一種の手巾が出来上がる。それを自分の乗馬の馬勒(ばろく)にかけて誇るのである。この手巾を一番多く所有する者が、最大の勇士と判定されるからである。またスキュタイ人の中には、剝いだ皮を羊飼の着る皮衣のように縫い合せ、自分の身につける上衣まで作るものも少なくない。さらにまた、敵の死体の右腕の皮を爪ごと剝いで、矢筒の被いを作るものも多い。人間の皮というものは実際厚くもあり艶もよく、ほとんど他のどの皮よりも白く光沢があるほどなのである。また全身の皮を剝がしてこれを板に張り延ばし、馬上に持ち廻るものも少なくない。

スキュティアにはこのような風習が行われているのであるが、首級そのものは次のように扱う——ただしどの首級もというのではなく、最も憎い敵の首だけをそうするのであるが。眉から下の部分は鋸(のこぎり)で切り落し、残りの部分を綺麗に掃除する。貧しい者であれば、ただ牛の生皮を外側に張ってそのまま使用するが、金持ちであれば牛の生皮を被せた上、さらに内側に黄金を張り、盃として用いるのである。彼らは近親の頭蓋骨をもこれと同じように扱うことがある。身内の間に争いが起り、王の面前で相手を負かした場合である。大切な来客があると、これらの頭蓋骨を見せ、この者たちは自分の近親であったが自分に争いをしかけたので、打倒したのであると手柄話にして説明するのである（『歴史』四・六四－六五）[48]。

こうしたスキタイの頭皮剝ぎは、首狩から発したという説がある[49]。つまり多くの首級を運ぶのは大変なので、頭皮だけで済ませるようになった、というのである。日本でも耳や鼻で首級の代用とすることがあったように、こうした可能性は十分にありうることだ。

ケルトとヨーロッパ

首級を取ることは、ヨーロッパのケルト（ガリア）人の間でも行われてきた。(50) たとえばギリシャ系の歴史家ディオドロスの『神代地誌（ビブリオテーケー）』（前六〇－三〇頃）五・二九には、ガリア族の風習として次のように見えている。

敵がたおれると、首をはねて自分の馬の首に付ける。相手から剝ぎ取った武具の血まみれになったのは、従者たちに渡して戦利品として持ち帰り、戦勝の凱歌をあげ祝勝歌をうたい、これら勝利の初穂を、ちょうど狩りか何かで野獣を捕えた人びとのように、自分の家（の入口）に釘で打ちつける。

敵方のなかでも一番の名だたる戦士の首は、杉から採った油で念入りに防腐処理して、つぼに入れて保有し、客人たちに見せてはもったいを付けて、（相手方が）この首級と引換えに多額の財貨を差し上げるというのに、自分の父祖の誰か、または父、または当の本人が、その財貨を受け取らなかったものだ、という。話によると、首とおなじ重さの黄金でも承知しなかった、と自慢するものもいるが、これなど非ギリシア民風な一種の思い上がりを見せている。武勇に優れていることを示す印の品を売らないのは気高い振舞だが、相手が同族の戦士だというのに、それが死んでしまった後まで敵視しているのは、野獣めいている。[51]

同様の記述は、ストラボン（前六四／六三頃‐後二一五以後）の『世界地誌（ゲオーグラピアー）』四・四・五にも、ガリア族の風習として見られる。

また、思慮のなさに加えて野蛮で人間ばなれしたところがあり、これは北方諸族に付きものの一番大きな特色である。すなわち、戦場を去る折に敵兵たちの首級を馬の首にくくり付け、持ち帰ると戸口に釘付けにして見せ物にする。すくなくとも、ポセイドニオスは自分の眼でこの光景を、しかも数多くの場所で見たし、はじめのうちは嫌悪をおぼえていたが、その後は馴れたので気分が落着くようになった、と述べている。高名な戦士の首級を杉から採った油で防腐処理しておいて客人たちに見せていた。首級とおなじ重さほど黄金を積んでも返そうとは思わなかったろう。[52]

これらの古典的記述を彷彿させる遺跡も、いくつか見つかっている。[53] たとえばフランス南部、エクス＝アン＝プロヴァンス近郊のアントルモンには、人頭が彫刻された有名な「頭蓋骨の柱廊」がある。その下からは約二十個の人頭骨も発見されており、そのいくつかには支柱の上に固定されていたことを物語るかのように、釘が貫通したままになっていた。まさに、ディオドロスやストラボンの記すとおりである。ただ、この頭蓋骨が敵のものか先祖のものかについては、専門家の間で意見が分かれているようだ(54)。同じくエクス＝アン＝プロヴァンス近郊にあるロクペルテューズも、首狩の痕跡かと思われる遺跡である。ここの石柱三本には、もともと人の頭蓋骨が収められていた(55)。

近年では、ドイツのラインラント＝プファルツ州マイエン＝コブレンツ郡で、釘の貫通痕を持つ頭骨や、鉄釘が刺さったままの頭骨も発見されている。これらは、紀元前一、二世紀の鉄器時代ケルトの遺跡から出たものだ。考古学者フォン・ベルクは、鉄器時代初期の頭骨は祖先崇拝と解釈できるのに対し、より新しい鉄器時代の頭骨になるにつれて、戦勝トロフィーへ変化していったものと推測している(56)。

この他、発見されている遺体には身体なしで首だけの場合と、頭部なしで身体だけの場合とがある。ただ後者については、必ずしも敵に首を取られたとは限らない。なぜなら、斃(たお)れた戦友の首が敵に渡るのを恐れて、味方が自ら手を下した例もあったからだ。またケルトでも、脳を除去して髑髏杯を作った例があるが、頭皮剝ぎは知られていない。ウィーンのケルト学者ビルクハーンのように、ケルトの首狩をスキタイ由来と考える研究者もいるが、そのあたりはまだよく分かっていない[57]。

敵の首を切る場面は、中世アイルランドの伝承にも出てくる。たとえば『アレンの戦い』（作者未詳）には、アイルランド東部レンスター地方にあるアレンの丘で起きたとされる、伝説上の戦闘が描かれている。その中で英雄マイル・ドゥンの息子フェルガルは、敗れて首を切り落とされた。その頭部は丁寧に洗われ、髪は編まれ、梳（くしけず）られ、ビロードの布にくるまれた上、七頭の雄牛、七匹の去勢羊、七匹の豚が料理されて、その眼前に供されたという。ここでは、敵の首とは言え明らかに丁重な扱いを受けており、これが戦場での作法だったらしい[58]。実際、七世紀アイルランドのラゴール遺跡からは、斬られた一四の頭骨が発見され、これらは集落を取り巻く柵上に展示されたと推測されている[59]。

このようにヨーロッパでは、何と言ってもケルトの首級取りが資料も多く、よく知られてもいるが、東欧のバルカン半島でも敵の首を持ち帰ることが一九世紀後半まで行われていた。モンテネグロの都市ツェティニェを訪れた西欧人たちは一様に、円塔に飾られた多くのトルコ人の首を見て強い衝撃を受けたのである[60]。

北米とメソアメリカ

南北アメリカ大陸に関しては、北米では頭皮剥ぎが、南米では首狩がそれぞれ優勢であり、先に引用した江上の記述（八五頁）に反して、髑髏（どくろ）杯も存在した（図2−2）。フリーデリチは「部分は全体を表す（パルス・プロ・トト）」という観念により首狩から頭皮剥ぎが発生したと考えている。[61] 興味深いのは、東南アジアの首狩と同様の諸観念がここにも見られたことである。すなわち、名声や名誉のためというだけでなく、犠牲者の力を我が物とするためという考えが見られたり、また葬礼や宣誓に際して頭皮剥ぎが必要なこともあった。[62] なお、北米の頭皮剥ぎはコロンブス渡来以前から存在した慣習であったが、二〇世紀後半になると、白人がインディアンにこれを教えたのだという言説が、かなり広い支持を集めるようになった。[63]

メソアメリカについては、考古・民族・図像などの資料を総合して、過去に行われた首狩の研究が進められてきた。[64] そのうちマヤでは、戦勝トロフィーと祖先の頭骨保存の両方が行われたが、図像では敵首は髪を持ち見下しているように描かれており、祖先の頭骨とは明らかに扱いがちがうという。また頭骨や下肢のない人骨も発見され、これらは首級を取られた犠牲者と解釈されている。球戯（ボールゲーム）のボールは人頭と見なされ、ゲームによってトウモロコシ神の復活が期待された。ここには、人頭と豊穣の観念との結びつきが見られる。有名なのはツォンパント

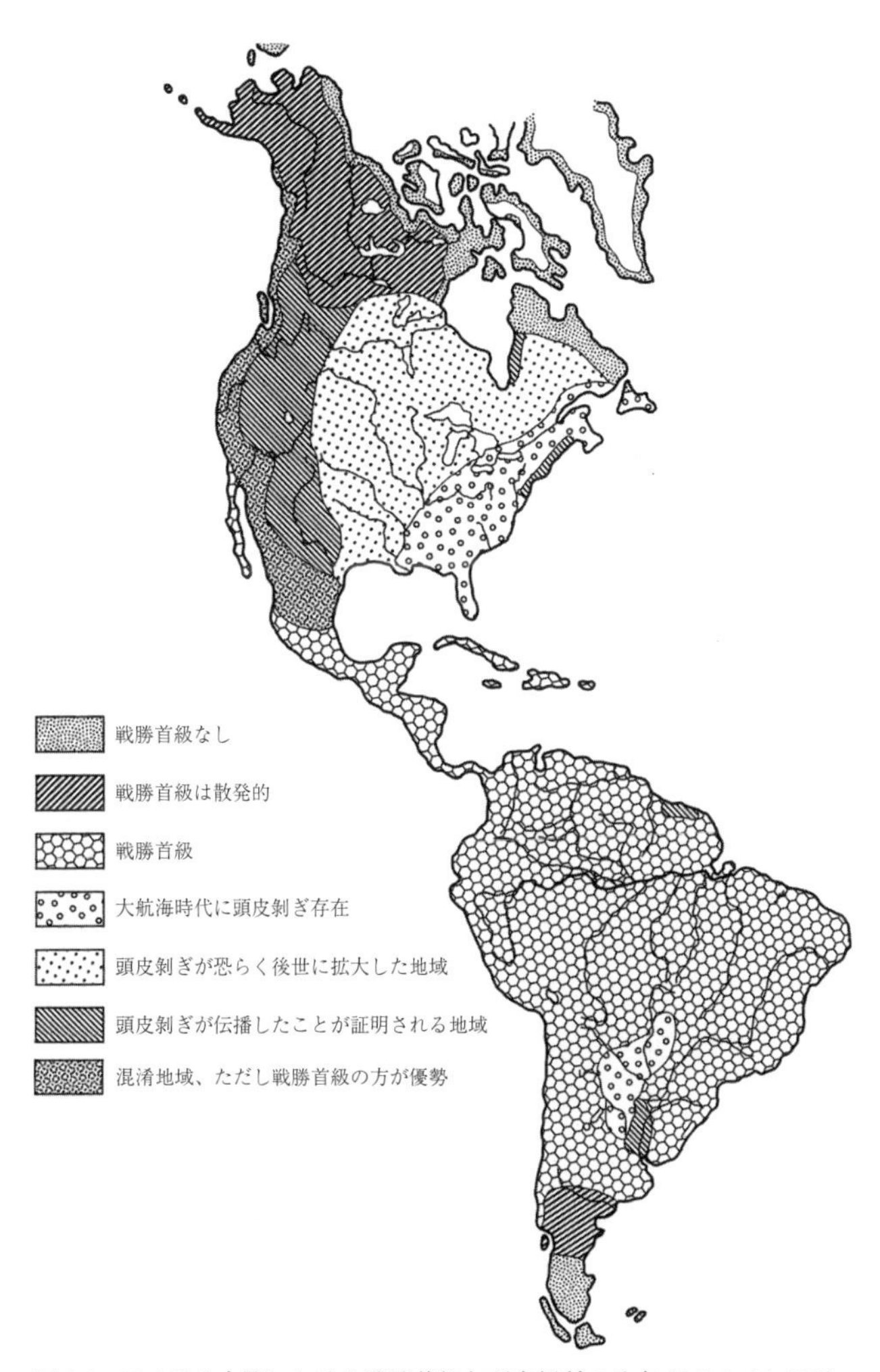

図 2-2　アメリカ大陸における戦勝首級と頭皮剝ぎの分布 (Friederici 1906)

リと呼ばれた頭蓋台で、球戯場に付属しており、これに人間の頭蓋骨を串刺しにして並べた。コスタリカやパナマでもスペイン人の到来時から一九世紀末まで首狩が行われたが、そこには敵の首を獲得することで村民の病気が治るという呪術的意義が存在したらしい[65]。

南アメリカの乾し首（ツァンツァ）

南米では、敵の首の扱い方は次の四つに分類できた。すなわち、（一）頭蓋骨、（二）ミイラ化、（三）乾し首ないし後述するツァンツァ、（四）髑髏杯であるが、シュアル（ヒバロ）諸族の首狩を除けば、こうした慣習の原因に言及する資料は少ない[66]。

ただしコロンビアのカウカ地方については、一六世紀スペイン人到来時の記録が、多く残されている。その頃ここでは、一般に食人俗と首狩とが深く結びついていた。戦勝トロフィーとしては、頭部、手足、灰を詰めた皮膚、皮膚を張った太鼓、の四種類が存在したが、そのうち頭部の事例が最も普通である。敵首は竿の上や家屋の入口または屋内に展示したり、皮膚張り太鼓の数で名声が高まったりした。この皮膚張り太鼓を戦闘時に叩くことで、敵の戦意をくじくこともあった。敵の力を呪術的に得ようという意図もあったらしい。ゲオルク・エッカートの見解では、死者に対する恐怖心があったのにもかかわらず、敵首を屋内に保存したのは、儀

図 2-3　エクアドル・シュワル（シュアル）族の「縮小人首」（乾し首）（天理参考館所蔵）

礼などによって死者をなだめ、自分たちの意志に従わせることができる、との観念が存在したからではないか、と言う[67]。

同様のプロセスはエクアドル東部のシュアル（ヒバロ）諸族からも知られる。彼らは一五九九年にスペイン人に勝って以来、その戦闘力を恐れられ、長らく自立を保ってきた。シュアル諸族が戦争で取った首は、まずエントラダという儀礼によってなだめられた。これを行うことで、犠牲者は殺害者に仕えることになる、と考えられていたのである。その後、首から頭骨を抜き取り、目や口を植物などで縫い刺し、皮だけにした袋状の頭部内に熱い砂などを入れ、長時間かけて縮小させた。こうしてできた「乾し首」はツァンツァと呼ばれ、戦闘や狩猟の成功、健康、畑の豊穣、家畜や女性の多産を助けるとされた。

やがて一九世紀末、二〇世紀初頭頃からこのツァンツァはヨーロッパ人により、土産物として注目されるようになる。こうして一九二〇年頃からは、シュアル諸族以外の民族もこれを作り始め、頭部を得るための墓あばきや、猿・山羊などの頭部によるまがい物まで出現した[68]。

現在、上野の国立科学博物館が所蔵する乾し首のうちの一体は、ペルーのリマ市で呉服商を営んでいた人物が帰国に際して持ち帰ったものである。また奈良県の天理参考館にもシュアルの乾し首があるが、ふだんは公開展示されていない（図2-3）。

ツァンツァと並んで有名な南米の例は、ブラジルのトゥピ系ムンドゥルク族の、ミイラ化した頭蓋トロフィーである。これは乾季の開始時に遠征で獲得した敵首を加工したもので、もともとは断首に竹の一種で出来たナイフを用いていた。加工されたトロフィーは、所有者が常に身に着けていたという(69)。

ナスカの首なし遺体

考古学的には、南米の遺跡ではしばしば首級が発見されているが、最もそれが多いのはペルー南部、地上絵で知られるナスカである。ここでは稀に首なし遺体が発見される。そのうちラ・ティサ遺跡で二〇〇四年に見つかった首なし遺体は、ナスカ第五層(紀元後五〇〇年頃)の「頭の壺」と共に出土した。遺体は恐らく他地域出身の男性のもので、死亡時の年齢は二十歳から二十五歳頃と思われる。第三頸椎には鋭利な刃物(恐らく黒曜石のナイフ)で斬首されたことを示す切断痕が残っていた。

「頭の壺」と呼ばれているのは、人間の頭部をかたどった壺で、頭のてっぺんから木が一本生え、器の周りに枝をめぐらせたデザインになっている。当時のナスカでは首狩が広く行われていたが、それが戦利品として取られたのか、それとも儀礼で使用するために取られたのか、については議論が分かれている。

そうした中、いま述べた「頭の壺」とも関連づけたクリスティーナ・コンリーの解釈は大変面白い。彼女によれば、当時のナスカではジャガイモの植え付け前にしばしば儀礼的戦闘が行われた。それは、血を流し大地に栄養を与えることが豊作のために必要と考えられたからだ、という。首なし遺体も、そのようにして血を流された犠牲者のもので、頭部はどこかに運ばれたのだろう。そして「頭の壺」が副葬されたのは、死者が他界に入るためには頭部が必要とされたからであり、木が頭から生え出るモチーフは再生観念を表すのではないか。このように、ナスカの首なし遺体と「頭の壺」からは、断首・植物・再生の結びつきがうかがわれる。これがコンリーの推測である。[70] 後から見るように、これは東南アジアや台湾の事例とも比較し、また宗教民族学の知見ともあわせ考えると、非常に魅力的な説である。

アフリカ

古代エジプトでは、頭蓋骨に特別な意味が付されたり、断首の証拠が見られるのは、古王国まで（紀元前二四〇〇年以前）だという。たとえばアダイマの遺跡からは首なしの遺体が二体見つかり、胴体のない頭骨片もまた発見された。しかし戦闘の形跡がないことから、これらは刑罰として行われたのではないかと推測されている。また戦いで捕らえられ、首を刎ねられたり性器を斬られた男たちの図も、第一王朝（前三〇五〇年頃）のいわゆるナメール石版に描かれているが、戦勝トロフィーとして首を展示することは行われていなかった。対して時代は下るが、ニネヴェのアッシュルバニパル王の北宮殿には、エラムの王テウマンの首が木に懸けられたさまが描かれている[71]（紀元前六四五年）。なお近東の「頭蓋崇拝」は紀元前一万年から五千年という古い時期から見られるが、それらは主に戦勝トロフィーではなく、祖先あるいは集団のリーダーの頭骨と解釈されている[72]。

次にサハラ以南のアフリカに目を移そう。アッカークネヒトによれば、アフリカ西部海岸は頭蓋崇拝と戦勝首級の小センターをなすというが[73]、この地域の首狩ないし頭蓋崇拝に関するまとまった研究を、私はいまだ知らない。それでもいくつか、頭蓋の保存について気づいた事例を挙げてみよう。

英国の探検家キャメロンは一八七〇年代、コンゴ（旧ザイール）の二人の首長のもとで、敗れた首長らの頭骨が特別な小屋の中に保管されているのを見た。それらはビーズで飾られていることもあれば、豹・犬・ジャッカルなどの頭部に取り巻かれ、杜上に打ちつけられていることもあった[74]。別の報告では、コンゴ川上流域の村々において、首長の小屋の前などの木に、殺した敵の頭骨がいくつも飾られていたという[75]。またドイツのアフリカ学者フォン・ヴィスマンは、ザンビアのワウェンバ族が敵の首を持ち帰り、その数によって首長を決めるという話を書きとどめている[76]。

西アフリカに行くと、事例が多くなる。シュロートハウアーがまとめたところでは、ここでは広く首狩・人身供犠の後、頭蓋骨や下顎骨が太鼓・ラッパ・笛などの付属品とされたり、家屋や祭壇に懸けられたりしていた。[77]ベニン（ダホメー）王国では、王の死に際して三人の捕虜が、死せる王への使いないし伝言役として殺されたし、一八五八年に死去した同王国のグベゾ王は、頭蓋骨の複数付いた太鼓を有していた[78]（図2-4）。

フレイザーが『金枝篇』に引くナイジェリア南部ボキ族では、次のようだった。斃した敵の頭蓋骨は、かつては家の屋根の上に置かれ、十四日間にわたってビールが捧げられた。新耕地に植え付けが始まる前には、必ずこの頭蓋骨にモロコシの挽いたのを捧げたが、それはそうしないと不作になると信じられていたからだという。[79]

東北アジア・東アジア

分布を見てきたが最後に、東北アジアを経て東アジアに戻ることにしよう。東北アジアからは首狩は知られていない。この地域からビルケット＝スミスが挙げた事例は、ユカギール族において死んだシャマンの首を木像上に載せることと、カムチャダール（イテリメン）族が殺した熊の頭部と腰部を装飾として杭上家屋の下かまたは住居近くの木に吊すこと、であった。[80]どちらも頭部は関係しているが、首狩とは見なすことはできない。

図 2-4　ダホメー王国グベゾ王の、頭蓋骨付きの太鼓（Anonym 1866: 324）

中国については、ミャンマー・中国国境地帯のワ族が二〇世紀まで首狩で知られていたが、[81]同じくオーストロアジア語族に属する版納曼敦娃寨（寨は村の意）のプーラン（布朗）族にもかつては「首狩して穀神を祭る」習俗があり、毎年種播きと刈入れの前に、村を挙げて山の麓において他の民族の首を狩って供えたが、後には人の頭髪を供え物にするよう改めた。また鶏、鶏卵、干し肉などを人間の首の代わりにして祭を行うところもあったという。[82]

なお、民族学者・中国学者のエーバーハルトは、彼が設定した中国南方文化の一つ〈獠文化〉に首狩、頭蓋崇拝、飛頭伝承、首なし霊の伝承、食人、抜歯を帰属させている。[83]考古資料や各種史料に現れる記録も含めた中国の首狩を東南アジアのそれと比較することは、今後に残された興味深い課題の一つである。[84]

註

（1）Schurtz 1896: 99, 宇野　一九三〇：八〇四。
（2）Boulestin & Gambier (éds.) 2012.
（3）Bonogofsky & Graham 2011: 83.
（4）宇野　一九三〇：七九〇－八〇七。

(5) Wernert 1936, Schott 1979.
(6) Jensen (Hrsg.) 1936: 433-441, Jensen [1951]: 236, 宮脇　二〇〇五。
(7) Tylor 1871 I: 414-415, 抄訳：一一二。
(8) Andree [1875]: 137.
(9) Meyer 1882.
(10) Wilken [1884-85]: 144-150, [1886-87]: 519-522, [1889]: 48-70, 79-81.
(11) Wilken [1884-85]: 149.
(12) Wilken [1884-85]: 3-5.
(13) Schurtz 1896, Frobenius [1901]: 164-177, Friederici 1906: 116-120.
(14) Pleyte 1891, Volmering 1914.
(15) Downs 1955.
(16) Schuster 1956.
(17) Kruyt 1906: 17-19, Frazer 1912 I: 256-257, 1936: 356-357, Hutton 1928, 1938.
(18) Heine-Geldern 1917, 1921, 1923: 930-934, 邦訳：三八七－三九三、Métraux 1949, Birket-Smith 1973: 58-70, 82-83, 大林太良／杉田繁治／秋道智彌（編）一九九〇：八〇六。
(19) 宇野　一九三〇、岡田　［一九三四］、古野　［一九四二］。
(20) Gusinde 1937, Ackerknecht 1944.
(21) Jensen [1951], 1966.
(22) Needham 1976, R. Rosaldo 1980.
(23) 合田　一九八九、鳥越　一九九五。

(24) Hoskins (ed.) 1996, George 1996.

(25) Wadley 2000, Zou 2005, 三木 二〇〇六、二〇一一、Roque 2010.

(26) Stiglmayr 1960.

(27) Schmitz 1961.

(28) 篠田［一九六八］。

(29) 金子 一九九九：一二五。

(30) Haddon 1901: 115–116, 抄訳：一一二、改訳：一〇四。

(31) Bonney & Clegg 2011: 58–59.

(32) MacCulloch 1913: 534–537, 宇野 一九三〇：八〇七－八二八、古野［一九四二］：四七－四八、Birket-Smith 1973: 58–70.

(33) Andree [1875]: 137–138.

(34) Heine-Geldern 1923: 930–931, 邦訳：三八八－三八九、1917: 23, 1921: 地図 132。

(35) Graebner 1909: 767–769, Birket-Smith 1973: 65–69.

(36) Wirz 1922–25 III: 49–62, Vertenten 1923, van der Kroef 1952.

(37) Aswani (ed.) 2000.

(38) Bentley *et al.* 2007.

(39) Zegwaard 1959: 1021, Konrad, Konrad & Schneebaum 1981: 24.

(40) Konrad, Konrad & Schneebaum 1981: 23–26, 62–71, 104–106.

(41) マックリン［一九七二］、Hoffman 2014.

(42) Kubary 1885: 124–137, Krämer 1926: 298–304.

(43) Schoch 1954: 28.
(44) Vayda 1960: 94-97, Schurtz 1896: 100.
(45) Valentin & Rolland 2011.
(46) Andree [1875]: 133-136, 1912, Friederici 1906: 132-137, 白鳥［一九三三］、金関［一九五七］、江上［一九六二］、Mednikova 2003.
(47) 江上［一九六二］：三〇六－三〇七。
(48) 松平（訳）一九七一－七二、中：四〇－五〇。
(49) Riedlberger 1996.
(50) Reinach 1913, Lambrechts 1954, Sterckx 2005.
(51) 飯尾（訳）一九九九：四〇九。
(52) 飯尾（訳）一九九四、一：三四二。
(53) Armit 2006, 2012.
(54) 渡邉 二〇〇三。
(55) Maier 1994: 279-280, 邦訳：二五七－二五八、Vigié 2011.
(56) von Berg 2011.
(57) Birkhan 1997: 817-827.
(58) Stokes 1903.
(59) O'Donnabhain 2011: 123.
(60) Durham 1923, Haberlandt 1926: 638-647, Jezernik 2001.
(61) Friederici 1906: 18, 127-128, 137, Chacon & Dye (eds.) 2007.

(62) Friederici 1906: 102–103.

(63) Axtell & Sturtevant 1980.

(64) Moser 1973.

(65) Berryman 2007, Mendoza 2007, Hoopes 2007, Miller & Taube 1993: 173, 176, 邦訳：一九六–一九七、二二一–二二二。

(66) Métraux 1949: 406–409.

(67) Eckert 1939.

(68) Schlothauer 2011b, Rubenstein 2007.

(69) Schlothauer 2011c, Karsten 1926: 67–68.

(70) コンリー　二〇〇六、Conlee 2007, Hoffmann 2007, 加藤　二〇〇七、二〇〇九。

(71) Pommerening & Hendrickx 2011: 88–90.

(72) Bienert 1991, 常木　二〇一〇。

(73) Ackerknecht 1944: 1669, Schmidt 1955: 159, 邦訳：一三七。

(74) Cameron 1877: 67, 211.

(75) Werner 1889: 138, 203–204.

(76) von Wissmann 1890: 213.

(77) Schlothauer 2011a.

(78) Anonym 1863: 94, Anonym 1866: 324, Law 1989.

(79) Frazer 1936: 357.

(80) Birket-Smith 1973: 60–61.

（81）Eberhard 1942a: 142-143, 148-149, 凌（Ling）［一九五三］。

（82）覃（Tan）等編著　一九八二、下：三二四、邦訳下：四八一。

（83）Eberhard 1942b: 477-482, 1968: 446-450, 邦訳：三八七－三九〇、凌［一九六〇］：六一八－六二二。

（84）李（Li）　一九八七、一九九三。

第3章　東南アジアの首狩

首狩は……首を取った個人と、その人が属する共同体の両方に利益をもたらすために行われた。

〈首狩文化複合〉

最初の首を取ることは、若者が一人前の男になることを意味した。それは、彼が試練を経た戦士たることを証し、かくして彼は初めて入墨をする資格を得たのである。首の所有はまた、彼が気に入った娘の好意を獲得し求婚することも可能にしたが、これは彼が自分の武勇の物質的証拠を何も示せなかったとしたら、それほどうまくいかなかったであろう。しかしこれで終わりではない。首を取られた者の霊魂は、勝者に従って他界へ赴くと信じられていた。それで当然ながら、一人の男の得た首の数が多ければ多いほど、彼は生前においても死後においても、仲間からより大きな尊敬を勝ち取ることになった。これが、首長の死に際して敵の首を取ったり奴隷を供犠したりする慣習の根底をなす観念であることは疑いない。

首の所有から個人に付与される利点に加えて、共同体に付与される一定の利益も存在した。病気の流行や饑饉の時には災害を避けるために首祭が必要と考えられたし、首狩と豊作との間には密接な関係があった……[1]。

これは、第一次大戦前の五年間をボルネオ島北部のサバ地方で過ごし、イスラーム化されていないムルット族、ドゥスン族を調査したオーウェン・ラッターが、その著『北ボルネオの異教徒たち』に記した言葉である。ここには、首狩のさまざまな側面が実にうまくとらえられている。文身（入墨）や結婚の前提としての首狩、首を狩った者が他界での幸福を得るという観念、首長の死に際しての首狩、奴隷供犠との関係、病気や饑饉を遠ざけるための首狩、そして豊作と首狩との結びつき。

これらは、東南アジア各地の首狩においてしばしば見いだされた特徴である。そしてこれらは、地域によって濃淡の差こそあれ、いずれも首狩という行為を一つの核とし、互いに結びつきあいながら存在してきた。どれか一つを取り出して、首狩の動機とか原因を論ずることは、偏った理解につながってしまうのである。そこで本章では、ここに見られるようなさまざまな要素全体を〈首狩文化複合〉と名づけ、その特徴を見ていくことにしよう。

断っておくと、この用語は私の発明ではない。スラウェシ島ミナハサ人のもとで調査を行った人類学者スハウテン＝パトゥレイアがすでに一九九二年、東南アジアとメラネシアの〈首狩文化複合〉に関してすぐれた論文を発表しているし、一九九九年六月二五日から二七日にかけ、オランダのレイデンで開かれた第四回欧州オセアニア学会では、フランスの人類学者コワフィエとゲレイロが、東南アジアからオセアニアにかけての〈首狩文化複合〉について発表した(2)。私も、特に東南アジアについては、この概念は適切なものだと考えているので、本書でも用いることにしよう。

本章で試みるのは、おおよそ一九世紀から二〇世紀前半にかけての記録をもとに、この時期における東南アジアの首狩の諸相を、言わば共時的に概観することである。そこでは、通時的な変化、ことに政治的・社会的変動に伴う首狩慣行の変容は、ほとんど取り上げることができない。東南アジアという広い空間全体にわたって、同程度の精度で資料を集め、首狩の歴史を描き出すことは、私の手に余る課題だからだ。そのような通時的概観は、台湾原住民を扱った次章で行うことにしたい。ただし、台湾の首狩も東南アジア各地のそれとよく似た点を持っていたので、比較のためにいくつか事例を紹介していくことになる。シュースターが述べたように、東南アジアの首狩は広範囲にわたって「驚くべき類似(3)」を示すことを、感じていただけるのではないだろうか（図3－1）。

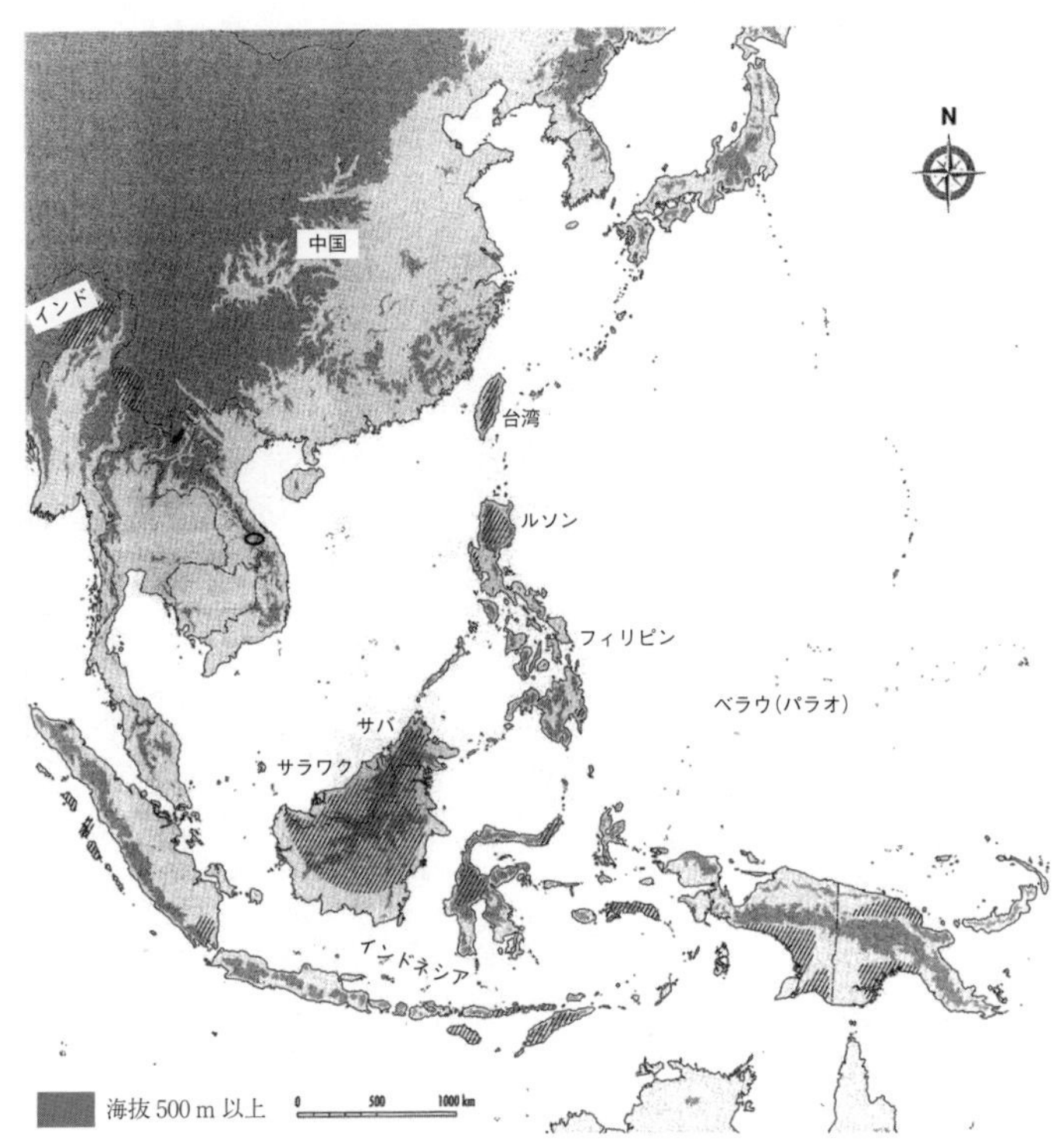

図 3-1　19 世紀末から 20 世紀初めに首狩が行われていた地域。斜線がそれにあたる。ベトナム中部の楕円で囲まれているのは、いわゆる「血の狩人」カトゥ族（Coiffier & Guerreiro 1999: 30）

近現代史における首狩

先に見たように、東南アジアにおける首狩は植民諸勢力のもとで禁止され、廃れる運命をたどった。アッサムやミャンマーではイギリスの、インドネシアではオランダの、そして台湾では日本の統治下においてである。そうした状況の変化に、現地の人々はどう対応したのだろうか。

たとえばボルネオ島サラワクのカヤン族のもとでは、かつて首長の喪明けに当たって首狩に行き新鮮な首を一個調達することが必要であった。しかしヨーロッパ人の統治によりそれが不可能となり、平民たちは首が入手できるまで喪明けを延ばすことになった。古い頭骨を他村から借り受けることで服喪期間を終える地域も出てきたし、当局が管理していた古い頭骨を借り出す場合もあった(4)。

仏教の影響も大きかったワ族のいくつかの地域で首狩慣行が消滅に向かった四段階を、ハイネ＝ゲルデルンは次のようにまとめている。(1) 典型的な首狩の実行、(2) 戦争で斃れた敵や罪人の首を取るだけになる、(3) 首を買って入手するだけになる、(4) 人頭骨の代わりに熊や豹その他の野生動物の頭骨で満足するようになる(5)。

このうち (3) の首の取引については他にも例があり、しかもそれは首狩慣行がいまだ生きていた民族のもとでも行われることがあった[6]。たとえば、一九世紀末ワ族の首交易では、好戦的でないレム族の首の値段が最も低く、時には二ルピーで買えた。勇敢で毒矢や弩を使うラフ族の首はその三倍した。レム系以外のシャン族は外出するとしたら大勢で出るので、ほとんど首が見られることはなかった。ビルマ人の首はここ一世代近くは入手できず、危険な獲物である中国人の首は五〇ルピーにまで跳ね上がった。ヨーロッパ人の首が市場に出ることはなく、ワ族自身の首は恐らくデリカシーからか評価されなかったという[7]。

こうした、首の市場価値についての例もこれだけではない。たとえばボルネオ島東南部のダヤク族のもとでは、男の首は女の首よりも高価であった。ダヤク族の首よりマレー人の首が、そしてそれよりも中国人の首の方が値が張ったが、最も高かったのはヨーロッパ人の首であった。一八五九年にバリト川に進水したオランダの蒸気船司令官の首は、無数の小片に切り刻まれ、上流域のドゥスン諸族の間で分配されて、そこで聖なる物として遠い子孫にまで伝えられることになった[8]。

一方、首を購入しうるということは、首狩に失敗してもまだ獲得方法が残っているということでもあった。たとえばニューギニア島東南部のキワイ島民は、一九世紀後半あたりまで首狩をしていた。敵を殺すとその首を竹ナイフで切り取り、籐の吊り縄を顎骨に挿して持ち帰った。首は火の上に吊し、髪はすべて焦がして抜いた。この作業中ずっと、村の若い娘たちは近くに――ただし火の周りにではない――集まり、踊ったり歌ったりした。それから首から肉が取り去られ、洗った後で木釘を打ち込んで家の主柱に懸けておいた。若者たちは首級が取れないうちは結婚できなかったので、時には遠くの友人たちから、あるいは友人たちを通して、いくつか頭骨を購入することもあった。頭骨一個への見返りにはしばしばカヌー一艘が支払われた[9]。

首は購入されるだけでなく、時には首そのものが貨幣としての価値を持つ場合もあった。たとえば一五世紀初めにシャムテラ（スマトラ）島を訪れたヴェネチア人商人ニコロ・デ・コンティによれば、バテク（バタック）族は「食人族」で隣族たちと常に戦っていた。捕虜は首を刎ねてその肉を食べ、頭骨は保存してこれに高い価値を与え貨幣として用いた。それで最も多くの頭骨を持つ者が最も裕福な者と見なされていたという[10]。

また同様の価値は、人頭骨のみならず獣骨に付与されることもあった。たとえばインド・アルチャナル州ミシュミ族の家屋は、水牛、熊、虎、鹿、猿の頭骨で飾られており、そうした頭骨の数によって所有者の富裕度が測られた。と言うのも、これら頭骨は価値の尺度であり、「首」という語は金銭と同義なのであった[11]。

さて、列強の植民地政策とは別に、首狩の持っていた宗教的意義が空疎化し、単なるスポーツのように成り下がった所もある。一九世紀、東南アジア大陸部では、チン族とルシャイ族、そして程度は下がるがクキ族においても、首狩は所々で単なるスポーツ、ないしは戦争や血讐の随伴現象となっていた[12]。

ハッドンによれば、一九世紀末ボルネオのイバン族は基本的には農耕民であったが、好戦的で首狩に情熱をかたむけていた。バタン・ルパルとサリバスのイバンは、かつてはマレー人の大きな戦船に乗り込み、沿岸と川沿いで海賊行為を働いた。遠洋へは出なかったが、沿岸の多数の村々を襲ったため海ダヤク族と名づけられたのである。大きな海賊・略奪行為はマレー人によって組織されたが、その際「殺害した敵の首は一切くれてやるから」と言ってイバンを誘うのが常であった[13]。このためホーズとマクドゥガルは、「イバン族は、首狩が一種のスポーツとして遂行されるという首狩族という語の通常の意味において、この侮蔑語を適用しうる唯一の民族である」とまで述べている[14]。

このようにして、植民地政府の影響により首狩は徐々に消滅へ向かったとは言え、こっそりと首狩が実行された例もあったらしい。たとえば、民族学者・宣教師のハンス・シェーラーの依頼を受けて、一九三八年にボルネオ島ガジュ・ダヤク族出身のイソン・ビリム師が自らの母語で記録したところによれば、オランダ統治下では首狩のような残忍な行為は阻止されたが、人々は政府を騙(だま)してこれを続けることができたという。当時はどの村でも人々は親戚同様だったので、共同で隠しておくことが可能だったのである。しかし今（つまり一九三八年当時）では村人同士が親戚かどうか不確かなので、隠しておくことは困難だ。さらに人々の心には宣教師によりもたらされたキリスト教の精神が宿り、この行為を次第に停止させるに至った。今では四〇歳以下の若い人たちは、首狩が行われていた当時のことを知らなくなっていると、同氏は嘆いている[15]。

第二次大戦時には、日本軍の兵士たちもしばしば首狩と遭遇したり、風聞を聞いたりしていた。たとえばミャンマーのカチン高原に一等兵として従軍した妹尾隆彦は、カチン族のもとで王（現地語コーカム）にまつり上げられた。彼は首狩や頭蓋骨こそ実見しなかったが、「首籠」と呼ばれる頭骨台を見、そのスケッチを残している（図3－2）。それは二メートルほどの竹の一端を三十センチほど縦に割り、それらの細長い片を外方へたわめ、竹のヒモで水平に編み合わせて作った籠状のものを、籠を上にして地中に数本刺したものだった。その中央には、竹で組まれた、「ちょうど盆踊りのタイコやぐらのような、高さ二、三十〔ママ〕メートルのやぐらがそびえ立って」いた。カチン族人の説明によると、それらはナット（精霊）への供物をまつる祭壇で、籠は人間の頭蓋骨を飾る首の台、やぐらは家畜の生贄を供えるものであった(16)。

戦後の一九六〇年代後半から七〇年代初め、ルソン島イロンゴット族のもとでミシェルとレナート・ロザルド夫妻が現地調査に赴いた時点では、まだ首狩が行われていたし(17)、一九八九年に合田が記したところでは、ボントック族では「過去十五年の調査のあいだに、確認しただけで六件の首狩り事件が起こってい」た(18)。

図3-2　カチン族の首籠
（妹尾［1957］: 27）

序章で述べたように、首狩ないし〈首取〉は、第二次大戦後においても所により慣習として活き続け、あるいはしばしば再燃し突発的に起きている。しかしほとんどの地域で首狩はすでに過去の慣習となっており、この話題を持ち出すことがタブーとさえなっている場合もあることは銘記しておかねばなるまい。

鳥占(とりうら)

ところで従来、首狩に関してはその動機や理由づけに大きな関心が払われてきたあまり、実際にそれがどのように行われたかについての研究は多くない。しかし首狩の方法もしくは作法を知ることは、それを取り巻く諸観念に迫る第一歩と言ってよいだろう。ここでは、そうした具体的な情景を知ることのできる諸事例を、地域横断的に見てゆくことにしたい。

まず首狩行の前には、鳥の飛び方や鳴き声で吉凶を占う、いわゆる鳥占が広く行われた[19]。たとえばセラム島のウェマーレ族では、首狩隊の構成員は一般に一氏族のメンバーから成っていた。隊長が二〇人から五〇人の隊員を率い、自村から離れた所で犠牲者を見つけるのが普通だったが、あまり選り好みもできず、時には隣村民を殺すこともあった。遠征前には多くの禁忌を守り、前兆に気をつける必要があった。それは赤い鶏の羽を焼いてその煙が垂直に立ち上れば吉、猛禽ミアカが夜に飛んできて集会所バイレオの一隅にとまり、翌朝羽ばたきつつ三度高く鳴いて飛び去れば大吉、というようなものであった。他に、遠征中標的を見つけるまでに必ず白鳩が二羽出現しなければならず、セラム島には鳩が多いのでこれに遭遇しないことは考えられなかったが、重要なのはそれが遠征隊の後ろから来て前方へ飛んで行く必要があるのだった。鳩が前から飛んで来た場合には凶兆として引き返した。なおウェマーレ族では動物の狩猟に際してもティコレという鳥やトカゲや蝶や蛍（ほたる）やコウモリの動作・出現から吉凶を読み取った。(20)

標的と襲撃

すでに見てきたように、狭義の首狩においては初めから標的が定まっている場合は少なく、偶然に出会った相手を不意討ちすることが多かった。

たとえばルシャイ族の戦争方法は、敵村を襲撃してできるだけ多くの捕虜と略奪品を持ち去るというものだったが、チン族のやり方はまったくこれと異なり、敵の土地に入って道に待ち伏せし、できるだけ多くの通行人を殺すというものであった。境を接して居住するルシャイ族はこれをスポーツマンらしからぬやり方と見なし、「待ち伏せが怖くて田畑仕事ができないとしたら、どうやって暮らしてゆけばよいのか？」と嘆いたが、チン族は自分たちの戦争手段の有効性を十分に分かっていて、版図を広げたい時にはいつもこの方法に訴えた。欲しい土地に小哨を配置すればすぐにその土地は放棄されて彼らの手中に収まるのであった。[21] このため、チン族が取る首の実に九割は田畑仕事中の人の物か、もしくは田畑と村との間の路上で取られたものだったという。[22]

またシベルート島では、新居に引越すには人頭を一個持っていることがどうしても必要であった。これを入手するために、「この島の好戦的な住民」は新居が建てられた村から近くのポラ島へ赴き、そこで藪に身を潜めていて、矢の届く距離まで来た者は老若男女関係なく一瞬にして仕留めた。そして被害者の頭を持って自分たちの村へ凱旋し、この首は新居に何日間か展示された。ポラ島民はポッギ島民に対して同じことをしていた。[23]

この例にあるように、老若男女かまわず首を取ったとする記録は少なくない。それどころかタンクル・ナガ族では、敵村の女や子供の首を取って帰った男は、非常に英雄的な行為をなし遂げたと見られた。なぜなら女たちは村から離れるような危険は決して冒さず、武装した男たちに護衛されてでもなければ田畑へさえ出なかったので、女性を殺したということは、勇敢な男が敵の本拠地近くまで侵入したことの証だからであった。[24]

このように首狩は「すべての典拠が異口同音に証明するところによれば、能う限り残虐で狡猾で卑怯な仕方で[25]」行われた。「卑怯」とか「狡猾」というのは価値判断の入った表現であるが、シュースターはこのようにまとめている。それは、上記のような事情からばかりではない。ニアス島やミナハッサでは自らは手を汚さず、人を雇って首狩を行わせることもあったのであ

る。(26)

たとえばニアス島では、しばしば雇われて他人のために首狩に行く場合、雇い主に対して「もしも首を持って帰れない場合には、我が首または我が妻子の首を差し上げる」と言ったという。出発前には雇い主が首狩人に対して宴会を開き、さらにいくらか前金を支払った。これで雇傭契約が結ばれたという意味である。うまく首を持ち帰った者は、まず村の外で二〇ギルダー、村内でさらに二〇ギルダーを手に入れ、首祭が催された後で一〇〇ギルダーと豚三頭を得たのであった。(27)

しかし、「英雄的な戦闘(28)」についての記録も欠けてはいない。ボルネオ島サラワクでは、戦闘に際して戦士たちは首長の周りに群がって守り、首長さえ逃げおおせるならその他の者たちの運命には無関心だった。同様に親戚たちも群がって戦い、見知らぬ相手の手に落ちるよりは自分の命を互いの温情に委(ゆだ)ねることを好んだ。つまり、親族は斃れた仲間の上に馬乗りになり、首を狩られることから守るのであった。こうすると相手も闘いをやめて犠牲者を運命に任せてくれることがあった。死傷者は可能であれば戦場から連れ去った。死者は埋葬したが、急いでいる場合には埋め方が不完全なため敵が死体を嗅ぎつけて掘り出し、頭を持ち去ることもあった。味方の死者を連れ去ることができない場合には、頭を胴体から切り離して持ち去り、森の中に埋めた。こうして宝物が敵の手に落ちるのを避けたのである。(29)

斃(たお)れた味方の処置

今見たような味方の死体、とりわけ敵に首を奪われた戦死者の処置方法は、先史遺跡からしばしば出土する〈首なし人骨〉の解釈にとっても、極めて興味深い問題である。一般的に言えば、敵に首を奪われた味方の死体に対しては、あまり敬意が払われることはなかった[30]。

まずは、味方の死体から敵が首を狩ってゆかないように努力が払われるのが通常であった。そのためサラワクの例にあったように、自ら味方の首を刎(は)ねて敵に見つからないように埋める場合があった[31]。この例は他の地域からも報告されている。

たとえばチモール島西部では、生きたままであれ死してであれ敵の手に落ちた者は、常に頭を切り落とされ戦利品として持ち帰られた。勝利の栄誉の多少は取った首の数にかかっていたので、どちらの側も常に、負傷した味方は敵の手の届かない所へ運び、逃走時には後に残さないよう非常な注意を払っていた。それができない場合には、不運な戦士の首は敵の手に委ねるよりも、むしろ自分たちの手で切り落としたのである[32]。

東北インドのナガ高原に住むチャン・ナガ族がペンパクを攻撃した際には、攻撃側が三〇人の死者を出したと言われるが、彼らの首は切り落として持ち帰った[33]。これも同様に、敵の手に落ちるのを恐れたのであろう。

そして、このように持ち帰られた首なし死体に対しては、大した葬儀は行われないのが普通であった。たとえばスラウェシ島の東トラジャ族では、殺された味方の死体は村人たちによって完全に裸にされて、村外を少し行った所の台上に置かれるか、または死臭に悩まされることがないよう殺害された地点に残された。死者の死体は、その喉が敵の住む地方に向くように置かれ、性器にはもう黄色くなった木の葉をかぶせた。それから死者の血族が死体に向かって「お前の死の仇討ちをしてほしいか」と話しかけ、死体を揺すってみて頸の傷からまだ血が滴り落ちたら、それは死者が復讐を望んでおり、かつその復讐戦を助けてくれるしるしであった。その場合仇討ちが済んで初めて、その死体は埋葬された[34]。他方ニアス島では、首なし死体を殺害現場に展示したが、それには村人全員の復讐心をそれによって煽る狙いがあったという[35]。

ルソン島イフガオ族の場合、首を取られた男はその家族や友人たちを粗雑に扱ったと見なされた。彼は普通の人のように埋葬されることはなく、自村から遠く離れた丘腹に運ばれた。そこに穴が掘られ、座った姿勢で埋められて、墓上の地面には槍が突き刺され、彼が戦死したことを示す。草で雑に作られた精霊(アニト)像が墓守として置かれることもあった。米国の行政官で動物学者でもあったウースターが実際に目撃したところでは、首を取られたイフガオ戦士の死体は楯に載せ、棒から籐で吊して墓場まで運ばれたが、その楯は戦闘で割れて彼の死を招いたものであった。その死体は大きく開いたいくつもの傷で覆われていた。服喪者たちが一列になって続き、男たちは白いジグザグ文様の塗られた黒い楯を携えていた。縦列の先頭に立った老人は共振する木片をトントンと打ち鳴らし、他の男たちは木片で楯を叩いてそれを正確に繰り返した。墓に着くと、死体は地面の上に置かれた。隣人たちが死者の霊魂に向かって叫び、「どうして不注意にも殺されてしまったのか、どうして可哀想な老母や米・煙草に満ちた家を残して逝ったのか」と尋ねた。白髪になった母親までもが不注意な息子を厳しく叱った。やがて男たちは死者の蔽い布を作り、それに戦闘用ナイフでいくつも穴を開け、ちょうどこの死者の蔽い布に対してした同じことを敵に対してもすることを約束した。次いでこの蔽い布で死体の両手両足を胴体に縛りつけ、素早く埋葬した。墓の場所にはしるしとして、葬儀の参列者たちが身に着けていた白い被り物を束にし、墓口上の棒に結びつけておいたとされる。(36)

同じルソン島のボントック・イゴロット族でも、首を取られた男は自村に不面目をもたらしたと見られた。その死体は隣人たちに踏まれるように道の下に埋められることもあったとされ、また別の場合には、敵村の方角にあたる山腹に埋葬された。(37)

ここにも見られるように、首狩の失敗は一般に恥とされていたらしい。クキ族でも、首狩に成功した場合には村人たちの歓喜に迎えられて村に帰ったが、失敗に終わった場合には一行は沈黙を守り、できるだけこっそりと村に戻った。そして参加者たちは面目を失ったのであって、再び全員で、もしくは各自で何か勇敢な行いをして名誉を回復する必要があったのである。(38)

戦士の帰還

不運の戦死者および首狩の失敗を先に見たが、それでは首級の獲得に成功した男たちはどのように村へ帰ったのだろうか？

まず今のクキ族については、一八世紀末の報告が残っている。それによれば、切り落とした敵の首は革袋に入れ、犠牲者の血が手についた場合にはそれを洗い落とさないように注意した。殺戮(さつりく)後に食事をする時は、食べ物の一部を狩った首の口に入れてやり、一つ一つの首に向かって「さあ食え、食って飢えと渇きを鎮(しず)めよ。お前が俺の手にかかったように、お前の仲間たちも俺の仲間たちに殺されるように！」と話しかけた。帰途には普通このような食事を二回とった。そして小休止をとるたびに、もしくは小休止二回につき一回、村で待つ家族の者たちに自分たちの進度を伝令させた。首を狩った者の家族は老若男女問わず大いに歓喜し、赤と黒の糸で帽子と装飾をこしらえた。その後多数の大壺に酒を満たし、持てる限りの飾りを身に着け、法螺貝を吹き金属板を鳴らしその他の粗雑な楽器を演奏しながら勝者を出迎えに行った。首狩隊と出会うと最大の喜びを表明し、男も女も共に歌い踊った。首を取ったのが既婚男性であればその妻が色とりどりの装飾がついた頭飾りをかぶり、夫婦代わる代わる互いの口にビールを流し込んだ。妻は夫の手についた敵の血をこのビールで洗い、それを飲んだ。こうして彼らは浮かれ騒ぎつつ村まで帰り、村長宅の庭に首を積み上げて、その周りでまた歌い踊った。それから多数のガヤル牛（Bos frontalis）と豚を槍で屠り、肉を料理して宴会を開き、ビールを飲んだのであった。(39)

こうした賑やかな凱旋行進の記録に比べ、二〇世紀前半の台湾（アミ族か？）からの次の報告は、もっと緊迫感に満ちている。ここでは、首級を得た首狩隊は「最大急行」で引き揚げ、一気に一〇里またはそれ以上、とにかく自村の見える所まで走り続け、ここまで逃げればもはや追撃の心配なしと思える安全な所へ来れば、首袋から首級を取り出し、後頭部を切り、脳味噌を取り出し、谷川で洗い清めて再び走り、村に帰った。しかしこの帰り道で先回りした追っ手に出くわし戦闘が開始されると、「帰路につきつつある出草蕃人」はなるべく戦わず帰村するように努めた。しかし「不運な時は、折角取って来た首を奪還せられ、その上味方を数人首にされ、負傷者を出すといったようなこともあり、決して楽々と首狩に出られるものではない」。

さて村に着いた一行は、大声で村全体に帰還を告げる。すると老若男女、仕事中の者も仕事を中止して出迎えた。そして互いの安否や戦況などを尋ね合い騒然となるが、しばらくすると敵首を踏み、蹴り、打ち、痰・唾を吐きかけ、あらゆる悪口雑言を浴びせ、「それはそれは言語に絶した狂態を演じて敵首級を侮辱する」。こうしてボロボロになり真っ黒な土塊のようにされた首級を谷川で洗い、魔除けと称して檳榔の果実をくわえさせ、広場の中央に急設した祭棚の上に供え、酒・鶏肉などを供えて周囲を出陣者たちが囲み、その外側を全村民が囲んだ。「持ち帰りし時は首級は、白蠟にて作ってあるかと思うように綺麗なものであったのを、先刻のごとき虐待で所々白骨を現わし鼻柱曲り、眼球脱して眼窩凹み、哀れな姿となって最上の棚に祭られる」。

この首級に対し、今度は前とはまったく別人かと思うほど皆敬意を表し、叩頭再拝して死者の冥福を祈り、あわせて村の安福を願った。首級を得た者は自分に一層の力と魂の強さを加えられんことを祈った。この後、村の酒のある限り仕事は全部中止して一切共同で、村共同の米・粟、倉の穀物を出し、豚や牛を「一日数頭ずつ屠殺し、これを肴に呑み、食い、歌い、首の周囲で踊る、疲れればその場に寝、さめればまた踊るというようにして三昼夜踊り通す」。三日ほどして腐敗した首級は谷川で皮肉を取り去り白骨にして、その年の収穫祭に供えるまではこの首を得た者の家の首棚（スレート製）に保存したのであった(40)。なお、今の記録に見える「出草」というのは、台湾で首狩を指して用いられた語である（第4章を参照）。

首祭

いま見たような首祭、すなわち獲得した首を取り囲んでのしばしば何日にもわたる歌舞・飲食は東南アジアに広く見られる風習であったが、村に首が到着したすぐ後に行われる祭と、一定の時間的間隔をおいてなされる祭とがあった(41)。

この際まず、もたらされた首は村中の家々を回って示される事例がアンガミ・ナガ族やスンバ島、スラウェシ島東トラジャ族などから報告されている(42)。そのうちアンガミ・ナガ族では、刀、槍、そして以前に斃した敵の髪束を結びつけた楯などで武装した戦士たちが、吉兆を得、鶏を屠(ほふ)って共食してから夜間行軍し、選んだ村へは喊声と共に未明に突撃して、最初に遭った相手を槍で殺した。取った首と手足を持ち帰り、村では取った首を持って一戸一戸回った。この首はまずメチャクチャに扱われ罵詈雑言(ばりぞうごん)で侮辱されて、「お前の父母・親戚も呼んで来い、お前と一緒に飯を食い酒を飲むように、そしたら同じ刀で斬り殺してやるから」と言いながら米・酒が振りかけられた。首を取った戦士は自分の寝台の下にこの首を五日間保管したが、この間、彼はさまざまなタブーが課せられるゲンナという状態にあった。すなわち彼は妻たちと交わってはならず、女性によって料理された食物を口にしてはならず、普通の鍋で料理してもいけなかった。五日後に首ないし頭蓋が埋葬され、豚肉や牛肉で盛大な祭が営まれた後、彼は水浴して本業に戻ったのである(43)。

こうした首祭においてはしばしば、踊りの動きによって戦闘の様子が再現されたり、武勇伝が唄などの形で語られた(44)。たとえばフィリピン・ルソン島のカリンガ族では、村に持ち帰られた首は煮てきれいにされる前、竹籠に入れた花の堆積上に置かれた。それからカニャオという祭が開かれた。男たちが車座になって座り、その周りに女たちが立つか歩き回るかした。そこへ戦士たちが、取った頭蓋の下顎骨を取っ手にした太鼓（現地語ガンサ）を大音量で叩きながら現れ、興奮が高まると単調で甲高い吠えるような吶喊の叫び声が発せられた。盛装した英雄は戦闘で実際に使った楯と槍と首切り斧を持ち、怖じ気づいて地面を這いずる敵役の男相手に、戦闘の様子を言葉と身ぶりで演じてみせる。足踏みやジャンプの動きが激しくなると観衆も興奮を増し、ガンサが鳴る中で金切り声や鬨の声が発せられる。こうして首狩行に参加した若者たちの踊りに続いては、老人たちが若き日の武勇伝を物語る。酒食が回され、東の空が白むころに人々はようやく家路に着き、カニャオ祭はいったん終了するのであった(45)。

　同じルソン島のナバロイ族では、一八二九年にスペイン人がやって来て以来首狩は行われていなかったが、二〇世紀になっても、恐らくかつての首祭の遺風として、ビンダヤンという祭が開かれていた。これは三日間にわたる祭で、暗くなってから村外で開始された。槍、楯、米酒（現地語タプイ）の壺、生米の甕、竹片、羽の美しい雄鶏が一緒に持って行かれた。そこでまず司祭マンブノンが祖先たちに唱え言をした後、雄鶏を屠って食べ、それから夜を徹してアンバという唄が歌われた。その歌詞は首狩や戦闘に関するもので、米酒を啜りつついくつもの連を何度も繰り返した。明け方には羊歯樹を槍で突き刺し、伐り倒してその一部に人頭の彫刻を施し、これを人頭代わりにして村へ持ち帰り、それから槍と楯を持ちながら踊った。時に男たちは唸り声を出しつつ獲物に跳びかかろうとする虎のような格好をしたり、作り物の人頭に対して悪事をなじったり、敵を斃して喜ぶ時のように槍や手を高く挙げて振ったりした。また宴会には豚肉と米飯が供された。「かつてビンダヤンが首狩を祝うために行われたのは疑いない」が、アメリカの人類学者クロード・モスの調査時には、この祭はカバヤンの町だけに限られていた。(46)

血讐・講和・奴隷・規模

首狩の方法の最後に、血讐、講和、戦争奴隷の連行、そして戦闘の規模について見ておこう。まず首狩の応酬はしばしば、何世代にもわたる宿敵間での血讐を生み出すことがあった。(47) たとえばルソン島イフガオ族では、アメリカの占領以前、遠く離れた地域同士が継続的な戦争と言えるような状態にあった。戦争は一連の首狩として行われ、正式な宣戦布告はなかった。概して敵村まで遠征することはなく、首は敵村のはずれとかよく通る道などに待ち伏せして取られた。こうした待ち伏せの場合には女性の首が取られることもあったが、首狩の応酬においてはふつう取られなかった。戦争で殺された味方の仇を討つ場合、実際に首を取った敵人の命を狙うのが最も望ましいには違いないが、敵村の村人であれば誰を殺してもよかった。また仇の家族が殺されることもあった。(48)

敵対する共同体間で講和が結ばれる場合には、双方の取った首の数が同じになることが必要だった。それが不可能な場合、多く首を取った側が首の少ない側に対して品物や奴隷を差し出すこともあった[49]。たとえばナガ諸族のもとでは、首級の数が等しくなるまでは復讐の義務が満たされないままであった。そのため現実的な政治においては二つの村が講和する際、首の返還が主張されるのが普通であった。それにより宿怨の再燃が防がれたのである[50]。またアオ・ナガ族の血讐では、旗色のよい側が争いを終わらせるために、余計に取った首の人数分だけの奴隷を相手に譲り渡すならわしだった。この奴隷たちは前もって取り決められた場所に縛りつけられ、それを相手村の戦士たちが殺してその首を勝ち誇って持ち帰った[51]。

次に捕虜についてである。戦争で敵村を征服した場合、首を取らずに女性や子供を戦争捕虜として連れ帰ることがあった[52]。たとえばスラウェシ島中部のトラジャ族では、敵の手中に落ちた成年男性は例外なく殺され、その首と頭皮だけが持ち帰られた。十五、六歳の少年の場合、捕える時に抵抗しなければ命は許した。大人の男を戦争捕虜にしないのは、連行する途中で反撃や逃亡を試みる恐れがあるからであった。老女も殺されたが、見栄えのよい成人女性は連れ帰られて、勝者側の村で間もなく夫を見いだした。戦争捕虜として連れ帰られたのは、大抵は子供たちであった[53]。

一般に、首狩による人口の減少は微々たるものであったが、所によっては村を全滅させるほどの規模の戦争にまで発展したものもある[54]。一例としてボントック・イゴロット族では、戦いはしばしば一個の首が取られた時点で決着がついた。取った側が相手側に「もう帰れ、俺たちももう帰る。またいつか戦うって言うなら、受けてやる！」と叫んだのである。かくして戦闘は一時間そこらで、否しばしば半時間でけりがついた。しかし、半日戦って十個から一ダースほどの首が取られることもあった。一九〇二年五月、キアガン川下流域の七村が同川上流バナウィ地区の散村を攻撃した時には、侵入者たちは七丁しか銃を持っていなかったのに対し、バナウィ側の銃は六十以上もあった。侵入者たちがそれを知った時にはもう遅かったが、彼らは撤退しようとせず、結局一五〇もの首を失いつつも、敵の一団を殲滅して約五十の首を得、家々を焼き払った。人類学者ジェンクスは、「これは記憶されているイゴロットの戦闘の中で最も熾烈なものであり、その残虐ぶりは主に火器のせいなのである」と述べている(55)。

頭蓋への処置

さて、村にもたらされた首は、保存のために何らかの処置を施されるのが普通だったが、それは大抵、乾燥や燻製といった簡単なものにすぎなかった(56)。

たとえばイバン（海ダヤク）では、鼻孔から脳味噌を掻き出し、木を燃やした火から立ち上る煙の中に吊して乾燥させた。時には頬の皮を少し切り取り、恐怖心をなくすために食べることもあった。髪の毛は切り去って刀の柄や鞘の装飾に用いた。下顎が外れた場合はこれも吊し、歯が抜けたらそこには木製の入れ歯を差した。眼窩に鋲（びょう）を打つことはしたが、カヤン族のように頭蓋骨に彫刻することはなかった。鼻孔には木で詰め物をするのが普通で、舌はちょん切ってしまった(57)。

同じくサラワクのルンドゥム・ムルット族では、敵首は壺に入れて煮た後で皮と脳味噌は取り去られて埋められ、頭蓋は燻（いぶ）された。猪の牙を鼻腔に挿し込んで陰惨な効果を高めることもあった。下顎骨を頭蓋骨に籐で結びつけて残すグループもあった。他のグループでは下顎骨は棄てて頭骨だけを取っておいた。頭蓋骨が火の上で燻製されている間、女巫たちは供犠豚を殺し、そこで四日間宴会と踊りがなされた。完全に燻製が済んだ頭蓋骨は籐を編んだ物ですっかり包んでしまうか、しばしば長いシラドという乾し草で飾り付け、住居の垂木から一本の縄で吊せるよう孔を開けるかした。頭蓋はその場所に世代を越えて受け継がれ、共同体にとって最も貴重な財産と見なされていた(58)。

頭蓋骨に本格的な装飾を施すことは、ボルネオ島の一部のような限られた地域においてのみ行われた(59)。ハイネ＝ゲルデルンによれば、アオ・ナガ族およびコニヤク・ナガ族は頭蓋に一対の水牛の角かガヤル牛の角を付けた。蠟などによって軟部を補填したり、子安貝・真珠貝・木片を眼として嵌（は）め込むことは、ニアス島民、ダヤク族およびトラジャ族において稀ではなく、多くのダヤク族は頭蓋全体に錫箔を張ったり、蔓草文様を彫り込んで飾ることもあった(60)（図

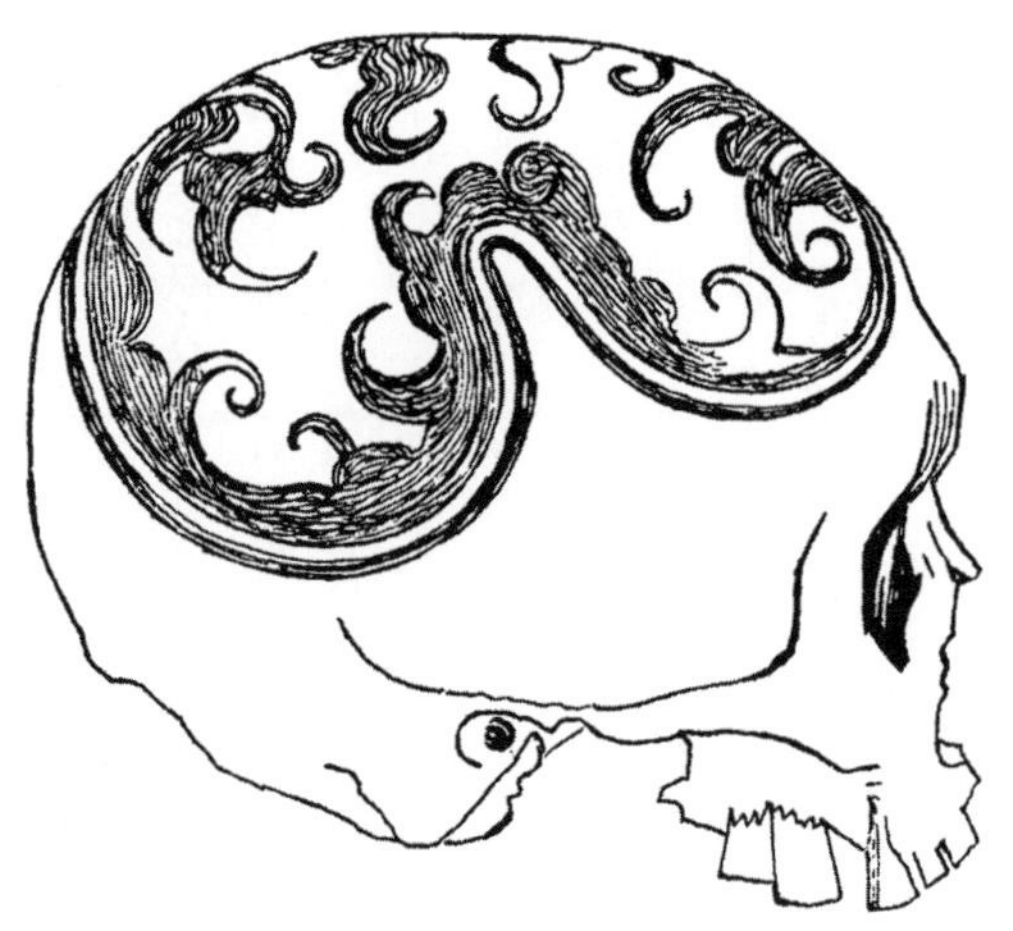

図3–3　ダヤク人男性の頭骨。蔓草文様が彫り込まれ、錫箔が張られている。歯はすべて木製（Ling Roth 1896 II: 151）

3－3）。

この他、植物ごとに椰子の枝や葉で頭蓋を飾ることも広く行われた[61]。例えば北ボルネオ、トゥアランのドゥスン族では、首狩行に出る戦士たちは皆、腰の所にシラドという名の椰子の、乾燥してちぎれた長い葉の束を着けていた。このシラドは首狩と結びついた諸儀礼で用いられ、また長大家屋に頭蓋を吊す紐にもよく結びつけられ、この頭蓋を部分的に覆っていた[62]。ニアス島の場合には、頭蓋の髪とヒゲが、アレン椰子の繊維によって再現された[63]（図3－4）。

こうした事例をもとにシュースターは、椰子の葉と首狩との密接な関係を述べ、さらにはココ椰子と人頭の同一視に説き及んだが[64]、この問題は終章であらためて考えてみることにしよう。

頭蓋の保管場所

こうした処置を受けた頭蓋は、共同体全体のものとされるのが普通であった。個人で頭蓋を所有したという例外的な報告も、マニプールやフィリピンやセラム島などから出されているが、大抵は共同体における公的性格の強い場所に保存されたのである(65)。

たとえばボルネオ島のドゥスン族、イバン(海ダヤク)族、クニャー族、ムルット族などでは、人々は高床式の長屋のようなロングハウスに住んできたが、その共同スペースであるベラ

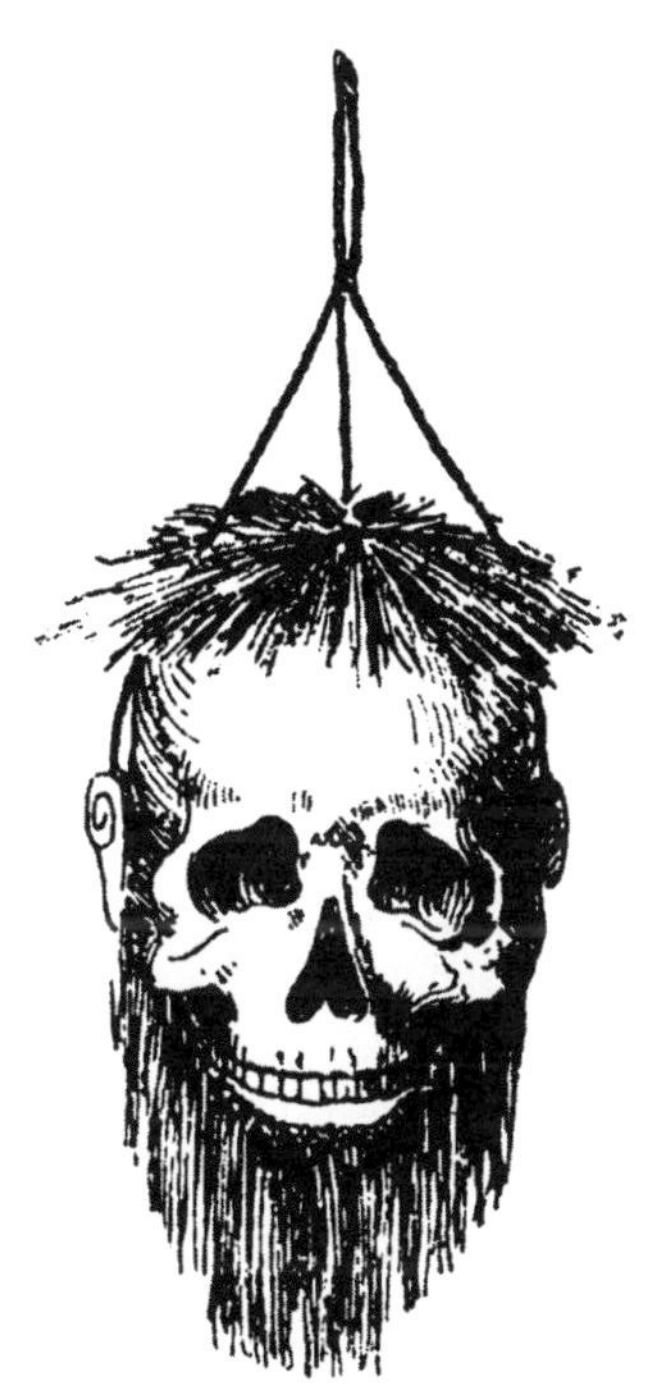

図3-4　ニアス島、髪とヒゲをアレン椰子の繊維で再現した頭蓋骨(Modigliani 1890: 217)

ンダが、しばしばこの目的にあてられた。

たとえばハッドンによれば、サラワクの住居は民族を問わず非常に似かよっていた。村はすべて川の土手上ないしその近くに位置し、家屋は大型で六家族から六〇家族ほども収容する家屋が多かった。時には一村が一家屋から成る場合や、接し合った一つながりの家々から成る場合もあった。家屋は地上一〇から二〇フィートほどの杭上に建てられる。川に向いた側には広いベランダが張り出し、住居全体の長さを引き伸ばしていた。このベランダで種々の家内産業(女性による稲の脱穀や風選)が営まれ、あらゆる社会的・公的案件が処理されるのである。各家族の居室は戸一つでベランダに続いている。共同のベランダは社交への便宜を与えているが、家族のプライバシーは完全に尊重されている。さて、ほぼどの家のベランダにも最低一個の頭蓋戦利品があり、幸運と豊作をもたらすと考えられていた。頭蓋には時たま食物が供えられ、その下では火を燃やし続けなければならない。そうしないと頭蓋は居心地が悪くなってその家に不幸を招くというのであった[66]。なお、このベランダは来賓の宿泊場所ともなっていたため、ここを訪れたヨーロッパ人は髑髏の列の真下で眠ることになった[67]。

同じボルネオ島でもガジュ・ダヤク族の場合、村内のパタホという神聖な場所に人頭を保管した。このパタホというのは、村の広場か村長家の前に設けてあり、神聖な植物と灌木に囲まれ、何本かの高い柱の上に置かれた供物小屋だった。小屋の下には一塊の石が立てられている他、しばしば聖なる大砲も置いてあった。小屋の中には人間の頭蓋などの供物が収められていた。パタホは男性であり、村の出入口の番人パタホ、村の矢来の見張り番バトゥ・マンベン（直立した偉大な石）という名前がついていた。そして完全に武装し、軽くまどろみながら小屋下の持ち場に立って、村をあらゆる危険から守り、迫り来る敵を追い払うと考えられていた。[68]

この他スラウェシ島では、頭蓋は首長家に保管されたり、村の祭屋の主柱の所に埋められたり吊されたりした。ニアス島やムンタワイ島では集会所が、フローレス島東部やチモール島では供物小屋が、南西諸島では司祭の家が首の保管所であり、セラム島では氏族の宝物庫、村の広場、集会所、首小屋などに保存された。[69]

それに対してフィリピンでは、若者宿すなわち未婚男性の寝る小屋に首が懸けられることが多かった。[70] ただしルソン島ボントック・イゴロットの場合、集会所が首倉庫の役割を果たしていた。つまりここでは、未婚女性や寡婦が寝泊まりする娘小屋と、未婚男性・男やもめが泊まる若者宿の他、石造りの庭から延びた二部屋の建物があって、表の部屋は一種の男子集会所（メンズ・クラブハウス）として機能しており、ここで公的な出来事すべてが議論された。ここから奥の部屋へは狭い戸を通ってしか行くことができず、しかもそれは選ばれた者だけの特権であった。そしてこの奥まった部屋こそ、敵の頭蓋の倉庫だった。[71]

同様に若者宿が一般的な頭蓋保管所となっていたのは、東北インドのナガ諸族の所である。[72] 例えばアオ・ナガ族では、村に持ち帰られた首は太鼓の上に置かれ、その太鼓を力強く打つと、この首は振動に従って踊るように動きまわったが、女たちはこの情景を遠くから見てとりわけ喜んだ。それから首狩行に参加した者たちの間で首の分配が行われ、家に持ち帰った首は長い竹の先に掛けておかれた。六日後にこの首片をきれいにし、既婚男性なら自家の外壁に掛け、未婚男性はモロン（若者宿）に吊した。ヤチャム村およびコニヤク族の多くの村では、頭骨の耳の所に角（水牛やミタン牛の）が固定されたが、それはこのようにして頭蓋骨の耳が聞こえないようにふさぐのだ、と言われていた[73]。なお、今の事例では首の分配について語られているが、東南アジア島嶼部でも、首狩行に多数の村が参加したような場合には、村々の間で首が分割されることがあった[74]。

ナガ系のうちでも、ロタ、レングマ、セマといった諸族には、いわゆる〈首の木（ヘッド・ツリー）〉に頭蓋を掛ける風が存在した[75]。たとえばロタ・ナガ族の村の中心には聖なる巨樹があり、その幹には戦争で取られた多数の敵の頭蓋骨が打ちつけられていた[76]。

人類学者のミルズによれば、〈首の木〉（現地名ミンゲトゥン）は恐らくロタの村で最も目立つもので、一般にニンゲトゥン（イチジク類）の巨樹であった。ふつう村の真ん中の丘上に立ち、その枝々に長い竹が寄りかかっていて、その竹から戦争で取られた敵の首がぶら下がっていた。またその根元には神秘的なオハという石が置かれていた。ある意味では村全体の運命がこのミンゲトゥンにかかっていると見なされており、大変神聖な木であって写真を撮ることすら許されない村も存在した。そして、新しく村を建てる際にはミンゲトゥンとして用いるのに適した木の生えている土地が、常に選ばれた[77]。

この最後の点、すなわち村建てに際して〈首の木〉に適した木のある場所を求めることは、レングマ・ナガ族でも同様だった[78]。ただし人類学者のホドソンがマニプールで見た〈首の木〉は村の外にあった。ホドソンはこれについて、タムルやコヒマの北の丘陵部、ナガ丘陵地区の本部、そしてマニプールの南のクキ族やルシャイ族に見られた樹上葬と関連するものでは、と述べている[79]。

タンクル・ナガ族については、一八四八年の報告がある。それによると、ここでは三、四日間かけての戦勝祭後に、殺した敵の首をナボルという木に掛けておくことは氏族長の村だけに許された特権で、他の村々にはこの権利がなかった。その後大祭が催されて首は木から降ろされ展示されたという[80]。このナボルの木を、恒常的な〈首の木〉と見てよいかどうかはよく分からない。

ワ族の〈首の並木道（シェーデル・アレー）〉

中国雲南省とミャンマーの国境地帯に住むワ族からの報告は、いくぶん混乱しているが、次の事例に見える〈首の並木道〉の描写は興味深い。旧英領ビルマの植民地行政官スコットらによれば、ワ族では首が持ち帰られると大きな木の太鼓が打ち鳴らされ、米酒が出されて男たちは酔っぱらい、女や子供たちは歌い踊った。首は村外の霊屋（スピリット・ハウス）に持ち込まれた。斜面に作られた村の、ふつう山側に霊屋が建っている。杭の柵に取り囲まれ粗い草葺きの小屋で、その中央には村の太鼓が納められている。大きな木製の割目太鼓（スリット・ドラム）で、時に一〇から一二フィートもの長さを持ち、三フィートから三フィート半もの厚さがあった。木槌で叩かれると深い振動音を発して遠くまで届いた。この太鼓が鳴らされるのはすべての危機および村にとって重要な局面においてだったが、主に首が持ち帰られた時、供犠がなされる時、そして村会議が開かれる時だった。

この霊屋の外では精霊に対する水牛・豚・犬・鶏の供犠がなされ、その血が柱・垂木・葺草（ふきくさ）に塗られ、その骨は軒下にぐるりと掛けられていた。さて敵の首は、葺草や草または芭蕉の葉に包まれた上で、籐もしくは竹の籠に入れられ、この霊屋の一角に吊されて自然に腐敗・脱色するのを待ち、その上で大通りに据えられた。これが最も普通のやり方だったが、村によっては村の中央に立てられた高い竹のてっぺんに、籐籠に入れた首を吊してこれ見よがしに掲げる所もあったらしい。また村内で葉に覆われた老樹に首を掛ける村もあったが、霊屋に置く方が普通だったようである。[81]竹の首籠は、一九五〇年代に雲南で撮られた写真（図3－5）によれば、[82]ミャンマー北部カチン族のものとよく似ている。

頭蓋から肉が落ちて退色すると、供犠を伴う祝祭のもと〈首の並木道〉に立てられた何本もの新しい柱上に取り付けられた。この〈首の並木道〉というのは、かつての原生林が細長く残った老樹の森で、一〇〇メートルほどの長さしかない場合もあったが、時には村と村をつなぐくらい長いこともあった。この森の中を道が通じており、そこに五、六メートルおきに頭蓋柱が立っているのである。これらの柱は三・五から四・五メートルくらいの高さがあり、彫刻が施されているものもあれば、黒や赤の装飾が塗られているものもあったが、つるんとして何の飾りもないものの方が普通だった。この柱の上端に三角形の壁龕（ニッチ）があって、その中に頭蓋が置かれるのである。頭蓋柱は特別な森にではなく野外の村に通じる大通りに沿って置かれることもあったが、これは比較的新しい村に限られていたようである。大抵の村には一〇から二〇の頭骨があったが、数百に及ぶ村もあった。時には複数の村々がそれらをつなぐ位置にある〈首の並木道〉に頭蓋のコレクションを一まとめにしてしまうこともあった[83]。

図3-5　雲南省ワ族の竹の首籠（《民族問題五種叢書》編　1983: 2）

　なお、今の割目太鼓に関連して、次のような事実も思い出される。たとえばアッサムのアオ・ナガ族では、取られたばかりの首は、モロン（若者宿）に必ずある木の太鼓の上に、まず置かれた(84)。ワ族の割目太鼓と首狩の関連(85)、そしてアッサムおよびインドネシア、メラネシアの割目太鼓との関連を比較することは、今後に残された興味深い課題である(86)。

頭蓋に対する扱い

こうして保存された頭蓋は、生命なき単なる物体とは見なされなかった。すでに何度か出会ったように、頭蓋に対して払われる多大な敬意が各地から報告されている(87)。たとえばボルネオ島のカヤン族においては、吊した頭蓋に触れることができるのは非常に年老いた者だけであった。これを守らないと病気や死が引き起こされると考えられていたが、いつあの世へ旅立ってもおかしくない老人だけは怖れもせずにこれらを扱っていた。またイバン族では、収穫祭の時に古い頭蓋が降ろされて、女たちが新しい頭蓋と共にこれを持ち、踊った。頭骨の口の部分には飯が入れられ、頭上から米酒がかけられた(88)。

ここに見られるように、頭蓋に対してはしばしば生きた人間同様に酒食や檳榔・煙草を与えたり、話しかけたりした。それは首祭においてなされることもあれば、日常的になされる場合もあった。一例として、スウェーデンの動物学者・民族誌家エリック・ミェーベリの記録を見てみよう。それによると、ボルネオ島のどこの例か明示を欠くが、何か月間も首の取り扱いには非常な注意が払われ、そこの言語においてできる限りの愛撫的表現がその上に注がれたという。最上のご馳走をその口に入れてやり、「かつての友を憎め、そしてもはや新たな種族に迎えられたからには、お前の魂は永遠にこの種族と共にあらねばならぬ」と教えた。首には嗜好品である檳榔（びんろう）（ベテルとシリー・ピナン）を与え、青ざめた両唇の間には煙草をくわえさせた。首を茶化すようなことは一切行わず、親切になだめ、今やその一員となった種族に対して好意を抱かせるようにしたのである。(89)

スラウェシ島トバダ族のある祭屋に吊されていたトペバト人の首に対してもやはり檳榔がふるまわれ、戦争を起こした原因を語り聞かせた。バダ地区の別の村でも、首狩に出る前には首に何か供えた。その後、首の所に蠅がやって来ればそれは死者の霊魂と見なされて、「俺たちはお前を綺麗な家に入れてやった。それはお前を信用しているからだ。本当にお前を当てにしていいなら、ここへ来て俺たちの飯と卵を食え」と話しかけた。蠅がとまれば首狩隊のリーダーは「よく来たな。お前を呼んだのは他でもない、俺たちがある村を滅ぼす時に、共にいて導いてほしいのだ」と言った。(90)

さて、以上のようにして集められ丁寧な扱いを受けてきた頭蓋は、最終的にはどうなったのだろうか？　いくつかの報告によれば、それは遺棄されたのであった。たとえばカヤン族のもとでは、長大家屋に吊された頭蓋は気に入らないことがあると自ら床に落ちてしまう、と考えられていた。そのような落下の危険を避けるため、彼らは二〇個から三〇個以上の頭蓋を吊さないよう心がけており、必要に迫られれば余計な頭骨は棄てることができた。新居への引越しというのはそうしたまたとない機会であって、そんな時にはまだ必要な頭蓋だけ暫定的に建てた小屋に入れ、それから新居へ荘重に移送した。他方で傷んだ頭蓋は旧居から少し離れた場所に建てた小屋に吊し、引越しの日には数日間燃え続けるくらいの火を小屋内に焚いておいた。火が消えてしまうと頭のトー（霊）が棄てられたことに気づくからである。屋根から雨漏りが始まるとトーの疑念は確信に変わり、自分を棄てた者たちを追いかけようと企てるが、時間の経過と天候により追跡は不可能だ。人々はこうやって、棄てられたトーの怒りから逃れうると信じていたという[91]。

同じように、引越しに際しての頭蓋遺棄はクニャー族にも見られた。これに関するハッドンの説明は次のとおりである。「頭蓋骨は非常に古く、またこれを得た者たちはとっくに死んで葬られているけれども、それらが家内にとどまっている間は、より新しい頭蓋と同様に世話し注意してやらねばならない。豚肉とボラク酒を供えねばならないし、毎日火を焚かねばならない。これらすべてがなされないと家人は不幸に見舞われるからである。しかし、所有者たちがもう死んでいる場合、家人たちはこれらの頭蓋から何の利益も受けない。それならどうしてこうした一切の面倒を引き受けてまで、頭蓋が冷遇されたと考えた場合に不運をこうむる危険を冒し、それでいて何の利益も受けないでいることがあろうか。ボルネオの原住民たちはこれが割に合わない仕事だと察知できるくらい明敏なので、賢明にもこの少し厄介な恩人たちから自らを解放するのである」[92]。

さてここまで、東南アジア各地における首狩の方法と頭蓋の保存という、一連の流れに見られる共通点と相違点について述べてきた。ただし、これらはどちらかと言えば首狩行為においては表層的なものである。

それ以上に興味深いのは、より深層における、首狩を支えてきた宗教的観念の方だ。そして、こちらのレベルにも、以下に見るようにさまざまな共通点が見て取れる。先に〈首狩文化複合〉と名づけたのは、そのような諸観念全体に対してである。以下ではそうした、言わば首狩の背景をなす精神性について、具体的な事例から考えてみよう。

下顎骨の扱い

頭蓋が丁重に保存され、敬意に満ちた取り扱いがなされたことは前述のとおりだが、頭蓋自体の他にも注意を払われた部位があった。それはとりわけ下顎骨と頭髪である。

たとえばフィリピンのボントック・イゴロット族において、敵の下顎骨が銅鑼(どら)の取っ手に使われたことはよく知られている。[93] 先に挙げた事例からすると、これはカリンガ族でも行われたらしい。

第二次大戦時にフィリピンを訪れた宮武辰夫によれば、ボントックでは首そのものよりも下顎を外して持ち帰ることに大きな誇りを持っていたので、殺された者は決まってその下顎が取り外されていた。村の祭に使用される唯一の楽器、ガンサと呼ぶ銅鑼の取っ手にこの歯のついたままの下顎をつけていたが、これはその家の宝として、祭の時などに大威張りで取り出して、勇武の家系を誇った。敵の首から外し取った下顎骨に穴をあけて紐を通しガンサの取っ手にするのであって、彼らにとっては家宝として誇る第一の戦勝記念物であったが、宮武がイゴロットの集落に入ると言った時には知人から「顎を外されないように用心なさい」と言われたという。宮武曰く、「イゴロット族の間の首とりは、先ず首を切りはなして持ちかえる事になっているのであって、その数によって村中での勇者が定るのである。このガンサは三年に一度の大祭チュノウを期して、各自の家から持ち出され、はるばる集った他村の人々にその部落の勇武を誇るのであるが、平素は屋内深く秘蔵して容易にとり出して見せてくれないものである[94]」。

なおメラネシアでは、近親者が死んだ後その骨を保管する、いわゆる狭義の頭蓋崇拝が広く行われたが、ネーファーマンによれば、その際しばしば下顎骨の方が頭蓋骨よりも重要と考えられていた。[95]

「首狩白人（デア・ヴァイセ・コップフイエーガー）」

下顎が特別視された理由はよく分からないが、次の事例は少なくとも一つの参考になりそうだ。オーストリア出身で、英国で活躍した人類学者フューラー＝ハイメンドルフは、一九三六年から三七年にかけての一三か月間、ナガ諸族のもとで調査を行った。その際、彼は人類学者仲間のミルズらと共に、コニャク・ナガ族の少女を奴隷として連れ去ったカリョ・ケンギュ族の村パンシャを焼き討ちし、この村にあった〈首の木〉から四個の頭蓋を得た。このうち一個を、彼はロタ・ナガおよびレングマ・ナガ族出身の苦力（クーリー）にわたし、二個をコニャク・ナガ族の仲間たちの間で分配した。すでに英国統治下で首狩を禁じられていた村の人々はこれを迎えて盛大な首祭を開いた。老人たちはかつての首祭を思い出して涙を流さんばかりに喜び、彼を英雄として讃える歌まで作られるほどであった。また一個を博物館に入れるため持ち帰ろうとした彼は、これを持ち帰って故郷の少女に戦利品として見せるためだと、彼ら向けの言い訳を考えねばならなかった。結局彼は、この貴重な一個をウィーンの民族学博物館に入れることに成功している(96)。

面白いのは、彼が持ち帰った首をコニャク・ナガ族のもとで分配した時、人々は眼の周りの部分および下顎の部分を欲しがったことだ。それは、彼らの考えでは豊穣を促進する呪術的な力は人頭の各部に均一に行きわたっているのではなく、ことに眼の周囲の部分と下顎に宿っているためだというのだった。[97]

この話には後日談がある。フューラー＝ハイメンドルフは、この生々しい体験を初め『裸のナガ族』として一九三九年に出版したが、第二次大戦も末期の一九四四年、全二六章のうち一三章から二二章までの部分が再刊された。そのタイトルは『首狩白人』であり、前線の兵士たちの娯楽を目的とした刊行であった。[98]

頭髪と装飾・芸術

下顎骨と同様に、丁寧な取り扱いを受けたのは頭髪である。[99]たとえば全ナガ諸族のもとでは、殺した敵および人身供犠の犠牲者の頭髪が装飾において多大な役割を果たした。[100]タンクル・ナガ族の兜（現地語ルフプ）の場合、これはただの装飾ではなく、実戦にも非常に有用であった。兜の基部は一フィートほどの高さの円錐形で、この上に赤・黒の毛皮と毛の層があった。側面には、環状物の中に彩色された種の入った構造物の周りに、羽のような縫い込みがなされ、前面には磨いた真鍮（しんちゅう）の円盤の真ん中にボタン形の突起が付いていた。兜には竹片や鳥の羽なども付けられており、時には長い三日月形の細く磨いた水牛角が兜正面に置かれていることもあった。たくさんの人を殺した傑出した戦士の場合、犠牲者の頭髪が兜の側面装飾から垂れ下がっており、それが累積すると房飾りみたいに顔の周りをライオンのたてがみよろしく囲んでいた。女性の髪は長いので、より好まれた。そしてこの記述は、マオ・ナガ族の兜にも当てはまったという[101]。そして大抵のナガ族では、敵人の頭皮から取った頭髪は黒いままで用い、山羊の毛は緋色に染めて使ったとされる[102]。

台湾（アミ族？）では、銃器と槍と刀が首狩における主要な武器であった。このうち槍と刀には斃した敵の頭髪を付けて飾っており、「一束が一人分であるから、おおよそ何人斬ったか一目で分かる。中には十数束つけたものもあった。一番沢山つけたのは、タロコ蕃の一番兇暴の名の高い一頭目の刀であったが、数十束、目方にして百匁以上ついていた。勿論かかる多数は一代で得たのではあるまいと思うが、何しろ彼の首棚の首数が百を越していたし、彼が得たものばかりでも二十幾人とか云っていた。その時、彼は一見五十三、四に見えたが正確な年は無論不明である」[103]。これは一九三二年に書かれたものである。

ホーズとマクドゥガルによると、すべてのボルネオ島民において、髪を切ったり剃ったりした男は、その頭髪が焼かれるか注意深く棄てられるように気をつけていた。しかしそれは、邪術に用いられるからというよりは、クニャー族らが楯や剣を敵の頭髪で飾るから、という事実によるものであったらしい。つまり、ある男の髪がこの目的に使われるということは首を狩られたことに等しいと感じられたため、この可能性を防ぐための措置をとったというのである[104]。

頭髪の重要性は、所によっては頭骨ではなく髪の保存の方により力点が置かれるほどであった。たとえばブルガンおよびブラウ地区のダヤク族のもとでは、死者に供えられるのは殺した敵の頭蓋であるとは限らず、時には頭のてっぺんの髪の束が供えられた[105]。またスラウェシ島ミナハッサのアルフール族は、頭蓋全体ではなく、大抵、長髪のみを保存した[106]。

装飾・芸術との関連で、首狩を行っていた民族のもとでしばしば見られる人頭彫刻にも言及する必要があるだろう。これら人頭・人身彫刻は、斃した敵を表す場合が稀ではなかったと思われる[107]。たとえばカヤン族のもとでは、川の岸にふつう八フィートほどの柱が四、五本立っており、そのてっぺんには人頭を表す彫刻が施されていた。これらは成功した首狩行の後に立てられるもので、柱には敵のさまざまな部分——肋骨や腕または脚骨など——が結びつけられていた。これらは家人たちを困らせようとする悪霊を追い払うと共に、攻撃を仕掛けようとする敵を威嚇するためのものであった[108]。

勇者の〈勲章〉

また首狩に成功すると、その者は言わば〈勲章〉を身に着けることを許された場合が多い。その〈勲章〉のあり方はさまざまだったが、ことに注目に値するのは猪牙や犀鳥(さいちょう)の羽・嘴(くちばし)の利用である。たとえばアンガミ族の若者は最初の首を持ち帰ると、その腰布に子安貝を三列に付けて飾る権利を得た。特にすぐれた戦士になると四列付けることができた。首級を挙げた者だけに許されるその他の勲章は、子安貝か紅玉髄（コルネリアン・ベルレン）の玉の間に人髪の房を編み込んだ首飾りで、多くの敵を斃した戦士は子安貝と人髪の付いた編み細工、または赤く染めた山羊毛に同じ装飾を付けた一種の襟を胸に付けることができた。楯の正面には人頭を表現した熊皮が付けられ、これは戦士が斃した敵人を表していた。アンガミ族の戦士は長楯の左縁上端から、獲得した頭蓋の数だけ犀鳥の羽束を付けており、また取った頭蓋の数だけ犀鳥の尾羽を髪に挿すこともできた。これらの羽は死後その他の持ち物と共に墓上に置かれた。また木製の墓標に死者の胸像が彫られ、その少し下に二、三列の人頭レリーフが刻まれる場合もあったが、これは死者が斃した敵の数を示していた[109]。

ハットンによると、全ナガ諸族において大犀鳥（グレイト・ホーンビル）の尾羽を身に着ける権利は、首を取ったことのある戦士のみに属しており、未経験者は鶏羽などによる代用品か、紙で羽を模した物しか着けられなかった。犀鳥は全ナガ諸族によって非常に敬われており、ことに勇猛さの象徴と考えられていて、その尾羽は成功した戦士のしるしであった。その地域において最大の鳥で見た目も堂々としており、かろうじて見えるくらいの高さでも、大きな羽音を立てて頭上をゆっくり飛翔するさまは強い印象を与えるのであった[110]。

サラワクでも犀鳥は特別視されている。特に太い白黒縞のある犀鳥の美しい羽は、試練を経た戦士が戦闘用上着（ウォー・コート）の上に付けたり戦闘帽（ウォー・キャップ）に挿したりした。尾長犀鳥（ヘルメテイド・ホーンビル）という別種の犀鳥の嘴は、時に大山猫（タイガー・キャット）の犬歯の形に削られ、これを対（つい）にした耳飾りは男性の価値ある装飾品となった。老人や自分で首を狩ったことのある者だけが、これらを身に着けることができたのである。また人気のある踊りの一つに犀鳥の動きを模したものがあったが、この踊りに特別な意義は付与されておらず、純粋に娯楽として行われているようであった。さらに犀鳥の幼鳥は、しばしば屋内でペットとして飼われた[111]。

同じボルネオ島のダヤク族では一般に、首級を挙げると柱上に木彫の犀鳥を付け、その嘴が敵族の方角を向くようにする慣習があった。またダヤク族の一支系ビアジュ族では、家の棟木（faîte）を木彫の犀鳥で飾り、これをティンガンと呼んで、幸運をもたらすと考えていた[112]。

このように、犀鳥はアッサムからインドネシア、そしてニューギニアやメラネシアにかけての広い地域で、重要な宗教的意義を持っている[113]。首狩との結びつき以外にも、さまざまな形でそれは現れてきた。たとえばナガ諸族の多くは死者の棺を犀鳥の形に作り、いくつかの氏族では犀鳥を始祖と見なしその肉を食べなかった。インドネシアでは、犀鳥は勇敢な鳥、時には戦神とも見なされたのである[114]。

犀鳥と並んで勇者のしるしとして用いられたのは、猪の牙である。たとえば台湾原住民諸族では、縁なし帽を作ることに、女性たちは籠編みや機織り（はた）と同じくらいの技量を発揮した。パイワン族では、成功した戦士の帽子は前面の眉庇（まびさし）のちょうど上に、野猪の牙の一種の円状飾り（ロゼット）

が付けられていた。これは、タイヤル族の成功した戦士が着ける顎部文身(いれずみ)と同じく、パイワン族のもとでは重要な栄誉のシンボルであった。しかし英国婦人マクガヴァンが台湾を訪れた頃には、この帽子はしばしば成功した猟師のしるしになっていた[115]。

ロタ・ナガ族では、首狩を行った者は、野猪の一双ないし二双の牙の頸飾り（現地語ソホ）を着ける資格を得た。その牙の下底部は赤い籐でしばられ、そして中央で、一つの紅玉髄の玉で方形のイボソデ貝のボタンに縛りつけられていた[116]。

東部ナガ族では、取った首の数によって〈勲章〉にもランクがあった。第一の首を取ると、カペンタリと呼ばれる特別の襟飾り(カラー)を着けることが許され、第二の首を取れば豚牙(ボアズ・タスク)の襟飾り着用を許され、第三の首を狩ってからは子安貝で覆われた前掛け(エプロン)を「重大な機会に」身に着けてもよく、衣服には白い縞(しま)によって取った首の数を記録して、偉大な戦士と見なされることになった[117]。

ただ、こうした猪牙ないし豚牙装飾はアッサムには広く見られたようだが、東南アジア島嶼部からはあまり知られていない[118]。

成年式としての首狩

他方、勇者のしるしとして東南アジアから広く報告があるのは文身、すなわち入墨である。アッサムで茶園を営んでいたサミュエル・ピールは天文学などにも名を残した多才な人で、一九世紀後半のナガ諸族についても貴重な記録を提供している。彼によれば、ここでは文身は顔になされることも胴体になされることもあったが、この〈男の証明書(サーティフィカット・オヴ・マンフッド)〉を得るためには、彼らは首長(ラジャ)に人頭を示さねばならなかった。やり方はさまざまだった。若者の恋人が、彼の女のような無紋の顔のことを焚きつけたために、刀(ダオ)と槍と食糧を持って他部族領内の泉のそばに潜み、不運な女性か子供が近づいた時に叫び声を上げる暇もなく殺し、その頭を首長に見せて、アクすなわち部族の印を入墨してもらい、はじめて一人前の男になる場合もあった。別の場合には、アクを得たいと願う若者が集団で出かけ、間もなく他部族の人たちが魚釣りに来るに違いない淵で待ち伏せすることもあった。もし大集団が来れば音もなく立ち去るが、敵が少人数であれば隙をねらって跳び出し、味方も一個くらい失うかもしれないが、三、四個の首を確保することもあった(119)。

ピールの別の報告によると、このようにして取られた首は、村の首小屋(ヘッド・モロン)近くの竹竿上にさらされて宴会と踊りがそれに続いた。しまいに頭蓋はきれいにされてから外され、小屋内のコレクションに加えられた。さて、若者の入墨は首長家の老女たちによってなされた。紋様（アク）は部族によって異なり、また多少とも殺した数の記録でもあった。刺突は小さな刺の束によってなされ、火薬が少し塗り込まれた。顔面にする入墨の場合にはひどく腫れて眼も見えないほどなので、しばらくは横になって食事をあてがわれねばならなかった。この入墨は男らしさのしるしと見なされており、少年たちはこの装飾がなされるまで、少女たちから「どうして女の服を着ないの」と聞かれるのだった[120]。

一八九一年に書かれたさらに別の報告によれば、ナガ諸族においては当時この慣習は廃れ始めていた。そして「首狩への欲求は男性よりも女性に責がある、なぜなら男たちは成功した戦士に与えられる装飾なしで村祭に現れると笑われたのだから」とも述べられている。首狩に成功することは結婚にとって必要とは言わないまでも、少なくとも成人のしるしと見なされ、若き戦士の文身は大祭によって祝われて、豚や牛や水牛が屠殺される場合もあったのである[121]。

ボルネオ諸民族の中でも、ことに文身を好んだのはカヤン族であり、とりわけ男たちが女たちよりそうであった。カヤン女性は手の上部と前腕全体、両腿部から膝下までと足の上部と足指に文身していた。紋様が密なので遠目には青暗い塊にしか見えず、デザイン――そのいくつかはとても美しかった――はふつう、多数の円環から成っていた。男は敵が殺される場に居合わせただけであれば指一本しか入墨できないが、敵の首を一つ取れば手と指全部に入墨できた。しかし首長たちはしばしばこの規則を破り、遠征に一度参加しただけでも手全体に入墨していた。そして民族によって文身の紋様は異なっていた[122]。

すでに見てきたように、文身の紋様によって、取った首の数を示したという記録も数多い。たとえばドゥスン族では、男だけが文身した。デザインは単純で二インチ幅の帯から成り、両肩からカーブを描いて腹部で出会い、そこからまた分かれて腰へ行って終わるのであった。肩から上腕への帯、前腕の屈筋表面の短い横断縞もあり、後者は一本につき殺した敵一人を示すと言う人もいる。この型の文身は主にイダアン・ドゥスン族に見いだされた。博物学者ホワイトヘッドによれば、キナバル山腹に居住するドゥスン族は前腕上に平行な横断縞を彫り込むだけというが、この場合にはこの縞が取った首の勘定記録であるという意義には言及されていない。またドゥスン族の女性は文身をしないらしかった。同じくイダアン・ドゥスン族を訪ねたド・クレスピニー中尉は「幸い入墨した男は少ししか見なかったが、ある若者は腕の周りに三七本もの縞を持っていた。どこでそんな幸運に遭ったのかと私が聞くと、彼はラブク川の方を指さした」という[123]。

オーウェン・ラッターがボルネオについて記した頃には、首狩の慣習は消滅していたため、それと密接に結びついていた文身もあまり見られなくなっていた。かつて文身は男らしさのしるしとしてほとんど不可欠のものと考えられていたのであったが、稀にはそれほど手の込んでいない文身が女性に施されることもあった。ルンドゥム・ムルット族および隣接する諸グループの間では、肩の前、胸より上に星形の文身がしばしば見られた。星はそれぞれ首を一個取ったことを示していた。三つめの首を取ると、喉にもう一つ星が付けられた。さらに取ると特別なデザインなしに前腕と腿に入墨された[124]。

このように、東南アジア各地において文身は首狩と強く結びついていた。『文身の歴史とその意義』をまとめたハンブリーもそのことに気づいている。彼は、両習俗の分布ラインが台湾からフィリピン、そしてボルネオからニューギニアにかけてと明白に一致することに注目し、「この地域においては星形ないしその他の意匠の文身によって殺人の記録がとどめられる」と述べているのである[125]。

結婚の条件

さて、文身の事例中にも出てきたように、首狩をすることが結婚するための前提条件とされていた社会も多かった。古くは八五一年、ペルシャ人商人ソレイマンの旅行記にニアス島の慣習が述べられている。それによれば、ここの男性は一つ首を取って初めて結婚できた。二つ首を取れば二人の妻が持て、五〇の首を取った者は五〇人の妻を得ることができたという[126]。ニアス島の南、ムンタワイ諸島民のところでは、若者が娘に求婚すると決まって「あんたが家の娘を好きだっていう証拠はどこにあるの?」と聞かれるのが常だった。すると大抵、この若者は近隣の沿岸部を襲撃し、頭蓋という形で自分の愛の証拠を持ち帰った(127)。

一九一〇年代の台湾を踏査したマクガヴァン女史は、首狩をする部族のもとに暮らした者なら誰でも、この慣習が社会組織全体の編み目の中にいかに密に織り込まれているか理解するだろうと言う。それは部族の男たちの社会的・政治的立場を規定し、結婚とも直接に結びついていた。「首取らずして妻はなし（ノー・ヘッド、ノー・ワイフ）」である。そして婚礼の最後には花嫁と花婿が一つの頭蓋から一緒に酒を飲んだのであり、その頭蓋は花婿自身によって敵から取られたものであることが好ましく、タイヤル族では「今日でも大抵そうである」。それに対しブヌン族・パイワン族はしばしば花婿の父や祖父が取った頭蓋から飲むことで満足していたが、アミ族・プユマ族は父祖の道から外れること甚だしく、猿の頭蓋か時に鹿の頭蓋で代用されるのがしばしばであったと言う(128)。

これらの事例から、言わば「首狩に対する女性の関与(129)」を指摘することも可能だろう。女性たちは男たちを危険な首狩行へと焚きつけたり、未経験の男を嘲笑したりしてきたのだから、首狩慣行の存続は主として女性の側に理由があったという見方も、一面の真理である。またこの他にもシュースターが詳細に論じたとおり(130)、女性たちは首狩とその前後の期間さまざまなタブーを守ったり、首の受取りに際しても積極的な関与を見せる場合があった。また少年を首の狩人として育てる躾という側面からも、首狩と女性との関係がとらえられる。

他方、文身や結婚のために首狩が必要だったということは、首狩がある社会において一人前として認められる、通過儀礼の一要素をなしていたということである。それはその社会で生きてゆくためには必須の関門であった。しかし首狩が禁圧されるにしたがって、その関門の形は変容を遂げた場合も少なくなかった。

たとえば英国統治下で首を獲得する可能性が消滅して以来、アオ・ナガ族では敵村への遠征に参加しただけで、戦士の勲章としての子安貝の装飾を付けるようになっていた。隣接するセマ・ナガ族では、猪を仕留めた者がそうした装飾を身に着けた。またアオ・ナガ族ではもともと、豊作を期して殺した敵の死体各部も田畑に埋めたり吊したりしていたが、もはや首狩ができなくなってからは境界を越え、一頭一五ルピーの雌牛と引き換えに首を、また時には頭蓋の一部のみを購入し、それを仲間内で分けていた。アンガミ族も今や犀鳥の羽を手に入れるのに、戦闘で斃れた者の死体の一部を槍で突き刺すだけで満足していた。すなわち、あるナガ族の男が死者の指骨を一本持って来ると、若者たちが集まってそれに槍を突き刺し、それから羽を身に着けたのであった。(131)

他界へのパスポート

首狩は結婚のために必要だったというにとどまらない。それは自分または他人の死後の幸福を確保するためにも必要だったという事例が数多く見いだされるのである。まず、首狩が自らの来世にとって必要とされた例から見てゆこう。

台湾のタイヤル族セデック群においては、〈死者の国〉は西方の大覇尖山（たいはせんざん）に位置すると信じられていた。この〈死者の国〉との境界には霊魂の川が流れており、死者の遊離魂（現地語ウットゥフ）はその川に架かる霊魂橋を渡って〈死者の国〉に入る。その橋の番人である蟹は、遊離魂（人間同様の形をしている）の手を擦り、手の赤色が取れない時は通過を許し、もし通行が許されない時は迂回し難路を通って〈死者の国〉へ行かねばならなかった。この赤色というのは、敵を馘首（かくしゅ）した経験のある男の手には血が付着して決して取れず、また織物の上手な女の手には赤毛糸の染料が付着して決して取れず、このような者を真の男、真の女と称した。埋葬する女の手を赤く染める慣習は、この信仰と関連していたという。また遊離魂（セデック人の説明では一個、ただし寄住する身体部位は不明）は〈死者の国〉において普通の人間同様に耕作に従事し、時が来れば死んで、死んだ魂の亡骸（なきがら）は茅葉にとどまる小虫に化すと信じられていた[132]。

次にボルネオに行くと、首狩をした証拠としての文身と他界との結びつきが顕著に見られ[133]、しかも台湾と同じく他界への川を渡ることになっていた。

たとえばカヤン族の間には、霊魂（ソウル）の旅についていくつかの考えが存在した。死霊（ゴースト）は山を下りてロング・マラン川を渡り、あてがわれた所へ行かねばならなかった。その川は岸から岸へ架けられた、ただ一本の丸木橋を越えて渡らねばならず、そこには常にマリガンという番人がいる。もし死霊が生前に首を取ったか、または成功した首狩行に参加したかが、顔に文身があるという事実で示されれば、彼はたやすくその橋を渡ることができたが、そうでなければ下へ落ちて蛆虫に、異伝では大魚パタンに食われてしまう。対岸に着くと彼は先立った友人たちの霊に迎えられ、彼らが死者を村へ連れて行く。この旅の一部は一般に舟旅と考えられているが、それだと話の全体とうまく合わない。また、神ないし精霊であるラキ・ジュプ・ウリプが霊魂を目的地へ案内する、という役割についての考えも非常に曖昧であった[134]。

なおカヤン族の女性たちの間でも文身は一般的で、そのデザインがあの世で松明(たいまつ)の役目を果たすので、その光がなければ永久に真暗闇にとどまることになってしまうと考えられていた。ある女性が民族学者のニューウェンハウスに語ったところでは、死後、彼女は骨に染みこんだ入墨の染料によって見分けられると。カヤン族においては、死者の骨は死後しばらくの間墓の中に置かれたので、この女性は明らかに、彼女の文身が他人の骨と混同される危険を防いでくれると想像したわけである[135]。

このように台湾でもボルネオでも、他界へ行くことができるのは真に男らしく、または女らしく生きた者だけであり、男らしく生きることは首狩をすること、女らしく生きるのは機織りをすることであった[136]。

あの世での奴隷

他方、こうした間接的な他界観から一歩進めて、殺した相手が死後自らの奴隷となるという直接的な観念が見られる場合もある。たとえばチン族は、殺された者は他界において殺人者の奴隷になると信じていた。被害者の復讐が果たされ殺人者もまた殺されたとしても、その関係はまったく変わらなかった。ただ、殺人者が今度は復讐者の奴隷になるだけであったという[137]。

ルシャイ族においては、現世で殺した人間たちや野生動物たちの霊を死後に所有するためには、動物の屠殺を伴うアイという儀礼をする必要があった。人を殺した場合のアイには、ミタン牛と小豚の供犠が必要であった。敵を殺しておいてアイを行わない場合には、発狂する危険があった。もしアイを行えば、死んだ時に敵を（奴隷として）連れて行くことができるが、アイを行わない場合にはそれはできず、死んだ敵の霊が現世に出現すると考えられていた[138]。

ただし、犠牲者が奴隷になると明言されていない場合もある。たとえばクキ族の他界観では、この世で最も多くの殺人を犯した者が、あの世で最大の幸福を得るとされていた。至高神はコゲム・プティアンと呼ばれ、他にシェム・サンクというカミも崇（あが）められていて、その人型の木像の前に殺した相手の首が供えられた[139]。最も多く殺した者が他界で最も幸福になるというのはどういうわけだろうか？　人類学研究者のゴッドゥンによれば、クキ族では殺したばかりの相手の首とその場で共食する慣習があったが、これは嘲笑するためではなく、身体を離れた霊（スピリット）が、勝者をわずらわせることなく安らかに死者の国へ行くようにするためであった。そしてクキ族の考えでは、埋葬前の死体の下に置かれた首の持ち主、ないし恐らく首そのものは、他界において死者の所有物になるというのだった(140)。

他界では敗者が勝者に奴隷として仕えるという観念はさらに、自らのために奴隷を獲得するのではなく、近親者や首長のために死後の奴隷を調達する、という目的での首狩を発達させたようである。

一九世紀後半のスラウェシ島ミナハッサでは、首狩は過去に属していたが、首の保存はまだ多かった。ここのアルフール族が首を狩った理由は、二つ挙げられている。平民の男が結婚したくて、特に相手が身分の高い女性の場合には、求婚者に首を取って来させる者もいた。また首長が死んだ時に首狩隊が派遣された。後者は、同島の西トラジャ族でも同様だった。

早くは、一六七九年にマルク諸島総督を務めていたパット＝ブリユッへのミナハッサに関する記述からも、このことが知られる。それによれば、アルフール族は各自が得た首を持ち大声と喝采と共に自村に戻ると、敵首の口と喉に籐を挿し自分の首の周りに掛けて、叫び声を上げながら通りをぶらついた。それから大宴会を催し、妻や娘たちに踊りを踊らせながら、自分たちの胸や腕や脚の空いた場所に戦争で得た首の数を彩色した。自分の身体がすでにそのような彩色でいっぱいの場合には、その妻に彩色した。このようにして獲得した頭蓋は建築供犠（人柱）として用いることもあったが、大抵は犠牲者の霊魂が死者の奴隷として他界へ同行するように、一緒に甕棺（かめ）（現地語ワルガ）に入れられたという。[141]

フィリピンでもやはり、他界で死者に仕えさせるために人を殺すことが行われた。人類学者フェイ・クーパー・コールは、ティンギアン、タガログ、ビサヤ、ザンバル、バゴボ、ミンダヤ、ビラアン、タガカオラ、イロカノ、アパヤオといった諸民族の例を挙げている。そのうちティンギアン族においては成人の死後、男たちが白い鉢巻を締めて首狩に行く必要があった。彼らが帰って初めて近親者の服喪タブーが解かれたのである。またフィリピンでもニアス島と同様、死者自身が首の数を指定することがあった。一九〇七年、一人の首長が死んで棺桶に納められてから突然その四本の指が高く上がったが、これは自分の死に四人の奴隷を望んだしるしとされた。[142]

次の例も首長の死後の首狩だが、奴隷獲得という目的は明確には述べられていない。英国行政官のキャプテン・フィッシャーがクキ族について述べたところによると、彼らが平地を襲うのは略奪のためではなく、できるだけ多くの人頭を分捕るためであった。これらは首長の埋葬における特定の儀礼の際に用いられ、その手の襲撃が起こるのは決まって首長の死後なのであった。[143]

喪明けの首狩

葬儀・服喪に際しての首狩では、それによって喪が明けるとされていた所が多い。たとえばタド族では、かつて首狩が盛んになされており、有力な首長の死に際しては少なくとも首を一個取り、これでその墓を飾る必要があった。またこれはラケール族でも同様で、首長が死んだ時には太鼓や銅鑼を鳴らす前に遠くの村の誰かを殺すことが必要だった。しかしラケール族では、そのような場合に首を持ち帰ることは不吉と考えられていた(144)。

ネヴィル・パリーの『ラケール族』によれば、首長家の誰かが死んだ場合には全村が喪に服し、太鼓や銅鑼を鳴らしてはならず、誰もが静かに家にとどまっていなければならなかった。首長家と村人全般に幸福を回復するために、戦士たちは出撃して何個か首を集める必要がある。うまくいけば、首が持ち帰られ死んだ首長の記念柱の上に置かれた。この義務が済むと喪は明けて、村は通常の生活を再開したのであった。ラケール族のもとでこれが最後になされたのは一九一八年だったという。パリーによると、こうした機会に首を取る目的は、純粋に生ける者たちに幸福を取り戻すというだけのことで、殺された者たちは死んだ首長の霊魂への供犠として殺されたのではない。彼らの首が首長の記念柱上に吊されたのは、単にマッチパイナ(字義通りには「悪夢の予防」)が行われたことを示すためにすぎないという。またパリーは、ルシャイ族とガロ族も同様の機会に首狩を行ったと述べている。[145]
　喪明けの首狩は、島嶼部からも知られている。例としてカヤン族とクニャー族では、首長ないし首長の近親の喪から明けるためには、新しい首級もしくは古い首級を取って来るか、それともその一部が得られなければならなかった。ハッドンが聞いた話では、「白き藩王（ラジャ）」ジェイムズ・ブルックは、共同体が喪明けのために新鮮な首を取ることを許さず、また頭蓋ないしその一部を借りるのにさえ多大の困難を伴ったため、政府の要塞がこの目的のために保管していたコレクションの中から頭蓋を借りることで、村はこの矛盾を克服し慣習を満足させていた。これらの頭蓋にはA、B、Cといったラベルが貼られて貸出記録もとられていた。[146]すべての儀式が済むと頭蓋は要塞に戻され、そこで次の機会に利用されることになったのである。[147]
　喪明けに首が必要とされたのは首長だけでなく、近親者の死に際しても同様という所も多かった。たとえば英領ブルネイ総督のスペンサー・セイント・ジョンはある時、セリバス・ダヤク族の非常に有力な首長に会ったが、この首長は腰に巻いた汚いボロ切れ以外何も身に着けておらず、首を一個確保して妻の喪から明けるまではそのままでいるつもりだった。それまでは再婚もできないし死者の霊を慰めることもできないので、その霊は家をうろつきコツコツいう音で自分の存在を知らせるのである。この霊の怒りを鎮めるために近親は毎日家の下に米を一包み投げ入れ、首祭を祝うことで霊が安らぎを得るまでそうしていた。その後ダヤク族はこの死者を忘れ、死者の霊も彼らを忘れるのであった。[148]

葬儀・服喪の人身供犠

葬儀と服喪に際して、首狩ではなく人身供犠が行われた例も少なくない[149]。次に数例を掲げておこう。まずガロ族においては、首長の死に際して首狩ないし人狩が行われたが、これは墓地で人身供犠を捧げるためであって、この目的に合う奴隷がいない場合になされた。ことにアッサムに隣接する地域のインド人やベンガル人が頻繁に捕獲されたが、その際にガロ族は猟犬まで用いていた。犠牲者の首は首長の死体と共に焼かれるのであった。しかしもはや奴隷が殺されないこともあって、その場合には葬儀の間だけこの捕虜を縛りつけておき、その後解放するようになっていた[150]。

次はケニガウ・ムルット族についての情報だが、ラッターによれば全ムルット族に当てはまるだろうと言う。それによると、喪のしるしは腰に巻いた白い籐の環であって、この慣習はメグリットと呼ばれていた。以前は新鮮な首が一個取れて初めて、この喪章を外すことができた。そして服喪中の人は喪章を外すまでは、酒宴に参加したり再婚したりすることは許されなかった。敵の首が入手困難な時は、奴隷を買って殺してもよかった。服喪中の人が首を取る必要はなかったが、それが取られて来た時にはその場にいなければならなかった。それで奴隷供犠の時は全村民一斉に喪明けできたのであった[151]。

スラウェシ島の東トラジャ族でも、アドリアーニとクロイトによれば、少し前までは首長の死体が埋葬される前に、いくつか人頭を狩って来る必要があった。当時は早く埋葬するようになっていたが、総督が来るまでは死んだ首長のためにいくつか人頭を持って来る習わしだったのである。友好関係にある村落は、そうした機会に屠るよう男性または女性の奴隷を一人送ることもあったし、人頭を一個送ることもあった。近くは一八九七年、パリギ村長パパ・イ・ハインタの死に際して、マパネ村長が七人の首を送ったとされる。一九〇一年に今度はマパネ村長が亡くなると一人が殺され、かなり時間が経ってからルウ族の首長たちの一人アンベ・マアが、友好のしるしとして人頭を一個送った。同様の記録は他にもいくつか残っている[152]。

このように、首狩と人身供犠のどちらが行われてもよいとされる場合もあったが、供犠のみが言及されている資料もある。たとえばスンバ島では、首長の死に際して大規模な供犠が行われた。埋葬の直前・直後に何人かの人々、時に三〇人もの人が、死者に伴って他界へ行き確かな従者となるようにと、屠られたのであった[153]。

以上のような例を見ると、死者ごとに首長のための首狩は、人身供犠とほぼ代替可能な場合が多いことが分かる。そしてその殺害は、タイラーが早く指摘したように、殉死ないし殉葬の観念と極めて近い。大林の言うとおり「首狩にせよ殉死にせよ、殺すことによって新しい生命のための場所があけられ、かつまた死者の生命力が解放されて、植物の生育や共同体の一般的な幸福を促進し、また自己の生命力を強化する。かつ殺された者の霊魂は殺害者の従者として他界において仕えるのである」、ということであろう[154]。

ここで考えねばならないのは、社会組織のあり方と首狩の観念との関係である。つまりハイネ゠ゲルデルンが指摘したように、死んだ首長の墓に頭蓋を捧げる風習は、ナガ諸族においてはクキ族やチン族と比べてはるかに不振だったが、これは前者において首長制が一般に未発達であることと関係があるのではなかろうか。さらにまた、殺された者の霊が他界で勝者の奴隷になるという信仰も、マニプールのナガ族[155]や恐らくアオ・ナガ族にも見いだされはしたが、広く分布しているとは言いがたい状況であった。

首狩から人身供犠へ

服喪に際しての首狩が、しばしば人身供犠によって代替されることを見てきたが、同じことはいわゆる人柱、つまり建設に際しての人身供犠にも当てはまる。ワ族、スマトラ島ランポン地区、ニアス島、ムンタワイ諸島、ジャワ島、ダヤク諸族、メラナウ族、スラウェシ島トラジャ諸族、ミナハッサ地方、スンバ島、チモール島、アンボン島、セラム島アルフール族、タニンバル島、フィリピンなどから人柱の事例が知られるが、その際必要とされた新鮮な首は、所により首狩ないし奴隷殺害のいずれかの方法によって供給された[156]。なお人柱の噂は二一世紀の今日まで続いており、チモール島におけるように、植民者ヨーロッパ人の殺害事件に発展したこともある[157]。いくつか人柱の事例を見てみよう。

たとえばスラウェシ島ミナハッサのアルフール族では、かつて家を建てる際、その家に幸あるようにと、主柱の下に子供を一人埋めるか、この目的で故意に狩ってきた頭蓋を一個埋めたものであった。家が完成した際にもまた棟に吊す人頭が必要とされた[158]。

また同島西トラジャ族では、首狩祭の執行場所となる大きな祭屋を建てる際、主柱の穴に人頭を一個投げ入れる必要があったという。ロレおよびカイリ・グループでは人頭三個（三本の棟柱用）が調達された。ランピでは穴をさらに深く掘るように人間が一人投げ込まれ、その上に柱が滑り落とされた。

人身供犠の理由を問われると、「祭屋が長く立ち続け人間が健康であり続けるように」という答えが得られた。かつて祭屋建設を監督した盲目の老人は、その障害の理由として、当時人頭の調達を怠ったことを挙げた。祭屋が完成すると、暫定的に閉鎖した上で首狩の戦隊が送られ、取った首は祭屋にもたらされた。時には首から滴る血が祭屋の下部に塗りつけられることもあったが、階段だけのこともあった。頭皮片は木杭と共に柱に縛りつけられ、首は祭屋中央の柱または階段の上り口に埋められるか、それとも乾して祭屋の棟に吊された。

ある村で祭屋が建てられると知ると、どこの人も不安がり、襲撃から身を守るために集団でしか外出せず、夜間に家を出る者はいなくなった。誰が襲撃での殺人犯か分かった場合でもすぐに報復はせず、自分たちが新しく祭屋を建てるのを待ってから、その殺人犯たちの地区から彼らの首を得たのである。ある祭屋新築の際には百個以上の首が狩られたと言い、すべて中央柱の所に埋められたそうである。

他のグループでは、祭屋完成の後に他村で購入した人間（男女いずれか）または以前の戦闘での捕虜を殺した。男たちも女たちも、竹に縛られた捕われ人の周りを囲んで座り、犠牲者に次に起きること、つまりどうやって殺され、どうやってその頭皮を分配するかなどを描写してみせた。これが七夜続いた後、捕われ人は祭屋前に連れて行かれ、あちらこちら引きずり回されてから、村の入口前で斬り殺された。切り刻んだ死体はその場に埋め、頭は頭皮を外し、大抵は階段の上り口に血を垂らした後にそこへ埋めた。狩った首でも同じことをした。捕われ人が縛りつけられていた竹竿は、祭屋の主柱に吊されたという。[159]

一方、ボルネオ島ことにクテイ川やマハカム川源流域では、人柱に必要な頭蓋は主として首狩によって獲得されたらしい。[160] そして、ここのダヤク族においては新居建設に際して首を狩ることが義務とされていたという。またチモールラウト諸島では柱穴がいくつか掘られると、戦争捕虜や奴隷の首がそこに入れられることが稀ではなかったとの記録もある。[161]

さてこれらを見ると、首狩と人身供犠は相互に代替可能であるような印象を受ける。事実、これら両習俗が明確に区別しがたいことは、多くの学者によってすでに指摘されてきた。[162]

たとえばハイネ＝ゲルデルンは、「首狩と人身供犠はここで非常に密接に合致し、明確な境界を引くことは困難である。両者の間に本質的な差異は存在しない。首狩においては、それが戦闘でも待ち伏せでも犠牲者は即座に殺されるが、人身供犠のためには犠牲者は生きたまま連れ帰られ、そこで初めて屠られる」と述べ、さらに前者から後者への移行という一般的傾向を認めている。

すなわち、「一般に、ワ族やナガ族やクキ族などのもとで見られる、または最近まで見られたような典型的な首狩は、文化の全般的発展に伴い、消滅しないにしても真の人身供犠に発展する傾向を示していると言ってよかろう」。

この傾向は、死んだ首長の墓に頭蓋を供える場合においてとりわけ顕著であり、そしてその理由として、「ずっと容易な方法が採られたのであり、既に存在する奴隷を犠牲者にした」ことを挙げた[163]。これはナガ諸族とチン族の実例にもとづいて出された説であり、島嶼部でも当てはまる場合がありそうだ。

と言うのも、やや別の根拠からクロイトも同じ結論に達しているのである。彼の考えでは、かつてインドネシア諸民族がまだ奴隷を持たなかった（「狩猟生活で、奴隷を持っていたはずもない」）時代があるに違いないが、その頃にも戦争はあったろうし、恐らくすでに首狩もあっただろう。諸資料が示すところでは、首狩の方が人身供犠よりも元来の形態であったに違いない。その後怠惰により、奴隷を殺すようになったのである。定住民族になると、人はだんだん戦争を嫌がるようになった。かくして種族内で身分の高い男が死んだ際にその種族がちょうど他と戦争状態になかった場合、首狩に行けば戦争が起こってしまう。それを避けようとした結果、他種族の所で誰かを買うようになったのであろう。[164] これがクロイト説である。

あまり両習俗の時間的前後関係を単純化することはできないが、社会階層の発達（奴隷や首長の有無）や、首狩が困難な場合に人身供犠で代用した事例などから判断する限り、ハイネ＝ゲルデルンやクロイトの言うように、前者から後者へ移行する場合が少なくなかったのではないだろうか。次章で見るように、東南アジア文化の中では古い様相を残していた台湾原住民のもとでは、首狩こそ盛んに行われていたが、人身供犠はほぼ皆無だったのである。

作物と豊穣——大陸部

成年式や死とならび、首狩の契機として頻出するのは、豊作を確保するためというものである。この豊作と首狩との関連は、首狩が基本的に初期農耕と親和的だったという点からも、注目に値する。いくつか事例を挙げてみよう。

たとえばスコットらの記述によると、ワ族では首を取る機会があれば決して逃さなかったという。頭蓋は悪霊に対する防衛手段として、また悪霊をなだめるものとも見られていた。死者の霊は自分の頭蓋にまとわりつき他の霊の接近に憤るが、あらゆる霊は悪意を持ち攻撃的なので、その態度は村への親切心からではなく、自分の潜伏所への侵入に憤っているのである。このため、余所者(よそ)の頭蓋は常に最も価値を持つ。その霊は土地勘がないので、現世の遺骨からさまよい離れることはないだろうから。彼はまた、自らの領内に侵入する浮浪霊には一層憤慨する。彼の動きを邪魔するからで、霊は十分な空間を欲しがるのである。

したがって、無防備な余所者がワ族の所をうろついたなら、季節がいつであろうとほぼ確実に首を失うことになった。それも卓越した者であればあるほどよかった。というのも、北方の諸部族についてのワ族の意見によれば、卓越した男は力強く喧嘩っ早い霊となってその地方を守り、所有者に夜の眠りを保証してくれるというのであった。このように首は折衷的かつ素人風のやり方で機会さえあれば取られたけれども、その集積に適切と認められた季節があった。正式の首狩は三月に始まり四月いっぱい続けられたのである。古い頭蓋は村の安寧を保障してくれるが、少なくとも新しい頭蓋が一個は必要であり、それがないと作物つまり阿片やトウモロコシや米が不作になる危険があった。

この二か月間に丘陵地を旅するのは刺激に満ちており、ワ族人は自尊心ある犬と同じように、帰宅するまでに闘う覚悟なしには散歩に出ないのであった。しかしこのゲームにもルールがあった。慣習法の尊厳に照らして行動範囲を遵守せねばならなかったのである。当然ながらワ族は、村の仲間の首は決して取らなかった。政治経済的要素がそれを禁じていた。隣村民を犠牲に供することが正当化されるのは、疫病の蔓延、驚異的旱魃、家畜の伝染病といった非常な緊急事態に限られていた。同じ山系の村民の首を刎ねるのですら、近所付き合いにもとる怠惰な行為と見られていた。

この企ては東か西に隣接した山系、とにかく遠くでなされるべきであり、農作物の出来という観点からは、遠ければ遠いほど目的に適っていた。首が確保されると一団は直ちに引き返し、昼夜休むことなく行軍した。一個以上の首を取る必要はなかったが、もちろん首が多ければ多いほど不作の危険は減るのであった。そのため最初の襲撃でいくつかの首を取り、その帰途では、道に迷い身を護る術もない行商人とか、足の痛みや発熱のため中国人の隊商から落伍した者といった好ましい機会に遭遇すれば、彼らは迅速にその放浪に終止符を打ってやったとされる(165)。

ナガ諸族についてゴッドゥンが述べるところでは、当時ここでは焼畑で米を栽培していたが、アンガミ族の一部には棚田も存在した。さて一八五四年の報告によると、ロタ・ナガ族が豊作を確保するために採っていた方法は、次のようなものだった。それは、出会った者は誰であれ首や手や足を切り落とすのが常習であって、それは「単に穀物の豊作を確保しようと畑に立てるために、何らの誘因や既存の敵対関係なしに行われた」という(166)。

ナガランドに住んだバトラー少佐は、一八五〇年に起きた次のような事件を報じている。カチャリ族の少年一人がロタ・ナガ族により買われたが、このロタ村の一人の男が購入後間もなく死んだため、これは不吉だ、その捕われの少年によって不幸が降りかかったと言って、「彼らは哀れな少年の皮を生きながらに剝ぎ取り、その肉を少しずつ切って殺し、そして彼ら迷信深き野蛮人たちは全身を分割して全村民に一片ずつ渡した。それをドルと呼ばれる大きな穀物籠に入れれば、すべての災厄は避けられ、好運も戻って穀物の豊かな実りが確保されると考えてのことであった[167]」。

ただし、この記録に対しては人類学者ミルズやハットンが疑義を表している。他の諸族と同じく、ロタ族も首狩は村に幸をもたらすと漠然と信じており、「最近の事件にもあったように」恐らくその少年は殺されて身体は切られ分配されたのだろうが、犠牲者を殺す前に拷問する伝統はなく、また人肉片を米の中に置くのは祝福というより汚染と見なされる、と言うのである[168]。しかし、バトラーの言葉にある豊作と殺害の関連というのは大変興味深い。

今見たロタ・ナガ族ばかりでなく、アンガミおよびセマ・ナガ族にも豊作のための人身供犠が存在した[169]。たとえば英領インドの行政官を務めたエドワード・ゲイトは、ナガ丘陵の行政次官A・W・デイヴィスから受け取った情報として、次のように記している。アンガミ族とセマ族の間に一般に信じられていた俗信によると、人間を殺してその肉の小片を殺人者の田畑に置くのは、豊作を確保するための特効薬であった。そして一八九五年の年末に、プロバミの男たちがシッジュ川近くで男二人、女一人、子供一人を殺した原因はこれであったと言われる。このような殺人の男二人は部分的に頭皮を剝がれ、子供は生け捕りにされて村外で殺された。このような殺人には供犠の性質がある[170]。と言うのも、彼らの目的は災害を防いで、それにより豊作を確保することだからである。以上がゲイトの報告だ。

作物と豊穣――島嶼部

作物の豊穣と首狩・人身供犠とのつながりは、東南アジア島嶼部においても広く見られた[171]。たとえばカヤン族では二〇世紀初頭、焼畑で米の手鍬耕作を行い、まだ犂を知らなかった。その収穫祭では、集団での踊りが少なくとも四種類踊られた。男女ともに参加し、女性たちはこの時にはしばしば男装した。動きと旋回は非常に単純で、ルパという踊りは戦争からの帰還に際しての踊りに似ていた。それと似たカヨ（この語は首狩も意味する）という踊りでは、その目的のために取って来られた乾し首を摑んだ女性が踊り手たちをリードし、戦闘衣に身を包んだ女性たちが敵首を取る動作をするのであった[172]。また先に見たように、イバン族も収穫祭で頭蓋と共に踊った。

北ボルネオについてラッターは、首狩を行う全民族においては古い首を定期的に祭る習慣があったと述べ、一九二六年六月一六日付の『英領北ボルネオ・ヘラルド』紙から、ケニガウで目撃されたマイン・メンシラドという祭の記事を引いている。それによると、かつて戦士たちが首狩をしていた頃には、新しく取った首はマムットと呼ばれる祭において家族に組み込まれた。このお祭り騒ぎはもはやないが首は残っており、時おり村（カンポン）に余裕がある時には、首を楽しませ、それらを疎略にすることで降りかかるかもしれない災厄を未然に防ぐために、マイン・メンシラド祭が祝われたのである。

大量の米酒が醸造され、他村の親戚や単なる部外者でも米酒さえ持って来れば参加できた。来賓も呼ばれた。家々は飾り付けられ、その飾りの中でシラド草が主要な役割を果たしていて、祭の名前はこの草に由来するのであった。いくつもの首が垂木から外され、草に包まれて米酒壺横の銅鑼近くに掛けられた。誰もが飲み、代わる代わる銅鑼を鳴らし、ほとんど全員が踊った。踊りの主役は女性たちで、ビーズや貝殻に覆われた美衣や羽のついた頭飾（現地語カピアク）で盛装していた。首を持って踊るのは年輩の女性たちや、もしいれば実際に相手を殺したことのある戦士たちの特権であって、若い女たちには許されていなかった。最初の二日間はこうして小屋内で飲んだり踊ったりした。

三日目に祭は最高潮を迎えた。各家族から草ですっかり覆われた棒が出され、各家族一人の代表が持ち、この人が首も持った。この男たちは帽子や上着や飾りリボンに編み込まれた草で派手に覆われている。彼ら代表者たちの行列は銅鑼（どら）に続いて田畑の周りで踊ったが、残りの人々は川へ行った。川では女たちが踊り、男たちは空の竹に水を汲み、老女たちは歌を口ずさんだ。行列がやって来るとそこへ殺到して、首と棒を持つ者たちの上に竹筒の水が空けられた。

これにより川の中でちょっと騒ぐ者たちもいたが、間もなく行列は各戸へ走り、水をかける者たちがそれに続いた。しまいにおとなしくなり、小屋内では酒盛りが再開されて、すっかりなくなるまで続いたという。[173] シュースターはこの祭について、首を持った行列が田畑の周りで踊る点を重視している。[174]

同様に頭蓋を用いる祭は、フィリピンからも知られている。次は不明な点が多いが、その例だ。カリンガ族では、下顎を取り外された頭蓋骨は老女たちが安全な隠し場所に置いておき、一年に一度すべての頭骨を持ち寄って秘密の儀式で使ったが、男たちはその儀式から厳格に除外されていた。そしてこの儀式の目的の一つは豊作を確保することだったという。[175]

さて、収穫（および首長の死）に際しての首狩は、スラウェシ島南東部でも行われ[176]、西トラジャ族では豊作後の首狩が義務で、首狩での武勇伝を大声で語っただけでも作物の生長に効果があると見なされていた。大変な不作の際には、人身供犠によってのみ土地の肥沃が回復されたので、殺害前に犠牲者は田畑全体の上を連れ回された。[177] スラウェシ島東南部のルンビアでは、米の収穫祭との関連で「頭蓋供犠（シエーデル・オプファー）」がなされ、山の向こうの別種族の所へ首狩に行くか、奴隷を用いるかした。[178] 西トラジャ族は積み上げた米の山を獲（え）た首で撫でた。[179]

次の東トラジャの事例では、首狩の戦士たちに米が振りかけられる点に加え、狩られた首が稲倉に置かれる点が注目される。すなわち、ここでは首狩隊が帰村すると男たちは立ち止まり、モンドルという唄を歌ったが、その間一人の女性が戦士たちの頭に絶えず米を振りかけていた。

唄が終わると犬が一匹、そして第二の供犠獣として水牛か豚か山羊が一頭屠殺された。これら供犠獣の血はアレン椰子の枝葉に振りかけられた。これらの血塗られた葉の山は、暫時稲倉の壁に掛けておかれ、首は同じ稲倉の屋根の下に置かれた。初めから祭屋(テンペル)に持って行くことはできないからである。

続いて、女たちが持って来た生薑(しょうが)の根を、戦闘に出た者も留守番をしていた者も一緒に食べる。さらに檳榔を噛んだ後、人々は祭屋へ向かう。祭屋では、階段の一番下の段を脚で七回踏み、建物の入口でモンドルを歌う。その後入口の施錠が解かれ、戦士たちは霊屋(ヘーステンフエルブレイフ)に入る。ここでもモンドルを歌い、床を七回踏みつけ、太鼓(現地語ガンダ)を七回打ってから、そこにある太鼓全部を激しく連打する。疲労困憊(こんぱい)するまで連打を続け、それから長い直立の太鼓(現地語カラトゥ)をまた七回叩いてから、耳をつんざくほど太鼓が連打される。

最後に参加者たちはもう一度米を振りかけられ、村の祭屋で宴会が開かれた。この儀礼はモガンダつまり「太鼓打ち」と呼ばれ、祭屋内に住む祖霊(アニトウ)に対し、その子孫たちによって再び戦争行きの願いが叶えられたことを知らせるもので、これで村民たちは、祭屋の霊たちが自分らを病気で困らせる心配をする必要がなくなるのであった[180]。

ここに見られたように稲倉に頭蓋を置くことも、いくつか例がある。たとえばボルネオ島北部テンパスク地方のドゥスン族の間では、かつて首狩が盛行しており、隣村同士がしばしば宿敵であった。人類学者のイヴォー・エヴァンズによれば、首はまだいくつかの村に保管されており、それらは特別な首小屋（ヘッド・ハウス）に保存する習慣であったが、穀物倉庫（グレイン・ストア）の外に掛ける場合もあった。しかしエヴァンズは、トゥアランで時折なされるように住居内に吊すのは、ここでは見たことがなかった。

さてエヴァンズは一九一五年にタンバトゥアンで、稲倉（ライス・ストア）の外壁に人の頭蓋が二個吊されているのを見かけた。「それらは穀物を泥棒から守るという考えもあって、そこに置かれているようだった」。とても古い頭骨で蜘蛛の巣が張っていたので、撮影のためにはそれを払わねばならなかった。ところが頭蓋に触れることができるのはそれを狩った者自身か、とにかく戦闘に出たことのある者だけだと言って、同行したドゥスン族は誰もやりたがらない。しまいに従軍経験のある警察官がそれを引き受けてくれた。頭骨は両方ともドゥスン族（エヴァンズの記憶が正しければ一つはキンシラバン村の男）のもので、その首のかつての「持ち主」の名前もまだ記憶されていた。[181]

簡単な記述だが、スマトラ島からも例がある。バプティスト派宣教師のバートンとウォードが一八二四年、トーマス・ラッフルズの命によりバタック族の地へ旅行した際には、住居の天井と屋根との間の空間が穀物の貯蔵場所としてばかりでなく、頭蓋の保管場所としても使われていたという。[182]

これらの他、やはり作物と首狩の関係を示す事例をいくつか引いておこう。東トラジャ族は果樹に頭皮を掛け、西トラジャ族は頭皮を地中に埋めれば大雨が降るとされていたので非常な日照りの際にこれを行うことがあった[183]。ニアス島では米杵を造る時に首が取って来られた[184]。スンバ島のレワで首狩に行ったのは、苗が生長するようにであり、獲た首に食べ物をやったのは、怒りを抱いて不作を引き起こすことがないようにであった。また同島では戦闘から帰った首狩人たちは村の生活に戻る前、米の上を歩くか米を振りかけられねばならなかった。さらに、トウモロコシの柱とか米柱と称される柱の周りで毎年、雨が降り作物がよく穫れるように祭（首祭？）が祝われた[185]。チモール島民の二つの物語は、米の収穫の後で翌年の収穫を確かにするために人間が殺されたと伝えている[186]。ウェタル島では獲った頭蓋を田畑の近くに吊し、首狩祭の時その周りで踊った[187]。フィリピン・ティンギアン族のもとでは、田畑の上に首の入った籠が見られた[188]。クリーガーによれば、フィリピンの多くの民族のもとでは、その前に首狩をしないことには稲の播種をすることができなかったと言い[189]、マノボ族は収穫が終わってから戦闘に出かけた[190]。

豊作をもたらす首

台湾原住民からも作物と首狩との関係を示す事例は少なくないが、詳細は次章に譲り、ここでは一例だけ挙げておこう。プユマ族知本村の頭目（首長）アシヴルが、一九六七年二月二八日、民族学者のシュレーダーに語った内容のごく一部である。シュレーダーの遺稿整理にあたったアントロポス研究所のクヴァック[191]から金子えりかが入手し、日本語に訳して発表したものだ。

敵の首を取れば、それは種に効く。だから、首は種の友なのだ。私の言うことは正しいだろうか？ 取った敵の首だよ、そう！ それは先人の伝統だ。切り落とした敵の首だ。首がなければ、獲物も、幸運も、収穫もない。そう言われている。だから、それ（首）は、言わば種の友だ。それが言われていることだ。しかし、考えてみれば、それは先人に習ったことで、この習慣はもうない。人をこの目的で殺すこと、敵でも誰でも殺すことはもうない。互いに争わなくても、互いの畑や領地を力ずくで取らなくても、待ち伏せはする。だから、我らは死ぬのだ。敵（の首）を取ったとき、我らは幸せだ。この習慣では、それ（首）は種の友だ。これについて先人が言うには、敵の髪の毛が呼び出された。これは我らの報復だ。もし我らがどこかよその村へ行って、敵に殺されたら、我らは山へ行く（猟に行く）、もし我らが殺されたら、報復する。こうして、突然、我らは首を取る。首狩ということについて、どう言えばよいだろう？ その頃、我らはそうすることしか知らなかった。我らの親族が死んだとき、我ら、子孫はこう言う。彼らが親を、祖先を殺したのだ、と。昔はこう考えた。私も血の報復をする、敵の首を切るよ、と。こうだったのだ。首を切れば、皆が喜ぶ。祖先、親の報復をしたのだ。もし我らが首狩の最中にどこかで死ねば、皆が喜ぶ。これは真の男だ、仕返しができる、祖先の仇を討てる、と。もしどこか戦場で死ねば、人々はそう考える。[192]

以上、首狩が収穫祭やその前後に行われたり、首が穀物倉や田畑に置かれたり、頭蓋と共に踊りが踊られたりする事例を見てきた。またこれらの中には明白に、首狩は豊作の確保のために行われると述べられたものもあった。

かつてハイネ＝ゲルデルンは、アッサムとミャンマーの首狩慣行およびそれをめぐる諸観念を詳細に検討した結果として、次のように述べた。「我々はかなりの確実性をもって、ワ族とナガ諸族が他の諸民族より古い形態の首狩を保持してきたと言うことができる。たとえば我々は、ガロ族・クキ族・チン族においては、首狩が農耕儀礼や豊穣呪術にかつて関係していた痕跡をまだ示しうるが、それはワ族においてのみならず、多くのナガ族においても表面に現れている」。そしてさらには、「東南アジアのどこにおいても首狩は単一の動機によって説明されうるものではなく、常に一連の動機が併存して働いている」と断りつつも、「最も重要なのは農耕および死者崇拝との関係であって、それどころかこの慣習全体の起源をここに、とりわけ前者に求めることも不可能ではないのである」と結論づけた。[193] ナガ諸族の首狩が豊穣観念と密接に関わっていたことはジェイコブズらも論じたところであり、[194] 極めて重要な要素である。終章で再び、この問題に立ち戻ろう。

内と外

ところで、農耕とのかかわりで今ひとつ見逃せない側面が首狩にはある。それは、幸を外から内へ運び込むという観念である。

ハイデルベルク大学に勤めた民族学者ヘーファーはかつて、アッサムの焼畑農耕民の宗教に関連して、この問題を採り上げた。彼によれば、多くの儀礼において村とその周囲という対立が明白に表現されている。人間が常にいる場所としての村は、何か馴染みが薄く、不気味で、否、それどころか災いに満ちた領野に取り囲まれている。例えば猟獣に対する忌詞や祭における村の閉鎖などはそうした対立の好例である。農耕季の初めと終わりに行われる毎年の例祭においては、豊穣とのかかわりで特定の対立、例えば〈内〉（村）と〈外〉（森、田畑）、生と死、男と女、老と少、肉食と菜食といった対立が強調される。例えば祭の諸部分の一つにおいて中心となるのが常に村から森へ出て行くことか持って行くこと（供犠や武器などを）であるのに対し、別の部分は入って来ることや何か〈外〉で得た物を村へ持って来ることから成っている。「大抵――時には単に象徴的な――儀礼的狩猟や戦闘（首狩）が行われるのであり、その成功は翌年の苗や家畜の生育をもたらすのである」[195]。

大林太良によれば、このように幸を外から内へもたらすという観念は、東南アジアの、ことに焼畑農耕民において広く見られるものであった。本章で扱った首狩の他、いくつかの事例が挙げられている。

たとえば中部ベトナムのカトゥ族においては、悪い死に方をした者がいる時や、凶作、女呪術師の病気、何か重大なことが近づいている時などに、森で殺した犠牲者の血に槍を浸し、死体は森に置き去りにしたまま、村の若者宿に戻って祭宴を催した[196]。このカトゥ族が、本章冒頭の首狩分布図（一一四頁、図3－1）に出てきた〈血の狩人〉である。

他にも南ベトナム山地のバナール族では、異常な形と色を持ち中に精霊が宿ると言われる呪石を見つけると村に持ち帰ったが、特に〈戦争の呪石〉と呼ばれる物は小さな竹籠に入れられて若者宿に保存され、村の保護者として尊敬された。そして同族の別の種類の呪石は路上で拾って持ち帰り、稲の豊穣と収穫物の貯蔵を監視してくれるために、まず畑に埋め、収穫後米倉に運び、米の中に埋めたのである[197]。

大林はこれらの例に加え、アンガミ・ナガ族が村の戸を運び込む行事や、雲南のワ族が木鼓を村に運び込む行事なども踏まえ、次のように論じた。

つまり、これら一連の行事や習俗の基礎には、幸を村の外から内へ運び込むという観念が潜んでいる。ところで、上に紹介した東南アジアの事例の大部分は、山地の焼畑耕作民のものであった。これら山地諸族では、木や太鼓や石や血がとってこられる外界は森であり山である。彼等の世俗的な世界たる村ないし里に対して、森や山は聖なる世界である。それは一方では病魔のような悪霊が潜む所として、他方では共同体の幸福と安寧の源泉として、両価的な意味における聖なる世界なのである。この地域における山の精霊も、一方では悪霊として、他方では農神として現れる[198]。

本章で見てきたさまざまな事例からも、こうした見方は支持される。首は遠くからもたらされる方が収穫のためによい、というワ族の事例などからすると、内と外という観念は、首狩を支える一つの重要な要素であった。そしてその観念は、恐らく人身供犠においてはやや背景に後退している。

またこの関連においては、東南アジア島嶼部の首狩における内と外の観念の検討が残されている。ボントック社会で危険な「外部」から「豊饒」をムラ内にもたらす活動の一つとして首狩をとらえた合田の研究や、ボルネオ山地民にとって首狩や出稼ぎ、交易などを行うことで富や権威、名誉、豊穣などを獲得する外部世界として海の世界や平地世界をとらえた石井の分析は、この問題に手がかりを与えるものと言えるだろう[199]。

ところで、つい先ほど見たプユマ族頭目の言葉には「首がなければ、獲物も、幸運も、収穫もない」とあった。これはどういうことだろうか？　実は、首狩によって確保されるのが作物の豊穣に限られないという事例は、他にも存在する。

たとえば陸ダヤク族では首狩が終わった後に祭が催され、取った首、またはむしろそれと同一視されている敵の霊に対し、彼を慰め友とする目的で供物が捧げられた。これについてスペンサー・セイント・ジョンは次のように述べている。「首に食物が捧げられ、かくしてその霊はなだめられて、今や棄てられた胴体をかつて飾っていた頭蓋を所有することになった者たちに対して、悪意を抱いたり危害を与えようとすることをやめるのである」。そして、こうした祭すべての「目的は、稲がよく生長し、森が野生動物に富み、獲物を捕らえる際に猟犬や罠がうまく働き、川に魚が群がり、人々を健康で活発にし、女たちを多産（ファーティリティ）にすることである。これらすべての恵みを確かなものとするには、新鮮な首を所有し祭ることが最も効果的な手段と考えられている」[200]。

この事例では、首狩がもたらす幸の範囲は実に広くとらえられており、作物のみならず狩猟や漁撈、そして人間の健康や多産にまで及んでいる。このことはまた、すでに見てきた以外のさまざまな諸契機から首狩が行われることがあった事実にも対応している。たとえば首狩は、疫病や旱魃に際して行われることもあったし、またニューギニア島南部では子供の命名時になされることもあったのだ[201]。

カヤン族の首長アバン・アヴィットが首狩について語った次の言葉には、そのようにさまざまな幸を村外から村内へもたらすものとしての首狩の本質が込められているように思われる。「それは古い慣習だ。よい、有益な慣習だ。我らの父から、父の父から伝えられてきた。それは我らに恵みをもたらし、豊かな収穫をもたらし、病気を遠ざけ、痛みを遠ざける。かつて我らの敵だった者たちはこうして我らの守護者に、友に、恩人になる[202]」。

人類学者マッキンリーやフリーマンも述べたように、外部の敵を内部の友に転換し、後者は集団内に幸をもたらすという論理が、首狩には存在していたのである[203]。そのことはまた次章と終章で検討することにしよう。

狩猟とのかかわり

これまで、首狩と農耕の関係を強調してきたが、同時に狩猟との密接なかかわりも見逃すことができない。首狩(ヘッドハンティング)と狩猟(ハンティング)の間には、行動様式や観念において、さまざまな共通点が見いだされるのである[204]。たとえばどちらを行うにしても、まずは鳥占などによって吉凶が卜される例が多かった。また獲得し持ち帰られた首に対して、酒食を捧げ宥和(ゆうわ)を行った点もよく似ている。

例として台湾ブヌン族タマロアン社からの報告では、熊を獲ってから獲った人だけで熊を祭った。獲ったその場に熊の頭を置き、それを中心に右から三回廻りながら、瓢箪に入れた酒を手に持ち、右の指で三回熊の頭に注いだが、これは獣が再び獲れるように、粟などの食料も充分出来るように、と祀る意であった。

熊を獲って村に入る前、村が見えるようになると、「気持のよい」唄を歌った。短い唄だが長く声を引いて山にコダマするように歌うもので村の人々に知らせるのだった。この唄声を聞いて村では酒の用意をした。村の近くに来ると集まって火を燃やして煙を上げ、合図をした。この時、焚火の横に熊の頭を置き、榛の木（現地語カイノナン）の枝を各自が一本ずつ取って来て手に持ち、それで順々に熊の頭を叩いては火中に入れて燃やした。別に榛の木祭というのもあり、また首狩後の首祭でも榛の木を立てた。

帰村すると家の中でまた酒を注ぎかける酒祭をした。これは家の中央の奥の人の通らぬ所で台の上に熊の頭を置き、右から三回廻って酒を注ぐのである。その後に頭を煮て食べたが、決して粟と一緒には食べないことは各村共通であった。熊の皮は獲った人が自分で使用してはいけなかった。再び獲れるように自分では使わずに、他人に譲った。譲ってもらった熊皮は雨の時に毛を外にして着た。家の中央の奥に熊の頭骨などを祀った。

獣架（カイバザン）があり、毎年一回、耳打祭（後述）の時に酒をあげて祀り、その時に新しい頭骨を古い獣骨の中に納めた。なお、この金子総平の調査時には、この獣架はもう処分されて見ることができなかった。「というのも、それに伴う迷信等が理蕃上差障りになるので地中に埋めたのである」[205]。

ここに出てくるような獣骨の保存、ことに獣骨が人頭骨と一緒に保存される例は、他にも数多く知られている。たとえばタンクル・ナガ族の家々には、彼らが殺したのであろうあらゆる種類の動物の頭骨が吊されており、中には魚の骨さえあった。しかし彼らは、人頭の吊されていない家は空っぽ同然と見なしていたという[206]。

またボルネオ島東南部のオロ・ガジュ族では、その所有者から種々の災厄や病気を遠ざけてくれる護符（タリスマン）をパガトホと呼んでいた。そのためこれは非常な敬意をもって扱われ、供物が捧げられていた。パガトホは獣骨、魚骨、木片、小石など種々の物から成っていたが、人頭骨から成ることも稀ではなかった。人頭骨は死んだ血族のものである場合もあったようだが、動物学者グラボフスキーらの報告によると、大部分は鋭利な道具で胴体から切り離した痕があり、戦闘や不意討ちで殺した敵のものだろうとのことであった[207]。

狩猟と首狩の共通点はこれだけではない。両者に際してのタブーにも同じものがあった。たとえば、ボルネオ島ガジュ・ダヤク族の支系ドゥホイ族やカティガン族は首狩に行く際、夫は妻と七日間離れて寝なければならなかったが、野猪狩りに際しての分離は一日に限られていた[208]。またセラム島ウェマーレ族のもとでは、参戦する男たちは戦闘の準備として山刀（現地語パラン）を二、三日間にわたって川岸の特定の石で研（と）いだ。この時点から参戦者たちは性的に節制せねばならなかった。夫にとって特に危険だったのは狩猟や戦闘に出ている留守中の妻の性的不貞であり、これは大抵、致命的な結果をもたらすとされた[209]。

これらの他、成功した戦士と狩人のしるしが時に入れ替え可能であったことは、パイワン族の事例で見たとおりである。以上さまざまな事実に見られるように、首狩と狩猟、ないし人骨と獣骨に対する観念には類似したものが認められる。両者の間に本質的な違いはなく、むしろ単なる程度差として理解しうる場合さえある[210]。けれども他方において首狩は、まったく狩猟的ではない奴隷供犠のような慣習との結びつきを見せる場合もあった[211]。

再び〈首狩文化複合〉について

以上、本章では一九世紀から二〇世紀前半の東南アジア各地において、首狩慣行が種々の類似点を有していたのみならず、装飾や芸術、成年式・結婚・葬儀といった通過儀礼、他界観、人身供犠や動物の供犠、作物と豊穣の観念など文化のいろいろな側面と結びついて、全体として〈首狩文化複合〉とも称すべき様相を構成していたことを、個々の具体的事例に即して見てきた。

首狩の東南アジア諸社会における重要性は、すでに幾度も指摘されている。ハイネ゠ゲルデルンによれば「東南アジアにとって非常に特徴的な首狩」は、「宗教生活のほとんど一切の重要な面と社会生活の多くの面とに関連があるということからだけでも、すでにその大きな意義の明らかな社会的・宗教的慣習である」[212]。またクビチェックの表現では「生命力および豊穣の観念複合と密接に結びつき、東南アジアの諸部族社会の社会・宗教生活の重要な側面をなす、首狩と人身供犠[213]」と言われている。台湾原住民についても金子えりかは、「伝統文化における首狩の核心的な価値[214]」と述べた。

しかしそれにもかかわらず、東南アジア各地におけるこの〈首狩文化複合〉を全体としてとらえ、その諸特徴を概観する試みは、ことに我が国では非常に少なかった。本章は、ハイネ＝ゲルデルンやシュースターといった先学に導かれながら、その空隙を埋めることに努めたものである。もちろん、多くの欠点が存在することを私は自覚している。利用した諸典拠に対する資料批判の不足、地域・民族ごとの歴史的・社会的特性の検討が不十分であること、植民地諸勢力と被統治者としての首狩民との政治的関係や歴史的動態があまり扱われていないことなど、思いつくだけでも多くの批判がありうることは承知している。これらの批判的視点から、この地域の首狩史研究がよりいっそう進められることを望みたい。

註

（1）Rutter 1929: 182.
（2）Schouten Patuleia 1992, Coiffier & Guerreiro 1999.
（3）Schuster 1956: 2.
（4）Hose & McDougall 1912 II: 38.
（5）Heine-Geldern 1917: 6.
（6）Heine-Geldern 1923: 932, 邦訳：三九〇。
（7）Scott & Hardiman 1900: 502.
（8）Perelaer 1870: 168.
（9）Haddon 1901: 107–108, 抄訳：一〇六－一〇七、改訳：九八。
（10）Major（ed.）1857: 9.
（11）Cooper 1873: 189–190.
（12）Heine-Geldern 1917: 11.
（13）Haddon 1901: 325-326, 抄訳：二四二－二四三、改訳：一八八。
（14）Hose & McDougall 1912 I: 187, 抄訳：一六六。
（15）Klokke 2004: 151.
（16）妹尾〔一九五七〕：二七。
（17）R. Rosaldo 1980, M. Rosaldo 1980.
（18）合田　一九八九：二。
（19）Schuster 1956: 8.

(20) Jensen 1948: 241-242.
(21) Shakespear 1912: 56.
(22) Heine-Geldern 1917: 8.
(23) Hinlopen & Severijn 1855: 329-330.
(24) Hodson 1911: 114.
(25) Schuster 1956: 8.
(26) Schuster 1956: 9.
(27) Volmering 1914: 1462.
(28) Ling Roth 1896 II: 121.
(29) Ling Roth 1896 II: 121.
(30) Schuster 1956: 12-13, 高山　二〇〇三：二〇八－二〇九。
(31) Schuster 1956: 12.
(32) Pleyte 1891: 938.
(33) Hutton 1928: 405.
(34) Adriani & Kruyt 1912-14 I: 259.
(35) Volmering 1914: 1474.
(36) Worcester 1912: 889, 893, Beyer & Barton 1911.
(37) Worcester 1912: 911, Jenks 1905: 182.
(38) MacRae 1803: 188, 195-197.
(39) Rawlins 1799: 190-191.

(40) 岩崎　一九三一：八五－九〇。
(41) Schuster 1956: 20–22.
(42) Schuster 1956: 20.
(43) Godden 1897–98 XXVII: 15, 39, Heine-Geldern 1917: 17–18, Hutton 1921: 238–240.
(44) Schuster 1956: 20–21.
(45) Worcester 1912: 877–878.
(46) Moss 1920: 214, 289–294.
(47) Schuster 1956: 10.
(48) Barton [1919]: 70.
(49) Schuster 1956: 10.
(50) Hodson 1911: 115.
(51) Heine-Geldern 1917: 15.
(52) Schuster 1956: 10–11.
(53) Adriani & Kruyt 1912–14 I: 220–221.
(54) Schuster 1956: 11–12.
(55) Jenks 1905: 179–180.
(56) Schuster 1956: 27–30.
(57) Low n.d.
(58) Rutter 1929: 192.
(59) Schuster 1956: 25–26.

(60) Heine-Geldern 1923: 933, 邦訳：三九一。
(61) Schuster 1956: 26.
(62) Evans 1923: 12.
(63) Modigliani 1890: 217, Kleiweg de Zwaan 1913: 35.
(64) Schuster 1956: 27.
(65) Heine-Geldern 1917: 18, Schuster 1956: 22–24.
(66) Haddon 1900.
(67) Hose & McDougall 1912 I: 121, Schuster 1956: 24.
(68) Schärer 1946: 167, 邦訳：一八四。
(69) Schuster 1956: 23.
(70) Schuster 1956: 23–24.
(71) Worcester 1912: 907–908.
(72) Heine-Geldern 1917: 18.
(73) Mills 1926: 204–205.
(74) Schuster 1956: 24–25.
(75) Klemm 1898: 292, Heine-Geldern 1917: 18.
(76) Woodthorpe 1882: 199, Plate XVIII fig. 2, Godden 1897–98 XXVII: 188.
(77) Mills 1922: 28–29.
(78) Mills 1937: 45.
(79) Hodson 1911: 115–116.

（80） Godden 1897–98 XXVI: 16.

（81） Scott & Hardiman 1900: 502–503.

（82） 《民族問題五種叢書》（Minzu...）（編） 一九八三、二、山田敦士 二〇〇九：一六二‐一六三。

（83） Heine-Geldern 1917: 5.

（84） Heine-Geldern 1917: 19.

（85） Formoso 2000, 2004.

（86） Obayashi 1966: 72, 大林 一九九八：一五三。

（87） Schuster 1956: 46.

（88） Furness 1902: 65.

（89） Mjöberg 1929: 257.

（90） Kruyt 1938 II: 148.

（91） Hose & McDougall 1912 II: 22, Nieuwenhuis 1904–07 I: 94–95, 355.

（92） Haddon 1901: 400, 抄訳：三二八‐三二九、改訳：二七六。

（93） Schuster 1956: 29.

（94） 宮武 一九四三：五八、七六‐七八、Worcester 1912: 911, Kroeber 1943: 172, 合田 一九八九：二一。

（95） Nevermann 1968: 85.

（96） Fürer-Haimendorf [1939]: 188, 205, 207–224.

（97） Fürer-Haimendorf [1939]: 209.

（98） Schäffler 2006.

（99） Wilken [1886–87]: 520–521.

(100) Heine-Geldern 1917: 17.
(101) Hodson 1911: 32-33, Godden 1897-98 XXVII: 14.
(102) Woodthorpe 1882: 60.
(103) 岩崎　一九三一：八一－八三。
(104) Hose & McDougall 1912 II: 123.
(105) von Dewall 1855: 449.
(106) Graafland 1867-69 I: 272.
(107) Heine-Geldern 1917: 19, Schuster 1956: 31-39.
(108) Furness 1902: 2.
(109) Woodthorpe 1882: 59, 62, 65, Heine-Geldern 1917: 16.
(110) Hutton 1921: 29, 391-392.
(111) Hose & McDougall 1912 I: 162-163, 抄訳：一四七、II: 59-60, 1901: 180, Schuster 1956: 16.
(112) Pleyte 1885-86 IV: 314, Wilken [1889]: 61.
(113) Pleyte 1885-86, Thomas 1908: 505.
(114) Heine-Geldern 1917: 16, Hutton 1921: 391-392, Wilken [1889]: 61, Schuster 1956: 36.
(115) McGovern 1922: 119, 181, 1923: 59, 105.
(116) Mills 1922: 12-13.
(117) Godden 1897-98 XXVII: 15.
(118) 大林　一九五五：八二－八九。
(119) Peal 1874: 477-478.

(120) Peal 1893: 247.
(121) Hodson 1911: 121, Heine-Geldern 1917: 15.
(122) Hose 1894: 166–167.
(123) Whitehead 1893: 106, Hose & Shelford 1906: 78–79, de Crespigny 1858: 348.
(124) Rutter 1929: 117.
(125) Hambly 1925: 238.
(126) Reinaud 1845: 7.
(127) Mess 1881: 92–93.
(128) McGovern 1922: 110, 159–160, 1923: 52, 89.
(129) Ling Roth 1896 II: 163–166.
(130) Schuster 1956: 83–92.
(131) Klemm 1898: 303, 364, Heine-Geldern 1917: 17.
(132) 小川／浅井　一九三五：五六九。
(133) 大林　一九六八：七二〇。
(134) Hose & McDougall 1912 II: 41.
(135) Nieuwenhuis 1904-07 I: 451–468, Hose & Shelford 1906: 67–68, Hose & McDougall 1912 I: 252, 抄訳：二三三。
(136) 三浦　一九八八。
(137) Carey & Tuck 1896: 196.
(138) Shakespear 1912: 78–79.

(139) Dalton 1872: 45.

(140) Godden 1897–98 XXVII: 15, 40.

(141) Graafland 1867–69 I: 272–275, Padt-Brugge 1866: 317–318, Kruyt 1899, Pleyte 1891: 923–924.

(142) Cole 1922: 286, 372–373.

(143) Fisher 1840: 836–837.

(144) Shakespear 1912: 60, 200, 220.

(145) Parry 1932: 205–206.

(146) Haddon 1901: 395, 抄訳：三二一－三二二、改訳：二六七－二六八。

(147) Schuster 1956: 62–63.

(148) St. John 1862 I: 71.

(149) Schuster 1956: 63.

(150) Eliot 1796, Godwin-Austen 1873: 394, Playfair 1909: 77–78.

(151) Rutter 1929: 164.

(152) Adriani & Kruyt 1912 I: 359–360.

(153) Roos 1872: 59.

(154) 大林［一九六五］：一五八－一五九。

(155) Heine-Geldern 1917: 14.

(156) Wilken [1889]: 56–59, Heine-Geldern 1923: 931, 邦訳：三八九－三九〇、Schuster 1956: 75–79, 高山 一九七二、大林 一九七三、黄（Huang）［一九九〇］。

(157) Middelkoop 1963 I: 8–9, Roque 2010: 234.

(158) Graafland 1867-69 I: 286, van Spreeuwenberg 1844-45, Riedel 1872: 503, 559, Wilken [1889]: 57.
(159) Kruyt 1938 II: 40, 45-49.
(160) Tromp 1888: 72, 1889: 293, Nieuwenhuis 1904-07 II: 177-180.
(161) Riedel 1886: 286.
(162) 宇野　一九三〇：七九四－七九五。
(163) Heine-Geldern 1917: 12, 28, 31.
(164) Kruyt 1906: 297-298.
(165) Scott & Hardiman 1900: 500-501.
(166) Godden 1897-98 XXVII: 9.
(167) Butler 1855: 189.
(168) Mills 1922: 230-231.
(169) Heine-Geldern 1917: 12.
(170) Gait 1898: 60, Hutton 1921: 161.
(171) Schuster 1956: 73-75.
(172) Hose & McDougall 1912 I: 114, 抄訳：一〇四。
(173) Rutter 1929: 200-201.
(174) Schuster 1956: 73.
(175) Worcester 1912: 877.
(176) Sarasin & Sarasin 1905 I: 371.
(177) Kruyt 1938 I: 400, II: 619, IV: 131-133, Sarasin & Sarasin 1905 II: 45.

(178) Elbert 1911-12 I: 266-267.
(179) Kruyt 1938 I: 427-429.
(180) Adriani & Kruyt 1912 I: 240-241.
(181) Evans 1923: 22-24.
(182) Pleyte 1891: 912.
(183) Kruyt 1938 II: 150.
(184) Schröder 1917: 446.
(185) Kruyt 1922: 557, 560-564, 567.
(186) Kruyt 1923: 429, 431-432.
(187) Elbert 1911-12 II: 238.
(188) Cole 1922: 372.
(189) Krieger 1942: 72.
(190) Blumentritt 1882: 49.
(191) Schröder & Quack 1979: 49-55.
(192) 金子　一九九九：一三七。
(193) Heine-Geldern 1917: 19, 1923: 931, 邦訳：三八九。
(194) Jacobs [1990]: 116-129.
(195) Höfer 1975: 56-59.
(196) Le Pichon 1938: 391-397.
(197) Guerlach 1887: 457, 466-467.

(198) 大林　[一九七五]：二七四－二七八。

(199) 合田　一九八九：三五四－三六〇、木佐木　一九九六：六六－六七、石井　二〇〇二：二四。

(200) St. John 1862 I: 187, 193-194.

(201) Wilken [1889]: 79-81, Vertenten 1923, Boelaars 1981.

(202) Furness 1902: 59.

(203) McKinley 1976, Freeman 1979.

(204) 宇野　一九三〇：八六三。

(205) 金子　一九四二：七六－七八。

(206) Godden 1897-98 XXVII: 16, Heine-Geldern 1917: 20-21.

(207) Hardeland 1859: 410, Grabowsky 1888: 133.

(208) Lumholtz 1920 II: 335.

(209) Jensen 1948: 242.

(210) Heine-Geldern 1917: 20-21.

(211) Schuster 1956: 51.

(212) Heine-Geldern 1923: 930, 邦訳：三八七。

(213) Kubitscheck 1984: 209.

(214) 金子　一九九九：一三一。

第4章　台湾原住民の首狩

台湾の原住民

台湾は、複雑な住民構成を持っている。漢族が圧倒的多数を占める中で、五〇万人ほどの「原住民」ないし「原住民族」と公称される人々が住んでいて、彼らのもともとの言語はオーストロネシア系だった。公的には一四の民族が認定されているが、かつては、そして今でも他に複数の民族がいて、第二次大戦以前はおおよそ図4－1のような範囲に分布していた。

伝統的には焼畑で粟を栽培し、これが食料としても儀礼の上でも非常に重要だった。そして、蘭嶼のヤミ（タオ）族を除いてはすべて首狩を行っていた。日本は一八九五年から一九四五年までの半世紀にわたって台湾を統治したので、この期間に同島を訪れた人々は、その実態や動機について、さまざまな研究を残している。本章では、主としてこうした研究史に基づきながら、台湾原住民の過去の風習である首狩について、くわしく見ていくことにしよう。

図4-1　台湾原住民の分布、明朝体はいわゆる「平埔族」(著者作成、第二次大戦前の大まかな居住地)

探検の時代

台湾原住民の首狩については、すでに分厚い研究の蓄積が存在している。それらはおおよそ、年代順に五つに区分できる。

第一期は、一八九五年（明治二八）に台湾が日本に割譲された直後の時期である。とりわけ伊能嘉矩、森丑之助、鳥居龍蔵の三人は、自ら首狩の標的となる危険を冒しながら、また台湾原住民諸族（当時「生蕃」「蕃族」などと呼ばれた）の分類すら満足に行われていなかった状態から、文字通り手探りの探検を重ねつつ、次第にこの島の住民たちへの理解を深めていった。彼らの研究はそうした生き生きした踏査体験と、実地の見聞をもとにした貴重な記録、そしてそこから導かれた洞察を含んでいる。

特に首狩にかかわるものとしては、まずは伊能の「生蕃の Head-hunting」「北部地方に在る生蕃の Head-hunting（首狩り）」「台湾に於ける蕃族の戦闘習慣」「Dyak の Head-House と台湾土蕃の公廨」「台湾のツァリセン蕃族に行はるゝ頭顱狩り（Head-hunting）の習慣」など『東京人類学会雑誌』に発表された一連の論文、そして没後出版された『台湾文化志』が挙げられる。(1)伊能は漢文史料の渉猟、原住民出身者からの聞き書き、そして数度にわたる実地踏査をふまえ、台湾原住民における首狩慣行を共時的・通時的に記述した。

対して森は、漢文史料に対する言及は少ないが、現地調査を通じ実感と共に獲得した知識にかけては、伊能を凌駕していたかに思われる。森の論文「生蕃の首狩に対する感念と其習慣」「ブヌン蕃地及其蕃人」、『台湾蕃族志』第一巻「首狩」の章、そして『台湾蕃族図譜』全二巻所載の貴重な写真資料などは、そうした森の血肉となった知識を今に伝えている。(2) 他方で鳥居は、首狩についての専論は残さなかった。しかし踏査記録や写真の形で、世紀転換期台湾の情景を生き生きと描いた点は、二人の同時代人と共通している。

彼らはまた、台湾で首狩がなぜ盛んになったのか、その理由をさまざまに考察している。たとえば伊能は、清代諸史料の検討から次のように論じた。台湾原住民が「移殖漢人」、つまり台湾海峡の対岸から渡って来た漢族系移民を通じて、銃器を所有するに至ったのは乾隆年間(一七三五-九五年)中葉以降であり、乾隆末年には「土蕃中盛に銃を所有する者あり」、かくて「土俗的の一革新」がもたらされたのである。(3) 森も恐らくこの説を受けて、一九一三年の講演中、銃器移入と樟脳製造を(特にタイヤル族における)首狩激化の二要因として、次のように述べた。

もっとも、台湾蕃人に銃器が始めて伝わりました時代は、今より約百余年前の乾隆末年でありましょうが、これは少数の火縄銃でありました。新式精鋭なる銃器が多く彼等蕃人の手に落ちしは、劉銘伝〔一八八五-九一年の台湾巡撫〕が鋭意蕃地の開拓に着手せし頃にあります。……またもう一つ、多くの銃器が入るようになったのは、首狩りという慣習、元々ある慣習でありましょうが、それを一層今のように盛んなるに至らしめたということは、北蕃〔タイヤル族〕の土地は極めて樟(くすのき)が多い、それがために樟脳を造る、樟脳製造ということは山地の仕事として最も利益ある仕事の一つとなっております。それがために企業家が競争して各方面に入りまして、事業家同士競争して、ついには蕃人をして一種の弊(へい)風(ふう)を作らせましたようなことで、それらの機会から多数の銃器は蕃人の手に移り、また蕃人がそれらの銃器を得るとともに彼等が悪戯(いたずら)をします。彼等がさまで必要もなき場合にも首狩りするも一種の悪戯です。この悪戯を防ぐために多くの銃器を持った所の防御のための人〔隘勇(あいゆう)・隘丁(あいてい)と呼ばれた〕が置かれまして、それらの人が自然に蕃人に接することが多くて、それとともに掠奪さるることが多く、中には狡智の商売人は利に迷って、これを蕃人に密売するあり、ついに北蕃に多数の銃器が入り、またそれとともに首狩の弊風をして一層今のようなことにならしめたのであろうと思います(4)。

とは言え台湾全体を見渡すならば、日本の領台当時、首狩はすでに衰退の道をたどっていた。一九〇〇年、伊能が粟野伝之丞と連名で出した『台湾蕃人事情』には、その頃における首狩の状況が次のように書かれている。

馘首の慣習の如き、現時にありてはアタイヤル族をもって首となさざるべからず。その他スパヨワン族の一部なるテポモマク（上蕃社）、及びヴォヌム族のあるもの、ことに移殖ヴォヌム乃ちセブクン、及びツァリセン族の中に罕に行わるるに過ぎざれど、往時にありては各族を通してその慣習の盛んに行われしは事実にして、その現時罕に行わるるは、すなわち旧態の遺存と認むべきなり。……アミス族に至りては、今はほとんど馴化の人類なれども、北部奇萊地方のアミス族の如き、生存の必要上しばしば山中のアタイヤル族と戦さを交え、敵抗者を殺害することあれば、その首を馘して架上に暴露するの風あり。この風習の固有なるや、はた模擬（すなわち威畏示勇の目的より山蕃の風を模擬せしもの）なりやは判然たらざるも、とにかく現在アミス族の少数なるある一部には馘首の風行わるるは事実なり[5]。

同書はさらに、各族において首狩が衰えた過程を、歴史史料からもう少しくわしく描いてもいる。それによれば、ブヌン族では「今や馘首の風ようやく薄らぎ、ある部落のごとき、全くその風を絶てりと言うも不可なし。もっとも今より六、七十年前の頃までは馘首の風盛んに行われたりしことは、漢人の手に成りし旧記手録の中にしばしば見る所なり[6]」。

また「ツァリセン族」つまりルカイ及び北パイワンも、「またもと殺人馘首の多少をもって勇健の高下をなすの風ありし人類にして、漢人の記録に徴すればおよそ百五、六十年前後の頃までは馘首の風盛んなりしもののごとく、かつこれを屋内に愛蔵するの風あり、……しかして雍正元年〔一七二三〕以来数回、清政府のために討伐せられ、ここにその旧慣を一変し、人頭に代うるに獣頭をもってするの風を生ずるに至りしは、乾隆の末年ないし嘉慶〔一七九六－一八二〇〕の初年頃なりしがごとし(7)」。

そしてツォウ族でも「今やまったく馘首の風を中止したるも、かつて殺人馘首の風盛んに行われ頭顱を愛蔵せしことは、その共同会所すなわちクッヴァの中に、その祖先がある時代において生命を賭して馘首せる人頭を保存し、かつこれを勇誉の紀念視しつつあり……、しかして清領となるに及びても依然馘首の風を絶たざりしが、清暦康熙六十一年〔一七二二年〕諸羅県の知県孫魯という人、懐くるに恩をもってし威すに兵をもってせる結果、各社蕃をして人を殺さざることを誓わしめ、初めて撫に就きしより、漸次その風薄らぎ、ついに現状をなすに至れるなりという(8)」。

このように首狩は廃れつつあったが、たとえばツォウ族の集会所には依然として頭骨が保存されていた(9)。しかし「理蕃政策」の展開とともに、頭骨の回収・埋葬が進められた。たとえば森が一九一七年に記したところでは、「宜蘭庁においては、南澳蕃および渓頭蕃の所蔵せる頭蓋骨を全部提出せしめ、これを宜蘭街に埋葬して紀念塔を建造し、また南投庁においては各蕃社の頭骨架にある頭蓋骨およびその他に保存せるものを集め、各蕃社ごとに一定の地に埋葬せしめたり、各地方の蕃社にありし頭蓋骨はおおむね廃撤し、現今にてはまたこれを見ること得ざるに至れり」[10]。たとえば宜蘭では、一九〇九年（明治四二）にタイヤル族カライサン群の首級百数十個を埋葬し、ここに「献馘碑」を建てている[11]。

なお、森丑之助には一つのエピソードがある。彼は「猫に鰹節なら人類学者に髑髏(どくろ)」とばかり、科学的研究の資料としてこうした頭骨を持ち帰ったこともあり、「首取懺悔(ざんげ)」という一文を発表してもいる。それによると彼は、ツォウ族の男子集会所に泊まった折、そこに保管されていた五個ほどの頭骨をこっそり荷物にしのばせ、持ち帰ることにした。ところが翌日の移動中、荷がほどけて数個は露顕し、「激昂憤怒せる蕃人」をなだめて、どうにか二個は東京帝人の標本室に寄贈したのであった[12]。このことは、前章（一四九頁）で見たフューラー＝ハイメンドルフが、アッサムでの自らの行為を振り返って「首狩白人」と称していることを思い出させる。

台北帝大の調査研究

第二期の研究は、こうして馘首慣行がある程度下火になった明治末から大正期のものである。臨時台湾旧慣調査会・台湾総督府蕃族調査会によりまとめられた『蕃族調査報告書』全八冊[13]および『番族慣習調査報告書』全八冊[14]という合計十六冊の中に、「馘首」ないし「出草(しゅつそう)」といった項目下、各族の首狩に関する記述が見られる。そこには、第一期の研究よりもさらに仔細に、時に口述者まで明記した上で、その地域における当時の状況が記録されている。たとえばツォウ族サアロア群のように、「馘首の弊習久しく絶えて、その方法を語る者ほとんど無し[15]」というような場合もあったが、首狩の各場面を彷彿させるような生々しい描写も、数多く集められている。本章もこの両シリーズを、基本資料として大いに活用した。

第三期になると、一九二八年（昭和三）に創設された台北帝国大学を中心として、多くの研究が生み出された。とりわけ社会学の岡田謙（ゆずる）は「首狩の原理」および「アタイヤル族の首狩」において[16]、ツォウ族とタイヤル族での実地調査に基づき、首狩の本質を「社会の拡大のための供犠」「集団精神拡大の手段[17]」ととらえた。また彼は、「年齢階級の社会史的意義」と「青年集会所の軍事的意義[18]」では、アミ・プユマ・ツォウ族の集会所と年齢階梯（かいてい）制が首狩にとって持つ重要性を指摘した。

他方、宗教人類学の古野清人も主に一九三〇年代、台湾各地でフィールドワークを行い、首狩についての貴重な聞き書きを残している。彼の「首狩」という論文、そして『高砂族の祭儀生活』所収の「サイシアト族の首祭」「高砂族の首狩資料」といった章には、首狩を農耕儀礼と見る彼の視点に沿いながら、多くの口述記録が収められている[19]。とりわけアミ族やプユマ族の首狩に関しては、第二期までに集められた資料が少なかったこともあり、古野の記録が持つ価値は際立っている。また寺沢芳一郎の手になる「ブヌン族の出草と狩猟[20]」には、特に首狩の行程が詳しく述べられており、同時期に台湾各地を調査した馬淵東一の著作の中にも、首狩への言及がしばしば見いだされる。

ただしこの時期、台湾では首狩はほとんど跡を絶っていた。たとえば一九三〇年、宮本延人(のぶと)は次のように記している。「生蕃といえば直ちに首狩を聯想(れんそう)する程、台湾蕃族の首狩は有名である。ブヌン族の一部を除いて今日ではほとんど首狩の風習は警察の努力で消滅し、首棚も大部分撤廃され、簡単に見る事は出来ないようになってしまった(21)」。

しかし、首狩の経験者はまだまだ多かった。岡田によれば、「北ツォウ族はここしばらく首狩を行わない。しかし、現在の壮年男子は多くブヌン族と争い首狩にも出掛けた経験を持っているから、普通言われているような久しい間この風習を忘れている種族ではない(22)」。そして古野も言う、「清国の領有後、ことにわが領台〔日本の台湾領有〕後にこのような蛮風は禁圧されてほとんどまったくその跡を絶つようになったのである。しかし、高砂族の故老のうちには、自ら首狩りの経験を有している者もまだ少なくない。また首狩りに関連する各部族の伝承や祭儀も鮮明に記憶されている(23)」。

この時期の研究は、主としてこうした首狩経験者へのインタビューにもとづいた一次資料と、台湾以外、特に東南アジアの資料との比較に基礎をおく理論構築とが結びついている点に特徴がある。

タブー化された記憶

聞き書きから首狩の状況を再現しようという努力は、第四期にも継続された。第二次大戦後、台湾大学考古人類学系と中央研究院民族学研究所が中心となって、台湾原住民調査を進めた時期である。まず前者の教授を務めた凌純聲（りょうじゅんせい）は、一九三〇年代に中国雲南省卡瓦（カワ）族のもとで行った首狩調査のデータを、台湾原住民の首狩資料と比較して「雲南卡瓦族與（と）臺灣高山族的（の）獵首（くびかり）祭」という論文[24]を発表した。その際、戦前に日本人研究者により蓄積されていた資料をもとに、タイヤル、サイシヤット、ツォウ、ブヌン、パイワン、アミの六族における首狩文化要素の一覧表を作成している。そこでは、原因、時期、占卜、猟隊（首狩隊）、出発、襲撃、凱旋、祭首、頭袋、頭架、頭椿（頭を挿す杭）、祭壇という一二の要素が比較されており、大変すぐれた表である。

恐らく凌の影響下、同系で学んでいた何廷瑞（かていずい）は、そこに所蔵されているタイヤル族の首狩関連標本について報告した後（「本系所藏泰雅（タイヤル）族獵頭（くびかり）衣飾標本」「有關泰雅族獵頭儀禮標本」）、パイワン族のもとでも文身（ぶんしん）と首狩についての聞き書きを行い（「屏東縣來義鄉排灣族之（の）文身與（と）獵頭」）、それらをふまえた上で「泰雅族獵頭風俗之研究」を発表した。[25]この論文で何は、年齢六十、七十代で、首狩の経験を有するインフォーマント（口述者）からの情報に、戦前の文献資料を加味して、タイヤル族の首狩の全体像を描き出した。また、凌の比較表を増補改訂した「臺灣土著各族獵頭風俗比較表」も掲載している。ここでは凌の表にルカイ、プユマを加えた八族について、原因、時期、組織、配備、禁忌、徴兆、出発、方法、凱旋、祝宴、祭首、狩猟、例祭、蔵所、表彰、失敗という一六の要素を比べた。

一九五五年に中研院民族所籌備処が設置されると、主任（六五年の同所正式成立とともに所長）に就いた凌純聲は、その機関誌に「國殤禮魂與馘首祭梟」(26)を発表し、台湾原住民の首狩を中国古代「越獠民族」という枠組みで再論した上、『楚辞』の「国殤」と「礼魂」を、首狩隊の出征、殺害、敵魂の祭という、「原始戦争」ないし首狩の過程を歌ったものと解釈した。これは『詩経』を歌垣と解釈した民族学者・社会学者のマルセル・グラネにフランスで師事した、凌ならではの面目躍如たる論文と言える。

なお、一九六四年から七一年にかけて、知本のプユマ族のもとで調査したドイツの民族学者シュレーダーが遺した調査資料中に、首狩儀礼における祈禱の文句が存在していた。これをアントロポス研究所のクヴァックが整理・編集し、『知本プユマ族の首狩儀礼』(27)が公刊されている。

この第四期は、首狩経験者が減ってゆくとともに、首狩の記憶が言わば負の遺産としてとらえられ、タブー化されてゆく時期でもあった。

実はそうした傾向は、戦前からすでに始まっていた。一九三八年（昭和一三）に台湾を訪れた社会学者の河村只雄は、その著『南方文化の探究』に、次のように書いていた。

「台湾の生蕃」と言うと何人もすぐ首狩りのことや、首棚のことを聯想するであろう。紅頭嶼におけるヤミ族以外の台湾蕃族の歴史には、確かに首狩りがその一特徴をなしている。時にはその特徴をいささか誇張して報道した傾向さえ見られた。麗々しく髑髏の並んだ首棚の挿絵は、高砂族に関する書物にはほとんどつきものの様に考えられたものである。実は私も、蕃地に入ったからには首棚の一つ位は見たいものだと、少しばかり好奇心に駆られていたが、今は首棚などどこの蕃社に行っても影も形も見られない。しかし、唯一つ〔パイワン族〕旧タバサン蕃社の跡に荒廃した首棚が残存しているというので、早速安藤君に案内してもらった。……「生蕃」と呼ばれるのを嫌う昭和の高砂族の青年等は、また首棚を見られることを古疵に触られるがごとくに嫌がる。(28)

時は移って一九八九年、台湾原住民権利促進会のリーダーの一人イバン・ユカンは次のように書いた。我が身を犠牲にしてツォウ族に首狩をやめさせたという〈呉鳳伝説〉(図4-2)が「繰り返し児童に吹き込まれることによって、漢民族の原住民族に対する見方がどれだけ歪められてきたことか。漢民族児童と同様に同じ話を読まされる原住民児童がどれだけ傷ついてきたか。甚だしくは、首狩りに代表されるマイナス・イメージをみずからのアイデンティティ

図 4-2　台湾嘉義県の呉鳳廟。この絵は、清代に通事を務めた呉鳳という人物が、赤い衣を着て我が身を犠牲にしようと出発する場面（著者撮影）

ーとしてしまう悲劇がどれだけ繰り返されたことでしょうか[29]」。

偏見からの解放へ

一九九〇年代からおずおずと開始されたかに見える第五期の研究は、まずこうした偏見やタブーから、首狩研究を解放する必要があった。一九九九年に出た民族学・先史学の金子えりかによる論文が「歴史的な慣習としての首狩、そして、過去を克服する必要」というタイトルを持ち、その末尾で次のように弁明しなければならなかったのは、そうした背景からである。

いま、そのような過去の傷を癒す必要があると私には思われる。原住民にとって、それは、過去と向き合って過去を克服すること、とくに首狩に関して歴史の脈絡に沿う歪みのない評価をすることで、自分たちの歴史を取り戻すべく民族の記憶を再建しようとすることであろう。私たち多数者の側では、ここ一世紀の間に記録されてきた私たち自身の暴力と比べればおよそ物の数ではないこの歴史上の慣習に対して、偏見に満ちた見方を捨て去ることである。

私は、台湾における首狩という、持ち出すことが長らくタブーであったこの問題に、本稿が一つの風穴を開けたことを十分に自覚している。私は熟慮の上でこの論題を選んだのであり、願うらくは、ここで述べたことが、多くの台湾原住民の友人たちが心に抱え込んできた汚名をはねのけるための一助となってほしいと思う(30)。

金子がこのように呼びかけた同じ年、国立台湾博物館では「文面(いれずみ)・馘首(くびかり)・泰雅(タイヤル)文化」と題した特別展が開かれ、タイヤル族の入墨や首狩を中心とする物質文化が、正面から取り上げられた。その図録に寄せられた「泰雅族馘首文化」という論文で、同館の李子寧は「現代人の首狩習俗に対する理解は、多くがいまだに過去における「野蛮な陋習(ろうしゅう)」といった認識レベルにとどまっており、この種の習俗が過去にその文化内で有していた重要な意義をないがしろにしている」と指摘し[31]、主に何廷瑞の論文に基づきながら、首狩にかかわる物質文化のさまざまな特徴を詳述している。台湾においても、首狩文化の新たなとらえ直しが始まっているのである。

欧米での動向にも触れておこう。実地調査に基づくツォウ族の民族誌でも知られる、ミュンヘン大学の中国学教授トーマス・O・ヘルマンは、論文「本当に『男らしい行い』か? 台湾において、主としてオランダ語と漢文による一七世紀から一九世紀までの史料に基づき、台湾におけるオーストロネシア語系諸民族における首狩とコンフリクトの歴史的研究の可能性について」における首狩の動因や記述につきものの偏見などについて論じ、戦争ないしコンフリクトという枠組みで首狩をとらえる可能性を示唆した[32]。またフランス国立科学研究センターのジョジアーヌ・コクランは、現地調査に基づく博士論文を『台湾原住民——プユマ族 首狩から現代世界へ』として出版し、過去のプユマ社会における首狩と年齢階梯制の深い結びつきを強調した[33]。さらにオタワ大学の人類学者スコット・サイモンは、セデック族の首狩を民族史の視点から、政治力学のせめぎ合う場として描き出すことに成功している[34]。

なお、清朝および台湾総督府の「理蕃政策」における首狩対策、そしてとりわけ〈呉鳳伝説〉を通しての教化政策についても、再検討が進められている[35]。

首狩を指す語

ここで、首狩を指す語について確認しておきたい。すでに見てきたように、「馘首」つまり首を切るという語が戦前の文献にはよく出てくる。その他、台湾では「出草（しゅつそう）」という言葉が用いられてきた。しかし、一七二二年に官僚として台湾を視察した黄叔璥（こうしゅくけい）の『台海使槎（しさ）録』巻五「番俗六考」北路諸羅番一には「鹿を捕ること、名づけて出草と曰（い）う」とあって、この語はもともと狩猟を意味していた。ところが次第に首狩を表すように意味が変わったのである。

領台初期の日本人研究者の中にも、まだ狩猟のことを「出草」と表現する者がいた。たとえば伊能は、その踏査日記『巡台日乗』一八九七年八月一七日の項に「出草して猪鹿を獲れば[36]」と記している。森丑之助は、この語義の変化が「近頃に」起こった、そしてそれは妥当だとして、次のように述べている。

> 台湾においては生蕃の首狩に出づることを出草と云います。この漢字の熟語は近頃に至りて、生蕃の首狩との意義に用いますが、昔時（せきじ）支那人が出草又は出牲（しゅつせい）と記せしは、単に狩猟の意義に用いたのです。それが何時（いつ）の時代か首狩のことに普通用いらるるようになりました。出草なる文字が首狩に通ずとはいささか変なようでありますが、実際蕃地に出入し

て自身親しくこれに遭遇した私どもの経験によりますと、さすがは文字の国の支那人が用いしほどありて、わずかにこの二字のうちに蕃人の首狩る光景を髣髴せしめあるように思われます。生蕃が草叢のうちに潜伏して間髪を容れざる咄嗟に銃声が聞ゆるか、あるいは鎗刃が電のごとく閃くかと見る間に、すでに前列のある者は仆れ、同時に猿の飛ぶごとく馳せ来たり、敵前に蕃刀を振り翳して仆れし人の首を馘し去る瞬間の動作の敏捷さ加減は、全く一瞬間の草より出でて草のうちに遁げ入るさまは、この字に形容さるる通りでありまして、今尚時々この惨害を蒙りつつあります。(37)

小島らの報告書でもこの語義変化を意識し、一九二一年（大正一〇）に出た第五巻ノ四の中で、「元来出草なる語は出猟を意味するものなれども、現時本島においては専ら首狩の意に用いるが故に、本報告も第一巻以来またその意味に用いたり」と注意を喚起している。(38)こうした変化を経て、一九三二年の『台湾語大辞典』では「出草」について「生蕃人が首狩に出る。出草(39)」と記すのみとなったのである。

さて台湾原住民は、オーストロネシア系に属する自分たちの母語で、首狩のことを何と言っていたのだろうか。まずタイヤル語ではガガ、ムガガ（gaga', mgaga'）が、広く慣習、慣習法、儀礼、祭儀、首狩、社会集団をさす語である。(40)サイシヤット語ではマラクム（marakem）。(41)ブヌン語ではカヴァス（kavas）「戦う」に由来するマカヴァス（ma-kavas）が「戦う、首を狩る、復讐する」といった意味を表していた[42]。ツォウ語ではオゾム[43]（ozómʉ）、ルカイ語では未詳。パイワン語では「首狩」をキナツァプ（q/in/atsap）と言い、マキナツァプ、マケナツァップ（maqinacap）という語形で頻出する[44]。

そしてプユマ語、アミ語についいては諸典拠そろってマガヤウ、マガヤオ（mangayaw）の語を挙げている[45]。古野[46]もすでに指摘したように、このマガヤウという語は、原（プロト）オーストロネシア語で首狩をさすカヤウ（*kayaw）と同根である。では、台湾ではどれくらい古くから首狩が行われてきたのだろうか？

先史における首狩の可能性

先史時代の台湾で首狩が行われた可能性は、すでに指摘されている。考古学者の張光直は、先史台湾に存在した文化要素として、抜歯、貝珠、檳榔（びんろう）嚙み、杭上家屋と並んで首狩を挙げた[47]し、近年発掘された遺物や人骨も、しばしば首狩との関連が推測されている。

たとえば台東県の長光遺跡は一九九〇年代に発掘が進められ、四五〇〇年前から五四〇〇年前にさかのぼる大坌坑（だいふんこう）文化の層、そして紀元前二千年期末の麒麟（きりん）文化層とが同定された[48]。そのうち後者すなわち上層からは、故意に破壊した土器中に副葬品と共に人頭を容れたものが見つかり、人頭を何らかの形で祭祀に用いたものと推定されている（二〇〇五年一二月に訪れた台東の国立史前博物館展示解説などによる）。

またいわゆる〈南科〉、すなわち台南科学工業園区の開発に伴う一九九〇年代後半からの大規模な発掘においても、三抱竹遺跡の烏山頭期層（二七〇〇－二〇〇〇年前）からは「馘首に遭ったと推測される」首なし人骨が見つかり、五間厝南遺跡（大湖文化層）からは、頭顱を欠いたうえ七か所に槍先が刺され「明らかに馘首された」人骨が発見され、五間厝遺跡（蔦松期：一二〇〇－一五〇〇年前）では、切り去られたと見られる頭顱が、土器盆中に入れて埋葬されていた。その他、南關里遺跡（約四七〇〇年前）からは穿孔された人の歯も見つかり、民族誌資料から見て「出草し馘首した後、歯を抜き戦利の証拠として」装飾品にしたと考えられている[49]。特に、穿孔下顎骨は儀礼的首狩と結びつく証拠との見方が強い[50]。

早期の漢文史料

文献史料によって、古代から近世にかけての台湾の首狩慣行を跡づける試みは、伊能嘉矩や凌純聲らによって進められてきた[51]。

恐らく文献初見と考えられているのは、『太平御覧』巻七八〇所引の『臨海水土志』に見える夷州の記事である。この書は『臨海水土物志』などとも称し、三国時代・呉の丹陽太守であった沈瑩（?－二八〇）の撰になる。夷州とは呉の孫権が二三〇年（黄龍二）に遠征を試みた亶州・夷州の一つで、台湾を指すと考えられてきた。ここの風俗を記す中に、穿耳・抜歯などと並んで首狩のことも次のように見えている。

> 人頭を得れば斫りて脳を去り、其の面肉を駮し、とどめて骨を置き、犬毛を取りて之を染め、以て鬚眉髪を作り、貝歯を編して以て口を作る。自から戦闘に臨み、時として之を用うること、仮面の状の如し。此れは是れ夷王の服する所なり。戦いて頭を得ば、首に着けて還り、中庭に一大材の高さ十余丈なるを建て、得る所の頭を以て差次して之を挂く。年を歴て下さず、其の功を彰示す。[52]

続いて『隋書』[53]巻八一の流求国伝については、これが台湾を指すものか沖縄を指すか議論の余地があるとは言え、首狩の記事を含むことは確かである。すなわち、当地の習俗として次のように書かれている。

> 俗、山海の神に事え、祭るに酒肴を以てす。闘戦して人を殺さば、便ち殺す所の人を将て、其の神を祭る。或いは茂樹に依りて小屋を起し、或いは髑髏を樹上に懸け、箭を以て之を

射る。或いは石を累ねて幡を繋ぎ、以て神主と為す。王の居る所、壁下に多く髑髏を聚め、以て佳と為す。人間の門戸の上、必ず獣頭骨角を安んず。[54]

『明史』外国伝などにも台湾の首狩習俗と思われる記事が見られるが[55]、実地での見聞にもとづいた最初の漢文史料は、一六〇三年（明・万暦三一）に明軍と共に台湾に渡った陳第の『東番記』である。ここにもまた、戦闘で得た敵首を門に懸ける情景が次のように記されている。

性勇を好み、闘を喜び、事無くば昼夜走を習う、足蹋の皮厚きこと数分、荆刺を履むこと平地の如く、速きこと奔馬に後れず、能く終日息まず。之を縦てば、度ること百里を数うべし。隣社に隙有れば即ち兵を興し、期して後戦い、疾力して相殺傷す。次日に即ち怨みを解き、往来すること初めの如く、相讐いず。斬る所の首は、肉を剔りて骨を存し、之を門に懸く。其の門に骷髏を懸くること多き者、壮士と称す。

スペイン語・オランダ語史料

一六世紀半ばから台湾近海に来航し、この島に「美麗島」の名を与えたポルトガル人に引き続き、スペイン人が一六二六年に基隆(キールン)を、二八年には淡水(タンスイ)を占領し、住民の言語や習俗の記録を残したが、そこでも首狩への言及が見られる。たとえばカトリック宣教師のエスキバルは、一六三二年に書かれた報告中に次のように記した。

スペイン人が来る以前は、彼らは皆互いの首を斬り、それを酒宴で祝っていた。首狩に成功した者の勇気を称えるため、彼らはその者たちの頸や脚や腕にペイントしたものだった。しかし後に、彼らはその背信行為によっていかに多大の迷惑を村々に与えたかに気づき、もはや自村民を殺すことすら不祥と見なして、敢(あ)えてなさなくなっている。ただカバラン族だけがいまだに首狩を行う。収穫時、彼らは川沿いの道に隠れ、小舟で通過する淡水原住民に矢を射て殺し、その頭を斬る。彼らは非常に剛胆で、舟(サンパン)を襲いさえする。去年も、淡水司令官の従者とその他二人のスペイン人を乗せていたサンパンを待ち伏せした。矢を雨のように浴びせたため、彼らが持っていたマスケット銃も役に立たなかった。(56)

一六二二年に澎湖列島を、二四年には台湾西南部を占領したオランダ人も、台湾原住民について数多くの記録を残した。本章ではそれらの記録をくわしく検討しないけれども、ヘルマンの指摘するとおり、その際には孫引きが多いことを考慮する必要がある。一例を挙げれば、一六六九年にモンタヌスが出版した首狩についての記述の大部分は、一六四六年にイサーク・コメリンがオランダ東インド会社について出版した資料集成により流布することとなった、ファン・レヒテレンの旅行記にもとづいている。さらに、ファン・レヒテレン自身もまた、オランダ人宣教師カンディディウスが一六二八年に書いたものを引用しているのである。「したがって、カンディディウス（一六二八年）からファン・レヒテレン（一六三二年）およびコメリン（一六四六年）をへてモンタヌス（一六六九年）へと至り、さらにオルフェルト・ダッペルによるかなり短縮された叙述も含めるならば一六七〇年まで続く、一つの連鎖(ゼクヴェンツ)が形成されるのである」[57]。

しかし、これらオランダ語史料にも注目すべき記録が含まれている。たとえば、ゼーランジャ城日記に見られる首狩への言及は、晩夏ないし秋、すなわち粟か米の収穫時に多いとの指摘もある[58]。

また、〈髑髏杯〉の存在にふれた史料もある。オランダ東インド会社に勤めていたベルン人ヘルポルトが一六六九年に出した『東インド旅行の短い記述』によれば、「彼らの家々に、我々は死者の頭蓋も多く見つけた。彼らは自分自身ないし父祖の勲功の記念として、敵から得たそれらを保存し、上機嫌になりたい時には、飲器として使用する」[59]。この〈髑髏杯〉についてヘルマンは、「直接の対応物はない」として、ヘロドトスのスキタイに関する記述に基づくか、または酒杯の人頭装飾や、人頭に捧げられる酒を誤認した可能性を考えている[60]。

けれども、〈髑髏杯〉への言及はその後も引き続き行われている。たとえば前章（一六〇頁）

で見たように、一九一〇年代に台湾を訪れたマクガヴァンは、タイヤル族の婚礼では花嫁と花婿が一つの頭蓋から一緒に酒を飲んだと記した。それより早く一八六〇年代に台湾調査を敢行した英国の博物学者スウィンホーも、その著『フォルモサ民族学覚書』で、タイヤル族ギヘン社について次のように述べている。

より華麗な衣服は、祝日や公的行事、たとえば婚礼の際に着られる。婚礼では全村挙げて花嫁の父の戸口に集まる。花婿に婚姻の特権を授けるものである、戦闘で勝ち取った頭蓋が、その場に持って来られ、花嫁に示される。花嫁はアルコールと脳漿を混ぜて、その中に酒を作り、それからそれを愛杯（ラヴィング・カップ）として参列者全員に進める。まず首長から飲み、最後に花婿が飲む。その後も花嫁は父の家にとどまり、三六歳になるまでは夫と共に住まない。それまでは、妻（ワイフ）と見なされはするが夫人（メイトロン）の地位を持つとは考えられないのである。この説明を私はその場にいた中国人から集めたが、それは他のフォルモサ部族の慣習に関するオランダ人の記録と一致するので、そこには何らかの真実があろう。(61)

スコットランドの宣教師ジョージ・イードは、一八八〇年代の台湾実査にもとづいて、埔里（ほり）社近くの「北部野蛮人」（恐らくタイヤル族）に関し、次のように書いている。ここには〈髑髏杯〉は見えないが、獲（と）った頭蓋が結婚の前提となり、また頭蓋を枕にすると述べている。

彼ら〔原住民の男性たちで、前額と下顎に刺青している〕が出て来た時、携えていた武器は矛と槍、ならびに肩に斜めに掛けた長刀で、これらの刀は人頭を狩るのに用いられる。彼らの地位は狩った人頭の数で決まる。これらの人頭を、彼らは非常に注意深く見張る。聞くところでは、外出して襲撃に成功すれば、その人は獲った人頭を枕に用い、夜寝ている時に、あまりうまくいかなかった仲間に盗んで行かれないようにすると言う。「野蛮人」の婦女は頭を狩った勇士にのみ嫁ぎ、頭を狩れない者は軽視される。(62)

こうした初期の記録を、不確実な伝聞として棄却するのは早計だろう。後から見るように、とりわけブヌン族における〈髑髏杯〉使用については、二〇世紀前半にも多くの証言が出されている。また鳥居龍蔵は、台湾東部のタロコなどでは「ボルネオ土人の如く髑髏で以て酒の器にして居ります」(63)と述べたし、タイヤル族カラパイ群からの報告では、婚約の酒宴について「昔は息子〔すなわち花婿〕の馘首せる頭骨を取り出して酒席の中央に据え勇気を示せしものなり」(64)とも言われている。

これらの事例から考えると、〈愛杯〉と言うのはやや誇張かもしれないが、まったくの空想というわけではなく、頭蓋飲器の使用と、結婚のための頭蓋獲得という両者が結合して作られたイメージと見るのが適当かもしれない。なお、一六世紀後半から一七世紀ヨーロッパで形成された、首狩人としての台湾原住民のイメージは、数々の絵画(65)によっても増幅されたのであろう。

清代の漢文史料

一七世紀末から一九世紀末までの二世紀にわたり、漢文による台湾視察記録や見聞録、地方誌などが数多く書かれたが、そこにもやはり孫引きが多い。そして繰り返し現れるのは、頭蓋を金（『裨海紀遊』は「丹堊」、『理臺末議』では「漆」）で装飾したという記述なのである。(66)

たとえば清朝領台後の一六九七年に台湾を訪れた郁永河の『裨海紀遊』巻下は「野番」の習俗について、「其の人を殺せば、輒ち首を取りて去り、帰りて之を熟し、髑髏を剔取し、加うるに丹堊を以てし、之を当戸に置く、同類其の室を視て髑髏多き者をば推して雄と為す」と記す。また同じく郁永河の筆になる『海上事略』は「台湾生番」について次のように述べる。「其の俗、人を殺すを尚び、以て武勇と為す。屠る所の人頭は、皮肉を挖去し、煮て脂膏を去り、塗るに金色を以てし、諸を高閣に蔵し、多きを以て勝を較べ、称して豪俠と為すと云う」。

ついで一七一七年（康熙五六）に成る周鍾瑄の『諸羅縣志』巻之八によれば、

人を殺すものを以て雄長と為す。自ら相攻め、或いは客を径に伺いて陰かに之を射、其首を取り烹て皮肉を剥去し、髑髏を飾るに金を以てし、持して以て衆に誇る。衆則ち推して以て長と為す。鄰社酒を載せ觴を称げ、諸を庭に列ね、之を子孫に伝えて故物と為し、其の多寡を差べて勇健の高下を為す。次は則ち山猪熊頭、倶に之を懸列し、麋鹿の頭は斯に下と為す。今附近の熟番漸く礼法を知り、匿して敢えて出さず。惟だ獣頭の懸列故の如し。悛めざる者は内山の生番にして、南路傀儡番尤も甚だし。

さらに『台海使槎録』〔黄叔璥、一七二二年台湾視察〕の巻七「番俗六考」南路鳳山傀儡番二によると、「傀儡生番、動もすれば人を殺し首を割き以て去り、髑髏は金を用て飾り以て宝と為すこと、志〔鳳山縣志または台湾府志〕之を言う。殺さるるの番、其子は四箇月に嗣ぎ釈服後、必ず出て人を殺し、首級を取り以て祭る」。

また一七二八年〔雍正六〕、巡台御史に任じた夏之芳による『理臺末議』も同様だが、頭骨は金でなく漆で飾ったという。すなわち、「或は鄰社と相悪めば、兵を称げ衆を率いて、群然鬨闘す、然れども未だ嘗て歩伐止斉の規有るにあらず。闘い罷めば散去す。或いは密林に依り、或いは莽草に伏し、奇零の者を伺い擒えて之を殺し、得る所の頭顱は携えて社内に帰り、衆の称賀を受く。其頭を漆して室内に懸掛し、数多き者を以て称して雄長と為す」。

以上のような頭蓋装飾の記録を、いかに解釈すべきだろうか？　この問題については、ヘルマンのように「根拠なし」と否定的立場を採る研究者もいれば、(67)「其髑髏は石を積みし間に保存し置く為に、付近の山土が雨水で流れ、赤く土で染まれるものを見受く事がある。(68)或は斯るものを誤伝したものかも知れない」と述べた森のように、合理的解釈を下す者もいる。

他方で伊能は、ボルネオのダヤク族が「頭蓋面に一種の紋様を描き飾」るように、「恐らくある金属の添飾を頭蓋に加装せしを指したる形容にあらざるか」という考えを表明した。(69)私も伊能と同じく、台湾原住民の間にもこうした慣習が存在した可能性を考えたい。頭蓋骨に彩色を施したり、錫箔を張ったり紋様を彫り込んだりする〈肖像頭蓋骨〉の風習は、環太平洋に広く見られてきたので、(70)台湾にこれがあったとしても、特に驚くには当たらないのだ。

この関連で興味深いのは、一八七三年（明治六）に台湾各地を実地調査した軍人・樺山資紀（後に初代台湾総督）が、蘇澳地方の「熟蕃」集落での見聞を次のように日記に書いていることである。

……熟蕃の一部落に至る、いまだ一同躍場より帰らざれども、嚮導のため部落の竹林など巡視せしに、狭隘の棚に茅筵を敷き、その上に白骨を祭り置けり。我が国盆祭の道棚のごとき構造なり。骨前に飯を供物とせり。三十日内外を経過せし頭骨にして、生蕃を殺害せしものなり。近頃また生蕃人より、小童一人山中にて殺されたり。生蕃人の頭骨に金飾をなし門に掲げたりと……。(71)

これは伝聞で、樺山は実際に目撃したわけではないが、明治初年の平埔族（「熟蕃」）の一部で、頭骨に金飾をほどこすことがあったのかもしれない。

いずれにしても清代の漢文史料からは、台湾原住民の首狩、ことにそれをめぐる宗教的諸観念について詳細を知ることは困難である。同じことは、一八六〇年に台湾が欧米人に開かれて以来、この島に来訪した西洋人による記録についてもある程度あてはまる。なるほど、カナダ人宣教師・医師のマッカイのように、原住民と密に接触し、首狩の装備・儀礼・観念について立ち入った記述を残したのみならず、関連文物をコレクションした人もいる(72)。けれども多くの記録は、たとえば一九〇九年に来台したオーストリア人でウィーン林務長官の任にあったホーフマンの踏査記のように(73)、首狩の方法や頭骨保存のごく表面的な観察にとどまっている。

平埔族とアミ族の問題

清代漢籍に見える記述の中には、いわゆる平埔族、つまり主に平地に居住し漢族化が進んでいた諸民族の首狩も含まれている。それは部分的には、日本統治期に入っても直接・間接に見聞されていた。

たとえば伊能はアリクンすなわちホアニャ族の、埔里社十一份庄で目撃した「祭祖の儀式」について、これが闘走（Movai）、祭祖（Tei-vakkei）、打鹿（Murao）、会飲（Manitan）から成ると述べた後、次のように記している。「相伝う、往時サヴァヴァ社〔南投・北投社〕蕃の俗、異族を殺すをもって雄誉とする風あり。蕃人のまさに壮丁の列に入らんとするや、必ず異族を殺し、米穀収穫の時季に、祖先を祭り、その勇誉を申告し、しかして壮丁の列に入るの儀式として、闘走を行えり。後清朝に帰附するに及び、有司は厳に殺人を禁じて闘走のみを行わしめ、かつ嗶吱〔中国製の毛織物〕の旗標を給与し、もって奨励を示せしより、積習して今に及べりと」[74]。

伊能はまた、パゼッヘ族岸裡社の故老がおぼえていた以前の慣習について、次のように書いた。「パゼッヘ支族も、往時は極甚なるヘッドハンターであったことは事実で、戦争等によりて敵族を殺戮するときに、必ずその頭顱を馘取して凱旋し、蕃社内の中央をトして、木臼を倒に据え、その上に頭顱を安置し、馘首の功手者は身にラオブンと呼ぶ文彩ある特殊の制服を着け、自ら酒をその口に注ぎ、ついで挙社飲宴歌舞に夜を徹したのであります。そうしてこの際、豚の児一匹を殺して、頭顱の前に捧ぐる風があって、しかもこれを食うことを忌みました」[75]。

そして「水沙連蕃」（サオ族）についても、「髑髏蔵貯の後身たる猴頭保存の現俗が、その装置においては、全く旧態の持続なりと伝うる口碑にもとづき、試みに還原して描写せしもの」

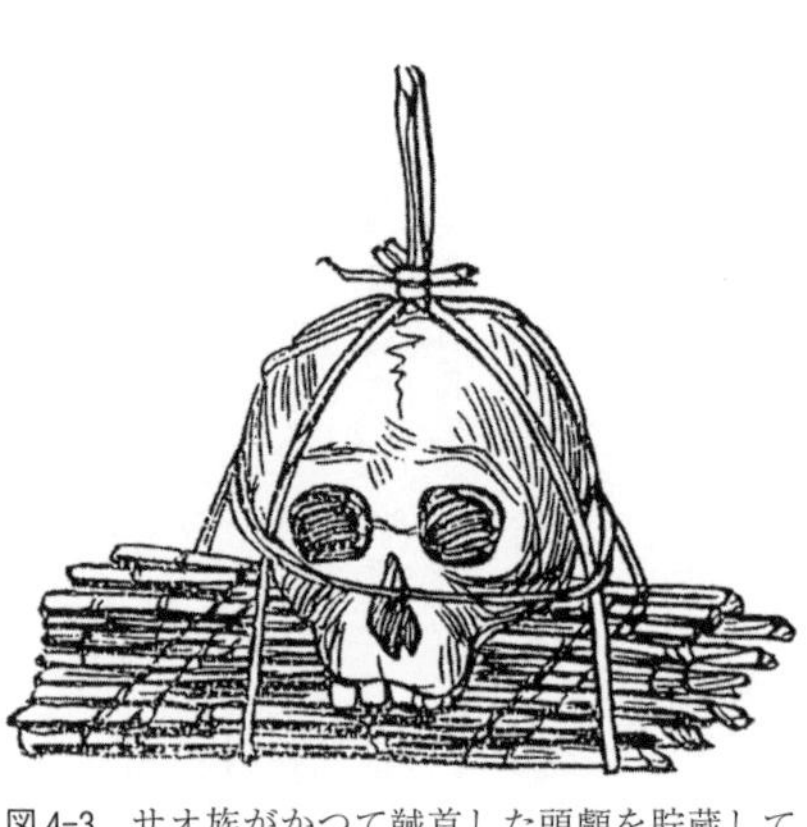

図4-3　サオ族がかつて馘首した頭顱を貯蔵していた状態を、試みに復原したもの（伊能　1912a）

をもとに図4－3のような状態を示し、次のように述べた。「ここに示すは、台湾の中部丘原に占居せりし水沙連蕃が、往時（今を距る二百年前）ヘッドハンティングを行うの風を存せし際、馘取せる頭顱を蔵貯する状態にして、頭顱を巨鍋にて煮、皮肉を去りて髑髏となし、縛するに籐条をもってし、これを家屋門闥の楣上に懸けたるなりという」。伊能はさらに、『重修臺灣府志』巻一九「雑記」の「災祥」雍正四年（一七二六）条、水沙連蕃に属する水社を討伐した時、蔵貯の頭顱八五個を捜し出したという記録なども引いている(76)。

　このように、一八、一九世紀頃の平埔族がどのように首狩をしていたのかも、ある程度分かっているのである。

　ところで、一つ問題が残されている。それは、すでに伊能が提起していた問題、すなわちアミ族の首狩は「固有の俗」ではなく、タイヤル族の慣習を模倣したものではないか、というものである。実は森も、同じ見解を公にしている。すなわち一九一三年の「台湾蕃族に就て」という講演の中で、「台湾蕃人の中にも極めて平和的の蕃人であって、もともと彼等が首を取るというようなことをしなかったであろうと思われますのは、台東・花蓮の方面におりますアミ族であると思います。また紅頭嶼のヤミ族であるとか、こういう蕃人は、もともと首を取るというようなことは、しなかったでなかろうかと思われます」と述べている。[77] 台湾南端・鵞鑾鼻の灯台守をしていたイギリス人ジョージ・テイラーも、アミ族は決して「首狩人」ではないと断言し、[78] 台北帝大教授を務めた移川子之蔵（うつしかわねのぞう）も「ただアミとヤミの間には元来この風〔首狩〕はなかった」と書いている。[79] この考えは、第二次大戦前の台湾にある程度流布していたようだ。

ただ、ここで考慮しないといけないことがある。それは一八〇三年（享和三）に台湾東海岸に漂着した松前藩の船頭文助が、秀姑巒（しゅうこらん）渓河口付近のアミ族のところで、その習俗を口述し、これを秦貞廉が編集したとされる『漂流台湾チョプラン嶋之記』である。そこには、当時の服飾・住居・日常生活・産業・交易・宗教・人事・戦闘その他が詳しく描かれているだけでなく、カバラン・タイヤル・ブヌンといった隣族との関係も示されている。そして重要なことに、「チョーガワ夷」、つまりタイヤル（セデック）族木瓜群との戦闘・馘首の様子が、挿絵と共に次のように描写されている。

　この地の者山猟に出て、時として「チョーガワ」夷と闘諍することあり、互いに人数を率いたることとなれば相戦いて多く死傷す、もし敵の首あるいは生け捕りして帰ることある時は、地夷ことごとく集まりて酒を酌み肴を設け、二、三日の間生け捕りのものを饗しおきて、その後その者の首・両手・両足を切り落とし、人々これを持ち出でて「チョーガワ」「チョーガワ」など高々呼びて三村中を廻りあるくことをなす、文助この地在留中、数度これを見ると言う。[80]

これによれば、戦闘で得た首級や捕虜の首・手足などを村内に誇示した様子がうかがえるが、頭骨の保存や愛貯のことは見えない。後述する〈集会所型〉首狩とつながる性格の行為であった可能性を、ここでは指摘するにとどめたい。

首狩隊の構成

ここから、主として日本統治期（一八九五－一九四五年）のさまざまな記録に基づきながら、首狩の方法やそこに見られる観念をさぐっていくことにしよう。まず首狩隊の構成については、いろいろな記録が残っている。たとえばパイワン族では、頭目（首長）のもとに二、三から数百もの平民が所属し、一つの社会単位をなしていた。戦前の文献ではこれが「党」などと呼ばれており、「出草」は党民が私的に行うこともあれば、一党から数党が共同で行うこともあった。後者の場合、数十人という規模になったという。[81] セデック族の場合は、個人（一人ないし二、三人）で行くこともあれば、血族で頭目や狩猟団長をいただいて実施することも、さらに一社（村落）を挙げて行くこともあった(82)。

この首狩隊の構成について、実例に基づき詳しく報告したのは岡田謙である。彼がタイヤル族ガオガン群ブトノカン社の頭目シェツ・ワタン（当時六〇歳くらい）から聞いたのは、以下の二例だった。

まず、シェツ・ワタンが初めて首狩に加わったのは彼が二〇歳の頃だった。それはカウイラン社のバイホイ・ハユンとユカン・ネワルの二人が土地の境界争いをして、その結末を首狩によってつけることとなり、互いに遠征中、たまたま旅行中だったシェツがバイホイ・ハユンに出会い、参加を願って許されたのである。その時の一行は、カウイラン社ではユカン・タパス（バイホイの従兄弟の子）、パイホ・タパス（同）、アヤオ・タホス（甥）、ウイラン・タホス（同）、ワタン・ノミン（同一ガガ）、バト・ワタン（従兄弟の孫）、ロンゴ・ブユン（同一ガガ）、バイホイ・ハユン（発起人）、カウヤオ・バイホイ（子）の九名。これに参加したのが、シェツ・ワタンの他、バイソ・スコン、アジツ・キウ、ヤウイ・ボロンという、シェツと共に旅行中の三名だった。「これによって見れば、首狩に出掛けるものは主として近い血族、少なくともガガが中心となり、これに功名のために参加する者が含まれていることを知り得る」。結果、バイホイ側は首級二つを獲得、相手側は一つも取れなかったので、バイホイたちの勝ちとなった。なお、今出てきたガガとは、タイヤル族の社会で主として血縁から成っていて祭祀・狩猟・首狩・耕地所有などを共にする集団のことである。

さて、二回目の首狩も、やはりシェッ・ワタンは功名のために加わったもので、自ら起こしたものではなかった。当時ブトノカン社にソロ社から養子に入っていたハユン・ワタンが、エヘン社のパワン・バイホイと共に首狩に出かけたところ、首に最初に手をつけたのがどちらかというのが問題となり、再び首狩によって決着させることになったのである。

シェッが加わったのはハユンの側だった。その一行は、まずハユンの近親、ならびに同一ガガの者が中心となっていた。すなわちソロ社のワタン・バト（父）、ハユン・ワタン（本人）、ユミン・バト（叔父）、イバン・ワタンとユカン・ワタン（両者ともにハユンの兄弟）、タイモ・ノカン（従兄弟）、ハカオ・タイモとバト・タイモ（この二人は同一ガガ）を中心として、ブトノカン社から八名、およびこの首狩隊の指揮者として招かれたカラ社の頭目バト・マランとそのガガの者、さらにバロン社の一部を含め、同勢三九名から成っていた。他方、エヘン社は五五名で、指揮者にはブトノカン社のボト・ラワが招かれた。

結果は、今回もシェッ側の勝ちとなった。「この首狩においても、前回同様に争いを起こした者のガガが中心となり、これに武勇を示すための連中が加わっていることを知り得る」。そして興味深いことに、「参加した連中はどちらに対しても恩怨のないことはSyetz-Watanは始め、エヘン社側に加わるつもりでいたのが、夢占が悪かったのでソロ社の方に加担したという事実によっても解る[83]」。

今のは「恩怨のない」首狩の例だったが、復讐として首狩がなされることもあった。たとえばタイヤル族の出草は、「近親の讐を報ずるがために」なされることもあったが、この場合「必ずしも加害者その者を倒すを要せず、加害者の種族または部族に属する者ならば何人を倒すも妨げなしとす」とも言われる[84]。

こうした復讐の連鎖は、前章（一三三―三四頁）で見たボントックの例にまさるとも劣らない、大規模な闘争にまで発展することもあった。たとえば一九〇三年（明治三六）一〇月、南投庁下埔里社支庁部内のブヌン族（「南蕃」）とタイヤル族（「北蕃」）が「大闘争」を起こした結果、ブヌン族干卓萬社・卓社の勝利に帰し、タイヤル（セデック）族霧社の壮丁一〇〇人余りを殺して首級二七個をたずさえ、埔里社支庁に出頭した。

事の次第はこうである。もともと「南北両蕃社の確執は人種と地理上境界の関係よりして数十年以前より数度の闘争を経たりしが」、両者とも多数の人口を有する大社であって、霧社は男一三五八人、女九五〇余人、うち壮丁として闘争に加わりうる者五七一人を有し、卓社は人口・壮丁においては霧社に及ばないが、「附近蕃社は挙てこれに加勢する有様なれば、愈々闘争する場合に至りては、その勢力は北蕃を凌げるが如し」。

今回の大闘争は、近来「蕃地封鎖」のため日用品が窮乏したので、南北連合して日本軍に当たろうとの北からの提議に対し、南側が表向きこれに応じつつ、秘かに伏兵を設けて「北蕃壮丁等の出で来るを待受け、一挙して四面より攻撃し、ここに一場の大修羅場を演出」したものであった。この闘争でタイヤル側の被馘首者一〇四名、さらに戦利品としてブヌン側に銃五七挺、刀一二七個、槍一三〇本、網袋一四一個、「蕃衣」一二〇枚を奪われた。「しかして南蕃方は毫も死傷者を出さざりしは、まったく北蕃霧社がその術中に陥りしものなるべし」と一〇月八日付の『台湾日日新報』は告げている[85]。

ここまでの大闘争はめずらしいにしても、仇敵関係から引き起こされたパイワン族における馘首の事例多数が、記録には残されている[86]。

ところで、首狩隊は世界的に見ても、大抵、男のみから成っていた。第2章（七七−七八頁）に記したニューギニアのマリンドアニム族などは例外的である。ところが台湾でも、首狩を伴うと思われる「戦闘」に、婦女子が言わば補給部隊として参加したという記録が、私の知るかぎり一例だけある。それは、アミ族里漏社の頭目による次のような語りである。

我が社はいまだ太魯閣蕃の他と戦争せしことなし。余の知りし戦争は、夜間壮丁等相集まりて戦闘の準備をなし、その夜のうちに出軍せり。その時は首狩祭主、白鶏一羽を携え来たり、衆を率いて社の北方より進み、途中マラタウ〔武運守護の神〕を祭り「今より出軍すべければ、敵弾は当たらず、我が弾丸は必ず敵に命中せんことを」と祈る。指揮者は老蕃の中戦功あるものをもってす。他の老蕃は各階級長に其命を伝え、各々その任務を全うせしむ。出発の際には「敵陣に入りて卑怯未練の振舞あるべからず」と戒む。壮丁等は皆赤き軍服を着け、蕃刀を腰にし、銃を担い、または鎗を握りて出軍す。

凱旋の時は老若男女みな社外に迎う。これ誰が首をとりしか、あるいは幾個とりしか、早く太魯閣の首を見たしとて迎うるなりと。社に帰着する時は、豚一頭、粟酒及び餅を持って集会所に集まりマラタウ神を祭る。
戦闘は二泊以上の遠距離の地にてすることなし。これ兵糧を運ぶこと能わざればなり。しかして老人および婦女子は兵糧として餅を運ぶを任とす(87)。

なお首狩に行く範囲であるが、少なくともツォウ族に関しては、広範囲な首狩活動が指摘されている。馬淵東一によると、「西部では漢族から、東部ではブヌン族から次第に領域を蚕食され、加うるに〝平地からの病気〟で多数の人口を失った北ツォウ族において、強固な部族結合は極めて重要な意義を有したに相違ない。また、実際に北ツォウ族は、恐らく比較的劣勢な人口を以て、周囲の異族に大きな脅威となったものらしく、その首狩活動がブヌン族の〝大移動〟を如何に妨碍(ぼうがい)したかは既に触れた如くであるが、その活動範囲は北方では遠くアタヤル族のマイバラ蕃や南勢蕃あたりまで、南方では南ツォウ族をも越えてルカイ族の下三社蕃にまで及んでいたようである。このような長距離の首狩遠征は、山地高砂族では他に恐らく類例がないであろう(88)」。そしてまた首狩の遠征は「一般に猟場領域の範囲を遥かに超えて行われ、このことは相当広い地理的知識を前提とするばかりでなく、他面に首狩は地理的知識を一層拡大せしめる結果をも伴っている(89)」。

鳥占と出発

首狩の出発時に鳥占や夢占で吉凶を卜したのは、東南アジア各地とも共通し、また狩猟の出発時とも共通する慣習であった。台湾の原住民諸族にも、これは広く見られた。

その関連で面白いのは、ツォウ族の首狩隊長が、鳥占の対象となる鳥の名で呼ばれたことである。つまり、ツォウ族で戦闘または出草の場合にそのリーダーとなれる者を、北ツォウ群ではイオジョム、タコプラン群ではサアヌ、カナブ・サアロア両群ではラアナイと言った。北ツォウ群におけるイオジョムの語はオジョム(鳥占)にもとづいていた。「けだし、よくこの鳥の吉凶を判じて、戦功を収めたる者なるに因(よ)るなるべし」。そして「何人(なんぴと)といえどもよく一衆を引率し、出草に成功したる者は番師となることを得べし。従ってこの資格を得んと欲する者は、先ず敵番に向かって出草を企てざるべからず。しかれども材幹なく武勇なき者がこれを首唱すとも、誰もその者に従い来る者あらざるべし」。さらに、この「番師」には定員がなく、出草が盛んだった頃は一時に十余人もいたことがあり、彼らは社会的に敬重され頭人の地位に次ぐ者でもあって、頭人同様に美麗の軍帽を戴くことを得た、とも記されている。(90)

恐らく、ブヌン族の首狩隊長「タイミハザム」(taimi-xazam)と鳥占「カハザム」(kaxazam）も、語源的に関連しているのであろう。[91] よき首狩人はよき鳥占師でもあった、ということだろうか。

さて首狩隊の出発については、珍しい記述が残されている。次の例には、首狩に出る夫と、それを見送る妻との間での心の機徴が描かれている。多少の脚色が施されている可能性もあるが、この種の資料は少なく、興味深い。タイヤル族南澳群の話である。

いよいよ出草と定まれば、団長は新しく木にて作りたる杓子（しゃくし）形のものに土人〔漢族〕の頭髪を結び付け、テナット〔チナットとも言う。後述〕と共に携え、団員を率いて社を出で、適宜の所にとどまりて露営す。その時家族は社の端、豚の出入を遮るために設けたる木柵の辺りまで見送る。夫は婦（つま）を顧み、「妹（いも）よ我れ赴かん」と云えば、婦は「兄よ行け、家事のために心を痛むることなかれ、もし鳥声悪しき時は必ず帰れよ」と云いつつ、互いに歩を進めて別る。ややありて両人再び振り向き、顔を合わすれば、婦は今まで抑えいたる悲しみの涙一時に迸（ほとばし）り、もしや夫の身の上に禍（わざわい）あらば如何（いか）にせんと思う心は、流るる涙を拭くもせで、暫（しば）しはそこに立ち止まらしむ。それより家に帰れば麻に触れず、また火を他人に分け与うこともなく、機具（はた）は屋内の隅に片付けて顧みることなく、一心夫の帰宅を待つ。[92]

招魂と襲撃

敵地に近づいた首狩隊が行う「敵魂を招く祈禱」については、明白に知られるのはパイワンとプユマからであるが、他にタイヤル族からも報告がある。それによるとタイヤル族合歓群では、首狩隊が目的地に達すると小屋を設け、若者が一人、木に登って周囲の様子をうかがい、耕作地などに出て仕事をする者を見れば直ちに帰り、槍と銃とを小屋の外に立てかけ、それから一行をならべて、隊長がこの儀礼を行った。その時はルガホンという木の葉を手に持って標的とする漢人の霊魂を招き、その葉で若者の体を祓い、また槍および銃をも祓った。祓いおわると、隊長は一行を指揮して耕作地の付近に潜伏した[93]。

そして敵襲に関し、通行人を襲撃する仕方についての記録は多いが、村や人家を襲う場面の描写はあまりない。次のタイヤル族渓頭群のものは、その一例である。ここでは人家を襲う場合、おもに月夜を選び、まず藪の中に入って動静をうかがい、それから二人ばかり、入口の所に行って様子を探り、家内に用心がない時は一行を呼んで乱入した。茅屋の時は火を放って逃げ去ったが、その時の松明は、山棕櫚の毛と松とをまとめて作ったという[94]。

しかし、村を襲撃した場合でも、村民に対し暴行がほしいままになされたわけではないようだ。首狩においても姦せず、あるいは丸腰の相手は討たず、といった言葉が残されている場合もある。たとえばタイヤル族では、「本族の男子は一般に支那人〔漢人〕の婦女に接するときはその睾丸膨れ上るとなし、これと婚姻をなすものなし。番人〔原住民〕がしばしば民荘〔漢族の村〕を侵し、馘首掠奪を行う時においても、いまだかつて婦女を姦したるの例なきはこれがためなり。しかれども、奪略により幼きより番社に取養したる婦女はこの限りにあらずとせり」と言われていた[95]。

次はパイワン族人の言葉だが、今のと似たところがある。「人は老幼男女を別たず攻撃の目的となる。ゆえに本族の首架にはしばしば婦女や幼者の頭顱を見るべし。ただしパリジャオ番には、婦女および幼児はその抗敵せざる者を助命し、剣を佩びざる者を討ち取るは恥ずかしと言えり。また北パイワン番のクナナオ社にては、背に負われたる子は刀をもって斬らず、これを踏み殺すと云う。本族にはいまだ敵を捕虜とするの慣習なし。力尽きて抵抗することあたわざる者といえども、これを屠って嫌う所なし。従って本族には敵に投降する者はほとんどこれなし。逃げ得られるだけは逃げ去り、あるいは山中に匿れ、あるいは他の有力なる頭人の家に投靠す。本族はかくのごとく敵に対して残酷なりといえども、いまだ敵の婦女を強姦したる者なし[96]」。

こうした攻撃に備えて、村がどのように防衛されていたかについては、古野清人がサイシヤット族の場合を鮮明に描いている。それによると、昔は村そのものが敵の強襲に耐えうる要害の地を占めていた。四方から攻めて来ても、こちらから容易に反撃できる場所を選んだ。たとえば盆地に位置して、敵が山または高台へ向かって退却しようとする時に討ち取るという手段もあった。そういう地形のところには攻めて来ない。しかし、原住民の間では仇敵関係にあれば絶えず頭を使って作戦を練ったので攻防ともに困難であった。これに反して、「本島人」(漢族)は簡単に討ち取ることができたという。

仇敵関係にある間は、夜もおちおち眠れない状態にあった。各戸の順番が回ってくるし、人々は鉄砲や蕃刀、弓矢などを手放したことがなかった。朝は早くから子供を起こして、家人が外で警備して食事をさせた。畑で働くことは怖かったという。襲われやすい畑は周囲を各戸が分担して警備し、一村が共同で働いた。家の周囲や要所には、短いのと長いのとの竹釘(現地語ラリヒョン)を立てた。短いのは足に刺さり、長いのは走る時に腹に刺さる。短いのは日中に子供に刺さる恐れがあるので避けて、家の周囲には長いのを刺した。敵を攻撃して退却して来る場合にも、途中に竹釘を突き立てておいた。その竹釘の先端に毒を塗ることはなく、このことはタイヤル族でも行われない。また竹釘を刺した落し穴も作った。竹釘は矢印型にして、刺さったら抜けないようにしてある。これは主として家の周囲に作り、子供が遊ぶのに危険なので昼は板をかぶせてあった。そして夜もまた順番に交代して村の内外を巡察した。敵の通った跡があれば、それを暗いままでたどって行く。月夜の晩は彼我ともに待機しているが、非常に暗い時は闘争はできなかった。(97)

首祭と楽器

さて、首尾よく頭部を持ち帰った場合には首祭が行われたが、その首が同民族のものか漢人のものかで、祭の仕方や保管場所を違えたという報告がある。

たとえばパイワン族ブツル群カザギザヌ社では、首級が同民族のものだった場合は、村の入口でこれを石の上に置き、司祭がこれに対して肉を供え、招魂の儀礼を行った。その際「ここには肉が多い。お前の父母兄弟や村人など、皆来たれ」と言って、酒をはじき、その残りを首級に注ぎ、この首級を持ってポアジャ（最初に敵を刺し、または射あてた者）の家の外庭に行き、村の男たちは彼を囲んで円陣を作り、馘首の唄を歌いつつ踊り、夜を徹して酒宴した。一方もしその首級が漢族のものであれば、直ちに首長の前庭に持って行き、そこで招魂の儀礼を行った後、これを囲んで歌と踊りをした。

首級は村の入口に持って行き、司祭はこれに対して祈禱を行い、それから石柱の下に西向けにして埋めた。五日後、これを掘り出して川辺へ持って行き、これを中央にして円陣を作り、司祭はこれに対して祈禱を行い、そしてこれを焼き、肉を洗い去り、村の入口の首棚（現地語パコン）に置いた。しかし漢族の首級は、家の外壁の首穴（現地語ポオロアヌ）に収めたのであった。[98]

図4-4　タイヤル族の笛（gao）。2センチ径の小竹管の1節から作られ、筒底に1小洞（径0.6センチ）あり。首狩の凱旋・祝宴時のみ演奏可能だった。5本の線は狩った首の数を示す可能性がある。伊能嘉矩採集、採集地不明、台湾大学考古人類学系所蔵（何　1954）

首狩には楽器がつきものだったが、注目に値するのは、ことにタイヤル族から報告のある、首狩の際にのみ奏される笛（図4－4）の存在である。この笛は現地語でガオと言う。長さ一尺前後、直径三、四分で、日本の横笛と大差ないという。音色は明笛に似てやや広い。この笛は、女性や子供が吹いてはならず、頭目または有力な男性、少なくとも出草に赴いて敵人を馘首した男子でなければ、扱えなかった。そしてまた平素はこれを用いず、出草の帰途、もしくは首祭の際に用いるとされていた[99]。地域によりプーガオ、ワオ、オワオ、バリ、ボーリッ、トゥワゴ、プワヲなどとも称した首狩専用のこの笛は、横笛でなく竪笛の場合もあったらしい。またセデック群やサイシヤット族でも用いられたようだ[100]。

またパイワン族からは、首狩と結合した木鼓らしい楽器の使用も報じられている。それによると、パイワン族のチァクヴクヴン部族では、村落内に悪疫や変死者など不祥の出来事があった際、次のような儀礼を行ったという。すなわち社内の男子こぞって社外に出、路傍に叢生する茅草の葉茎を結び、一定の呪語を口唱しつつ、矢（特に古鍋の破鉄片を鏃としたもの）で射ると同時に、茎を切り取り、一斉に吶喊の声を放って帰村し、直ちに「総大酋長」がその茅と矢を、その家に伝蔵する「神聖なる木筒」（現地語パラリグリグズ）の中に収めた。「或いは曰く、往古この厭勝は、外に出草して異族を殺戮し、頭顱を馘取し来たる際に行うものなりしも、爾後叙上の儀式に変形せるなりと」。

そして伊能はこれに次のように付記している。「総大酋長家に伝蔵する神聖なる木筒とは、大小二箇ありて、ともに木幹を鑿空して製し、粘板岩を覆蓋となす。伝説によれば、その中に祖先の霊威留存すとして、最も敬虔の意を寓し、総大酋長自身の他には、別人の開き見ることを許さず、かつ日光に暴露するときは、忽ち人を殺すに至ると信じ、もし家屋の修理等のため、やむなく屋外に移動せざるべからざる際は、必ず別に仮屋を構えて、これを深く収容す。古来出戦の際、敵族を殺戮せんと欲する場合には、この神聖なる木筒に全勝を祈求するを常とするなり」[101]。また南勢アミ族でも、出草の決定を戦士に告げるのに木鼓が用いられたらしい[102]。

こうした首狩と特定の楽器との結びつきは、台湾以外からも知られている[103]。たとえば笛については、メラネシアの男子結社によって用いられた神聖な横笛が有名だし、木鼓については東南アジアとりわけワ族において、木鼓と首狩とが強く結びついていた。これは前章（一四二頁）で述べたとおりである。

斃れた味方――タイヤル

斃れた味方がどのように扱われたか。この問題は、先史資料における首なし人骨の解釈にとっても、非常に興味深い。よって、やや詳しく見てゆくことにしよう。初めタイヤル族（旧セデック群を含む）の例を集中的に掲げ、それから他の各民族の事例に移ることにする。まず、斃れた味方の死体を敵手に委ねるを恥とする風が、数多く報告されている。

次はタイヤル族について一般的に述べている。「戦闘または出草において敵人に殺されたるときは、その屍体を敵人に委するをもって族衆の恥辱とし、力の及ぶ限りこれを奪回す。しかれどもこれをその社内に持ち返ることを得ず。深林または荒野の中にこれを埋め（渓頭・南澳両番）、あるいはこれを埋めず地上に置き、その人の所持せる皮簑をかぶせ更に樹枝を蔽い、石にてその両端を圧し、もって獣害を防ぐ（大嵙崁・ガオガヌ・屈尺諸番）。しかしてその人の所持せる銃、刀、帽その他の品は、ことごとくこれをその傍に棄てて持ち帰ることなし。爾後そこは避けて通行せず(104)」。ほぼ同様の記述は、セデック族外タロコ群についても見られる(105)。

また味方に死者が出た場合には、せっかく得た敵首も中途で放棄する、との記録もある。たとえばタイヤル族キナジー群では、出草して死者を出した場合にはその死体を途中に埋め、馘した首級も二つに裂いた樹枝の間に挿して棄て置く。それから夜間を待ってひそかに帰り、家に着くや、所持品一切を外に置き、小声で妻を呼んで戸を開かせる。なお出草の際に携帯した粟を残して置いて病人に食べさせれば、病気は速やかに全癒するとも信じられていた[106]。

味方側の死者については、このように村へは持ち帰らず、途中に放棄したという例が多い。たとえばセデック族の内タロコ群では、もし味方で馘首された者が出た時は、たとえ敵首を獲(と)っても村内に持ち帰ることなく途中に棄て、死体は変死者として同じく途中に棄てて来た。ただしこの時は、合羽(かっぱ)を上に蔽(おお)い、樹枝を載せて、敵および獣類が荒らすのを防いだ。そして村に着いても直ちに入らずに、夜間に一人ずつ静粛に入り、まず衣服・褌(ふんどし)およびその他の物を取り除いて裸体となり、家の前に来れば石を投じて家人を起こし、静かに屋内に入る。翌朝、屋外に棄てた衣服を祓(はら)って携え来たり、刀は他のものと交換して、再びその刀を手にすることはなかった。また負傷者を出した時は、首狩の主唱者から治療費を支払わせる一方、村内を探査して、私通や姦通した者がいないか調べた。もしそうしたケースを発見した時は、その者に治療費および相当の贖罪財を出させたという[107]。ここでは、社内で私通・姦通などの慣習・禁忌を犯した者を探し、その者に贖(あがな)いを出させるというのも興味深い。

次の例は、戦死者の寡婦を慰める場面の生々しい描写である。タイヤル族屈尺群の話だ。もし味方で馘首された者がいる時は、首狩の発起者は隊員によって叱責される。そしてその時は一同、途中で裸体となり、衣類および身の回り品は土中に埋め、局部は芋の葉で蔽って夜、ひそかに家に帰る。入口に着けば妻を呼び起こし、「褌をくれよ」と言う。妻はそれで不幸があったのを知り、褌を出して夫を屋内に招く。翌朝、夫は衣類を掘り出して持ち帰る。それから隊員一同、被馘首者の家に行って、その妻の両手を握り、「あんたの夫は途中で病死したのだから、悲しむな」と慰め、また入口には多数の婦女らが来て、寡婦の外出を防ぐ。こうして数日間は交代に守り、寡婦の悲嘆が和らぐのを見てから解散する。なぜなら、時には食事をしないで自殺を図る寡婦もいるからである。その時は、皆で無理やりに水を口の中に入れたという。(108)

　慰めるだけでなく、被馘首者の妻には謝罪として珠裙（ビーズ付きの布地）などが贈られることもあった。次はタイヤル族大嵙崁群の例である。


　敵首を得るも味方にて馘首せられたるものある時は、首を途中の洞穴に棄てて社に携うることなし。帰社するや、携えたる荷物全部を社の外に置き、暫く叢中に在りて日没を待つ。かくて子供らの寝静まりたる頃を見計らい、各々裸体となりて一人ずつ家に帰る。その時、家にありし婦は夫の帰り来るを見て「首を取りしや」と問えば、夫は「馘首したれども不幸にして死者を出せり」と答え、それより屋内に入る。

　翌日豚を屠りて社人一同に分け不浄を祓いて後、前日外に置きたる荷物を家に運ぶ。その夜、族長は衣を改むるや、四、五人の者と共に殺されたる者の家に赴きて、まずその妻を取り巻き、頭目おもむろに妻に向かって、「このたび馘首に出でたれども夢見悪しくして、ついに汝の夫、殺害せられたり。気の毒なれども諦めよ」と言う。その時妻は「夫の死したる後は妻一人生きて何の楽もなし。むしろ死するにしかず」とて、紐をとりて縊死せんとするを常とす。かかる時は四、五人の者、その女を取り抑えて気の静まるを待つ。かくて壮丁ら三日ばかりその家にありて監視し、婦人の落ちつきたるを見れば帰る。かかる場合には馘首を発起せし者より珠裙十二枚をその女に贈りて謝罪す。婦はそれを己の所得とするを得。(109)

こうした慰問とは別に、被馘首者の家屋や穀倉を壊した例もある。旧セデック族トロック群では、もし馘首されたる者がいる時は、これをプサナンと言って、屍体を捨てて帰村する。村に近づいても鬨の声を挙げず、静粛にして日没を待って入村する。それから殺された者の穀倉および家屋に向かって発砲してそれを壊し、そのままに捨て置くのである。翌月になると、若者らは敵地に侵入してそこの家屋を破壊するが、これをパヨホ(報復)と言った。そして帰村して飲酒し、さらに翌月になれば再び出草したという。(110)

斃れた味方——サイシヤット・ブヌン・ツォウ・ルカイ

以上、タイヤル族の事例を見てきた。では他の諸族ではどうだったか? まずサイシヤット族でも、同様に戦死者を放棄したらしい。たとえば、戦闘または出草で死んだ者は、サイシヤット族の領界まで負い帰って林中に置き、樹枝でこれを蔽い、石でその両端を圧し置いたという記録がある。また、出草中に戦死者が出た時は、たとえ敵の首級を得た場合でも、成功とはしなかった。味方の屍体は林中に棄て、樹枝でこれを蔽い、敵の首級も棄てて、持ち帰ることはしなかった。そして団員らはすぐに村に帰らず、途中に小屋掛けをして一泊した。その中で最年長の人は、カルビヒンと称する草一茎を取り、各隊員に対していちいち「パウヴァヴェ」「パウヴァヴェ」（帰り去れの意）と唱えつつ、その人の胸を右より左に払う。これは戦死した味方が隊員の身に付いて帰村することを防ぐためであった。これが終わって、各自その家に帰ることができたという[111]。

サイシヤット族ではさらに、被馘首者の名前はタブー視され、名づけに用いられなくなった。すなわち、同姓の中で、かつて自分と同名の者の子で、敵人に馘首されたり、または蛇に咬まれて死亡したことがある時は、その子の名はこれを禁忌として、自分の子に命名することはなかった。たとえばアタオという人に子が生まれた際、かつて同族中にクリユー・アタオ——父子連名制をとるためクリユーは本人の名でアタオは父の名——という者がおり、蛇に咬まれて死んでいた場合、アタオはクリユーという名をその生まれた子に命名することはなかった。その理由は、この名を子につけた場合は、その子はクリユー・アタオと呼ばれ、蛇に咬まれて死んだ人と同一の呼称を得ることになってしまうからである[112]。

次にブヌン族、ツォウ族の例を続けて掲げるが、やはり馘首された者の死体は帰社途中にて処置されている。まずブヌン族干卓萬群では、出草して反対に馘首された時は、その屍体を途中に埋め、帰村しても飲酒しなかった。ただ、家族を慰問したり、謝罪・賠償などのことはしなかった。こちらの首狩隊も敵を馘首した場合には、酒宴を張って歓喜すること、通常の成功時と同じだった。ただしその時は、馘首された者の父が首棚の前に来て、「カクウエ」という唄（?）を歌った。(113)

ツォウ族については次のように言われている。敵に馘首されたる者の遺骸は、そのままに棄て置いて収めることなく、その者の所持品は皆そこに放置する。ただしタコプラン群では、茅または草でこれを蔽い、あるいは火を放って焼いたという。また、戦死者の屍体は埋葬せず、単に茅または樹枝を蔽いおくのみだった。ただし味方に戦死があった場合でも、凱旋式を行うには差し支えなかったが、戦死者の妻子はその式に出なかった、との記述も見える。(114)

ルカイ族からも、やはり被馘首者の屍体が忌まれた例が知られる。たとえばブダイ社では、被馘首者の屍体には手を触れることを忌んだ。したがってこれを家に持ち帰ることはなく、これをそのままにしておいたという。また、すべて敵より取り返した首級は、その胴体と共に葬って差し支えなかったが、いったん持ち去られ、敵方の儀礼（現地語パリシ）を受けた時は、これを取り戻すことはなかった。理由は、これを社内に引き取った場合、他日その社内にまた馘首される者を生ずるとの「迷信」からであった。(115)この例からすると、敵から取り戻した味方の首は、その胴体と一緒に葬ることもあったらしい。

斃れた味方——パイワン・プユマ

パイワン族（ここではルカイも含む）一般における「戦死者の処置」については、詳しい記録が残されている。これによれば、死体を村内に入れることを禁忌とする所と、しない所とがあったようである。原文に近い形で引用しよう。

（一）収容　本族一般に、戦死したる味方の屍を敵に委するを恥ず。ゆえにこれを奪回して肩に負い、敵に攻撃せらるる虞なき地点まで来たり、その屍の両手、胴および両足を縛し、広き番布（番語コバルと称する袈裟）にて包み、その間に棒を通し、あたかも豚を担うがごとく、両人してこれを担ぎ、自党の領域に持ち帰り、壙を穿ちてこれを埋む。クナナオ社にては番轎を作り、これに屍体を載せ担ぎて帰る。およそ出草者が定めたる日に帰来せざる時は、一党内の番丁出でてその方面を捜索し、その屍を発見したる時はこれを自党の領域まで持ち帰るを例とす。

（二）埋葬　戦死者の屍を埋むる方法は普通の埋葬に同じ。ただ、（1）パイワン諸番においては戦死者（特に馘首せられたる者）の屍をその部落内に入るることを忌むがゆえに、郊外一定の場所（禁忌の林地にして平常人のこれに入ることを禁ず）に埋む。パリジャオ番においては、この時一人の巫は戦死したる場所に至り、血痕の浸染せる土を取り、告げて曰く、「汝の往く所はすでに準備せらる。速やかに帰来せよ」と。これを持して死者の家に往き、告げて曰く、「汝はこの家を離れ、定めたる所へ往け」と。その土塊および死者の所持品とを持して郊外の禁林に至り、屍と共に埋葬す。この時、巫はこれに告げて曰く、「汝、怯懦にして敵に殺さる。我らは汝のために復讐すべし。汝、出でて助けよ」と。一同発銃して帰る。翌日、主だちたる者、死者の家に会し復讐の議を決すと言う。（2）ツァリセン諸番には、戦死者を部落内に入ることの禁忌なしといえども、多くの社においてこれを通常の墓に埋めず、家の入口の墓に埋む[116]。

ただパイワン族でも、被馘首者を村内に葬った例が見られる。つまりスボン渓以北のパイワン族における「墳墓」（現地語ロバン）について、この墓は中庭の内、男用寝台（現地語ソロル）近くにこれを設けた。ただし嬰児は女用寝台の下に、敵に馘首された者は入口から中庭に通ずる路に埋めた。いずれも墓の上を一枚の石板で蔽い、土間と地面を均平にしたと言い、またスボン渓以南の同族「墳墓」（ロバン）は、一般にこれを後室の中央に設けた。別にその室の中仕切りの前に設けて変死者（馘首された者も含む）を埋める所としたという[117]。

先に見た例で興味深いのは、馘首された味方の死体に対し、叱責が加えられた点である。同様のことは、前章（一二六頁）フィリピンからも報告されていた。次の記録には、それがさらにくわしく出ている。それによると、パイワン族でおよそ敵に馘首された者がいる時は、これを聞きつけた村民または他村にいる親戚・故旧は直ちに来て、哀悼するのが礼儀だった。この場合、男子は槍または銃を携えて走り来るべきものである。コボジ群および北パイワン群の南部においては、この時喪家の前で天に向かって発銃する。これをイラリブジャヌという。またコボジ群においては、敵に殺された者がいる時は、その近親の一人が死体に対し、刀で左右十文字に斬り付けるさまをなし、「お前はどうして殺されたのか、なぜ敵に対抗しなかったのか」と叱責し、その後、帯で臂（ひじ）を縛り、その両端を頭部の方に回し、棒をその胸前に縛りつけ、方形の布をかぶせてこれを扛（かつ）ぎ帰ったという。(118)

パイワン族については、社民中に被馘首者が出た時に「悪を祓う」儀礼のことも見えている。これは、出草に出て殺された者ではなく、在村の非戦闘員が馘首された場合の対応として興味深い。北部パイワンのチェババオ・コワバル両社からの報告で、長くなるが引用しよう。

当社において、社民中敵に馘首せられたる者ある時は、一社共同してスモクヤ（悪を祓うの義）の祭を行う。その式下のごとし。

第一日、スマヌパツグラヌ（この義審（つまび）らかならず）と云う。この日、馘首せられたる者の家に社民集合す。早朝、巫は奥室の中央にて饌（「霊」に食物として供える乾燥した豚脂）を供え、死者の名を呼び「敵社にて饗応さるることなかれ。汝敵人の食を食い、後より社人を伴い行くことなかれ」と称え、饌を取りて前庭に投げ棄つ。集合せる社民は同音に「安んぜよ。必ず復讐すべし」と叫ぶ。

第二日、キスサボロ（槍を除く義）と称し、巫は再び死者の家に赴き、前庭にて饌を供え「槍を捨てよ、今後争闘せざるべし」と称え、饌を取りて家の後に投棄す。

第三日、スマノジャジャア（祭屋を作る義）の祈禱を行う。この日、死者の家および頭人よりおのおの小豚一頭を出す。頭人家の前庭において、まずその中の一頭を屠り、巫はこれを供え饌を投じ、タカラウス（パイワン族発祥の地とされる大武山およびそれと同一視される神）の霊を呼び、「今後社民を敵人より馘首さるることなきように保護せよ」と祈る。その後、番丁等は残りの一頭を持し、頭人および巫と山上に至り、小さき石屋を作り、しかして巫はこれに対してその豚を供え饌を投じ「タカラウスよ。死者が敵社にて饗応を受くることなく、今後社民の馘首せらるることなきように保護せよ」と祈る。供えたる豚はそのままになしおきて帰社す。先に屠りたる豚は、頭人および死者の家族にて食い尽くす。

第四日、ルマスジ・ト・カジュナガヌ（土地を整理する義）と称す。この日、巫は頭人家に赴き、奥室にて豚骨一片、餅一箇（小）を供え「今後社民の馘首さるることなきように」と祈る。終わって、頭人と共にコワバル社東方の山上に赴き、石板石にてタビタビ

（小屋）を作り、饌を納め「すでに地を整えたり。今後社民の馘首せらるることなきように」と称え帰る。

第五日、スマノロコム・トワ・キナジヤン（社に元気を附する義）と称し、巫は頭人家の入口にて饌を投じ「死者が敵人の饗応を受けざるように、社民の馘首さるることなきように」と称え、饌を前庭に投げ棄つ。この祭祀終われば死者の家族、親族あるいは知人、協議して日を期し集合して敵社に出草す。祭祀中社民は社外に出でず休業す[119]。

次にプユマ族に移ろう。次の例では、馘首された者も常死者と同じく屋内葬にしたが、常死者ならばそのまま住み続けた[120]のに反し、この場合家人はその家を離れたということらしい。すなわち台東庁のプユマ族について、村内に馘首・殺害などの変死者があった時は、まず変死者を一定地（卑南社ではディルディル山麓）に運んで行って、その家族に通知し、家人は直ちに炊具その他の日用器物を戸外に出し墓壙を掘り、入口右側の壁を毀してこれを屍体の入口とし、準備ができたあと屍を迎え、新たな入口で死者の顔を洗い、上衣を更えさせ、布で巻き、屋内に運んで直ちに墓壙に納め、土で蔽う。家人一同は祈禱を終わって川に赴き、変死者に対する祈禱（双生児の祈禱式と同じ）を行い、帰宅すれば、屋外に仮小屋を結んでこれに居り、他人と水火を別にする。翌日さらに小屋を新たに建ててこれに移り、第三日にもこのようにする。これは、魔神と漸次に相遠ざかるものだと言われていた[121]。

首を切られた幽霊譚

以上のように、被馘首者は一般に変死者として、通常の死者とは異なる扱いを受けることが多かったようである。そして、首を切られた者の幽霊に関する物語も少なからず伝えられている。序章に出さなかった例をいくつか挙げよう。

まずサイシヤット族の例では、

人に馘首せられたる者の霊は深夜現れて人に火を求むることあり。最初に「ムー」（口を塞ぎ鼻より発す）と声し、次に「フー」と口より噴き、次にまた「ムー」「ムー」と響く。かかる場合には直ちに木片に火を点して外に棄て、しかして固く戸を閉ずべし。もし途中で出会いたるときは家に帰りて、かくなすべし。しかしてその翌一日は外出せざるを可とす。(122)

また同族では、「被馘首者の霊」をシャハップイハブンと呼び、これは「夜間人の林中を通行すれば石を投じて悩ます」(123)とも言う。同様の話は南勢アミ族からもある。それによれば、首を取られたる者の霊魂は度々帰り来りて、或いは婦の上に乗り、或いは蕃刀を抜く音をさせ、或いは棚より物を落とすがごとき音をさすることあり。または豚となりて厨(くりや)に来ることありと云う(124)。

被馘首者の霊は、首だけの姿で想像される場合と、胴体だけの姿で想像される場合の両方が見られる。まずは前者の例である。タイヤル族の大嵙崁群に属する角板山社の話では、

昔、ある者山に行きて日暮れしかば小屋に寝(い)ねしに、人の来る音す。見れば頭のみ見えて体なし。彼驚きながらも「汝、何ゆえに来たるや、我は馘首すること百度を越えたり、汝のごとき者来ればとて怖るる者にあらず、疾(と)く去れよ」と怒鳴りつつ、煙草を投ぜしに、その頭は消え失せたり(125)。

次は反対に、首なくして胴体だけという描写である。ツォウ族達邦社で採録された話だ。それによると昔、二人兄弟がおり、ある日ともに狩猟した夕方、弟は食事の準備のため先に狩小屋に戻った。途中「一面血痕斑々たれば、或いは兇蕃来たりて弟を殺せしにあらずやと」急いで兄が戻ってみると「弟の首はなし。あっと思いて躊躇する間に首なき弟の胴は動き出し、匙(さじ)

にて頸の切口に飯を入る」。兄が驚いて逃げ出すと「首なき怪物」は「待て待てと呼ばりつつ両手を挙げて追い来たりぬ」。あわや追い着かれるという時に、大勢の猟師を見かけた兄が救けを求めると、「怪物も大勢の姿を見たれば忽ちその姿を隠せしとなん」[126]。同様の伝承は、早くに伊能も採録している[127]。

装飾と芸術

前章（一五〇頁以下）で確認したように、東南アジア各地においては敵の頭蓋のみならず、その他の身体諸部が装飾品などとして用いられてきた。また首狩は、芸術モチーフとも深く関わっている。

まず、頭蓋以外の部分が装飾品に用いられた例から見よう。タイヤル族では、馘首した頭蓋骨よりその歯牙を抜き孔を通し、これに硝子珠などを点綴し、数珠のごとくにして、馘首した当人ないしはその子弟に限り、頸飾りとして用い、その強勇を衒い、本人の死亡と共に副葬する風習があった。さらに馘得した敵人の歯だけでなく、獣類の歯牙または熊蜂の頭（これは南澳群に多いという）を数珠のように繋いで頸飾りとしたるものがあった[128]。

プユマ族などでは、敵の頭髪がことに珍重されたようである。ここでは「番刀」を「タラウ」と言い、「馘首に用いたる番刀に限り鐺にその首の頭髪を垂下す[129]」。森丑之助が一九〇四年（明治三七）に撮ったプユマ男性の盛装写真では、槍と刀に黒々とした頭髪が下げられ、その武勲を誇示している[130]。

「有黥蕃たる木瓜蕃」すなわちセデックの木瓜群について、鳥居龍蔵の報告によれば、彼らはつねに腰に刀（現地語シマダット）を佩びる。この刀の鞘は、一方のみ木で、一方はスカシで針金を格子のごとくしている。彼らは好んでその刀鞘に人の頭髪をさげるのである。鳥居が見た物のうち、最も多量のものは二十人の頭髪を鞘に掛けていた。なお彼らは、肩より背に一枚の獣皮をかける。その獣皮にも、彼らの刀の鞘におけるがごとく、人の頭髪を装飾となし付す。鳥居の見たもので最も多いものは、四十七人の頭髪があった[131]。

こうした馘首数の記録は、入墨や頭髪以外の形でもなされたようである。たとえば伊能嘉矩によれば、「北東部地方の生蕃」（タイヤル族）が人を殺すには主に銃を用い、斃れたのを見て刀を抜き、首を馘し去るのであるが、その銃尾の部分に短直線の刻み目を付けるというのだった。すなわち、一人を殺せば一本線を刻すのである。また刀もしくは弓などで殺した場合にも、刀鞘の下端または弓の弦端の部分に同様の刻み目を付けるとされていた。そしてこの刻み目の事をすべてムユパンと呼んでいた。なお一九〇八年春に伊能は、総督府民生部の蕃務課に所属していた蕃俗品陳列室において、六七の「殺人数記」を刻んだ銃を実見したとも報じている[132]。

鳥居龍蔵が一八九八年七月から一二月までの台湾南部調査について報告した中にも、次のように述べられている。パイワン族の「牡丹社にも人首を所有する者あり。この地は、酋長の家には、入り口の前の石筐（せききょう）中に数個の首級を並列しあるを見たり。この地の蕃人の帯ぶる刀には鞘室に人頭を彫刻したり。人首を斬れば斬る程その数を加え、その数の夥多（かた）なるをもって名誉とす。牡丹社中その数の最も多きものはカヤバと称する蕃人なりとす(133)」。

家屋に施された人頭彫刻についても、首狩慣行との関連が説かれてきた。伊能によると、ツァリセン族において「酋長たるべき家格を有する一族が、その長酋表示の意味において、家屋外向の鴨居に相当する横柱に、各種の彫刻模様を施す中に、頭顱の形状を並列することあるがごとき、よし直接に頭骨の蔵置と関係を有せざるにもせよ、要するに、頭顱愛貯の風に導かれて胚胎せるものなるに近しと謂（い）うべし(134)」。

森丑之助は一九〇四年、実際にこれを裏付ける証言を、パイワン族のライ社で聞いている。すなわちここでは「家は石盤石をもって作り、軒下には頭目系統者の階級的尊貴を表するために人頭および人面等の彫刻をなせり、左の壁間にあるは頭蓋骨にして古代には頭蓋骨を並べ飾りしを、中世この彫刻物に変化せしなりと云う(135)」。

首狩の二型式

以上、台湾原住民諸族における首狩の行程、戦死者の葬り方、そして装飾品や美術モチーフとの関連を横断的に見てきた。これらには共通点が多かったためだが、次に相違点の方に目を向けよう。すると、ごく大まかに、二型式の首狩慣行が区別されるように思われる。本章ではそれらを〈頭骨架型〉と〈集会所型〉と呼び、それぞれの特徴を論じてゆくことにしたい。断っておくが、以下の所論は各族内部における多様性を承知した上で、あえて類型化を試みるものである。うまく分類に合わない事例も存在するのはもちろんだが、こうした区別によって、それぞれの社会全体において首狩の占めていた位置が明らかになる面もあるだろう。

まず〈頭骨架型〉首狩とここで名づけるのは、一般に頭蓋を保存する施設が充実していたタイヤル族、パイワン族の首狩を主に指している。両族にはこうした頭架の発達と共に、注目すべき共通点も見られた。馘首者は広く入墨などの形で表彰され、そしてことにタイヤル族においては、そうして馘首し入墨した男子のみが他界に赴くことができるという観念も広く結びついてきた。

他方、ツォウ族・プユマ族・アミ族では、年齢階梯(かいてい)制と若者の寝宿ともなる集会所が発達し、これが首狩と強く結合していた。〈集会所型〉首狩と名づける所以である。そこでは年齢組の進級式において出草した例が多く見られたし、特にプユマ・アミの両族では〈頭骨架型〉と違って頭蓋の保存にあまり熱心でなく、むしろ軽視するかの態度が見られることもしばしばであった。

なおブヌン族の首狩は、この分類にうまく収まりきらない。ただ本章では、次のようなことを考慮して、一応〈集会所型〉の方に入れておいた。すなわち、ブヌン族では入墨がなされず、他界観と首狩との結合も見られなかった。逆に、かつて若者宿が存在した可能性が指摘されているし、森丑之助[136]は「ブヌン族およびアミ族のごとき、比較的髑髏愛蔵の感念(ママ)薄き種族」と評しているのである。以下、両型についてくわしく見てゆくことにしよう。

頭骨架と〈霊魂の梯子〉

タイヤル族の頭骨架は目につきやすいこともあり、その報告は数多い。なお頭骨架をタイヤル語では「サカオ」(sakau)と言い、これは寝台や望楼も指す語である[137]。

まず一八九七年の五月から一二月にかけて台湾各地を踏査した伊能嘉矩の日記『巡台日乗』から引こう。タイヤル族屈尺群「Rahao 社の頭目 Watantaimo は半老の長老にして風采あり。一行の彼が家に至るや、彼は家外の畑に出でて耕しつつありしが、これを聞くや直ちに水流に赴きて手を洗いつつ来たり、手を挙げて日本の軍礼を施せり。すなわちその家に入りて憩う。……後、彼に伴われて頭顱架を見る。頭顱架は一頭目の主管に属するものにして、家宅を距ること六、七町の遠方にあり。この処に彼の別宅あり。架は別宅の前方数歩にありて、丸木を支柱とし、さらに丸木を横排して架とし、架上に列よく頭顱を置く。総数九個にして、うち二個は皮肉まったく脱せず、額上の籐索なお存せり」という状態であった[138]。

同族北勢群マピルハオ社では、木・竹製の頭架を見ている。「頭架は副土目の屋前十歩にあり。高さ三尺、木と竹とを交えつくり、草にて粗葺したる下に六個の頭顱あり。その一は皮肉いまだ脱せず、数十日を経るに過ぎざるもののごとし。この新顱の下、一尺四方ばかりの小布片を垂る。いわく祝儀に用いしものと」。そして、頭顱の口に飯を入れる光景も観察している。「この日早朝、予の頭架を眺めつつありし時、年齢十七、八に見ゆる一蕃人来たりて架下に至り、一握りの飯を取り出して新顱の口に入れて去る。すなわちその故を問う。彼空腹ならん、故に食を給すと。けだしこれ、その首を伐れる蕃丁にして、斬首者の頭架辺に来ることあるや、必ずしかする習慣ありという[139]」。

さらに伊能は、セデックの霧社群パーラン社でも、頭架を実見した。「頭架はVatakaneと呼ぶ両木を柱とし、横柱二木を支えて架し、中部に石版石を置き、新頭架をこの中位に置き、後部に茅を横木に結び附けたる竹竿を建つ。これをVurumと言う。みな頭人の主管にかかり、中社には八個、上社には三個あり。しかして地の習慣として、頭人の死とともにその旧頭を去

図4-5　新店地方のタイヤル族マライ社の人頭架。その総数は40余個あったという（伊能　1896a）

り、これを篠条に束ねて穀倉の外に懸く。……人頭の腐壊までは食を供する由にて、中社にはその痕跡ありき」[140]。

　このようにタイヤル族の頭骨架にも、その材料（木、竹、石版石）、屋根の有無などについてさまざまな地域差のあったことがうかがえる。図4－5には、そのうち伊能が掲げた「新店地方なるMalay社の人頭架」[141]を示した。

　なお伊能の日記にも見えたように、タイヤル族では初め頭骨架に置き、白骨化した頭顱を穀倉に吊したという報告が少なくない。たとえば萬大群では、首が白骨となれば、誰の家でも倉庫の後ろの軒下に吊しおくと言い、眉原群では首棚に置くこと一か月、獲物が多い時は二か月間載せておいた。その後は穀倉に吊しおいた。首棚は修繕することなく、腐朽すれば馘首した時に新造したとされ、キナジー群では、首棚は一回ごとに造って古き頭骨を列べおくことはなく、白骨となれば皆、籐籠に入れて穀倉の側壁に吊しおいた。またセデックの霧社群については「当蕃にては他族のごとく頭骨を集会所あるいは一箇所の頭骨架に納むることなく、各自穀倉の周囲に吊し置きて示威の飾りとす。しかして馘首せる時に屋前に設けたる架に載せ置くは数月間のみにして、肉落ちたる物は架より下して穀倉の周囲に吊すなり」[142]。鳥居龍蔵が写真に収めたのは、マイバラ群における高床の穀倉に頭骨が吊された様子である[143]。

こうした頭骨架の傍らには〈霊魂の梯子〉が置かれることも一般的だったようだが、名称・材料・形状ともさまざまな報告がある。

まず合歓群では、首棚の右傍には葉のついた腕太の竹三本を立てて招魂の標とした。左のをコージツ、中のをラーヤン、右のをペメロフと言い、総称してウグイと言った。コージツには地上三、四寸の所から二寸ごとに茅の芯を結び、ラーヤンには五、六分ごとに凹みをつけ、ペメロフには標をつけなかったという。マリコワン群では、首棚の前に葉のついた五本の竹を立てたが、一本には茅を結び、一本には凹みをつけ、他の三本はそのままにした。北勢群では、首棚の傍にはバエトッフといって竹に茅を結んで「神の梯子」を立てた。汶水群の場合は、頭骨架の側にはバイトンといって、先に葉のついた竹に、そのガガで馘した首級の数に応じて茅を結びつけたものを立てた（図4－6）。そしてセデック族トロック群では竹に茅を結んで梯

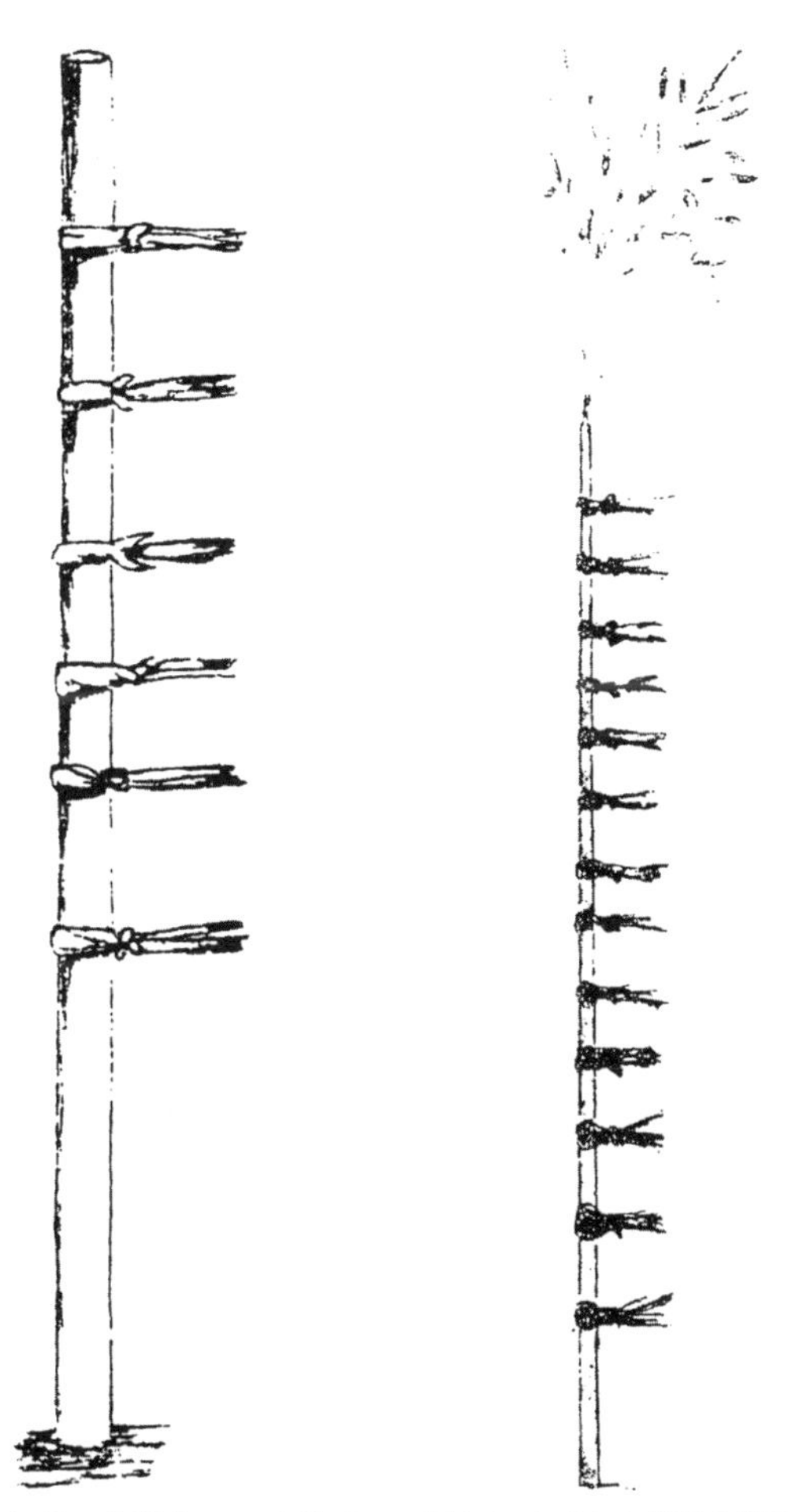

図4-7　セデック族トロック群の〈霊魂の梯子〉シバッルントノフ（佐山　1913-21 III 前: 30）

図4-6　タイヤル族汶水群の〈霊魂の梯子〉バイトン（佐山　1913-21 II: 67）

子を造り、それを神の梯子（シバツルントノフ）と称して首棚の傍に立てたという(144)（図4-7）。

森丑之助は次のように説明している。「霧社蕃等サーデッカ派の頭骨架は、棚の支柱は必ず叉ある木を利用し、竹をもって棚を架し、その上に一列に頭蓋骨を並置し、新を中心に旧を左右に置くこと、タイヤル派に同じといえども、新首の上に茅をもって低き屋根を作り、膚髪の永く骨に存することを計る風あり。なお各支柱の上端に青竹の枝を縛り、かつ馘首の都度に頭骨架の背後に長竿を立て、その節ごとに茅を梯子形に縛る。この竿をシンバロンと称し、その梯子形の茅をハンゴーオットフと称し霊の梯子の義にして、頭蓋骨の霊魂これに拠（よ）りて宇宙より昇降すとの迷信に出ず（萬大社の頭骨架は霧社蕃に倣（なら）えり）(145)」。

ここに見えるような、死者が「梯子」を伝って他界へ赴くという観念は、タイヤル族からあまり出て来ないが、次の供述にはそれが表れている。すなわち南澳群ピヤハン社からの報告では「敵（パリス）を馘首したる者の手には血液附著すれば、祖霊はそを見て霊界の梯子を登らしむ。されど馘首せざる者は梯子より落としてクババン（鯊魚（ふか））に食わしむ。機術（はた）を知らぬ婦女も同じ(146)」。

この事例に見える「梯子」が、タイヤル族で他界へ続くと考えられた「橋」と同じものを指すことは明白である。これは恐らく、タイヤル語の原語ホンゴ（hongu）が「梯子」と「橋」の両方を指す語であるために(147)、これを日本語に訳す時点で生じた混乱だろう。ここでは一応、森の言うハンゴーオットフ（hongu utux）を〈霊魂の梯子〉と訳しておこう。

〈馘首守護標幟〉と〈馘首成功標幟〉

〈霊魂の梯子〉の他、馘首に成功した場合には二種類の幟状の物が作られた。これらを台湾の人類学者・胡家瑜らは（a）〈馘首守護標幟〉および（b）〈馘首成功標幟〉と名づけている[148]。ここでは二枚の図を掲げる。図4－8は、一八九八年に台湾を旅行したオーストリアの東洋美術研究家アードルフ・フィッシャーが、当時埔里社撫墾署長を務めていた長野義虎から見せ

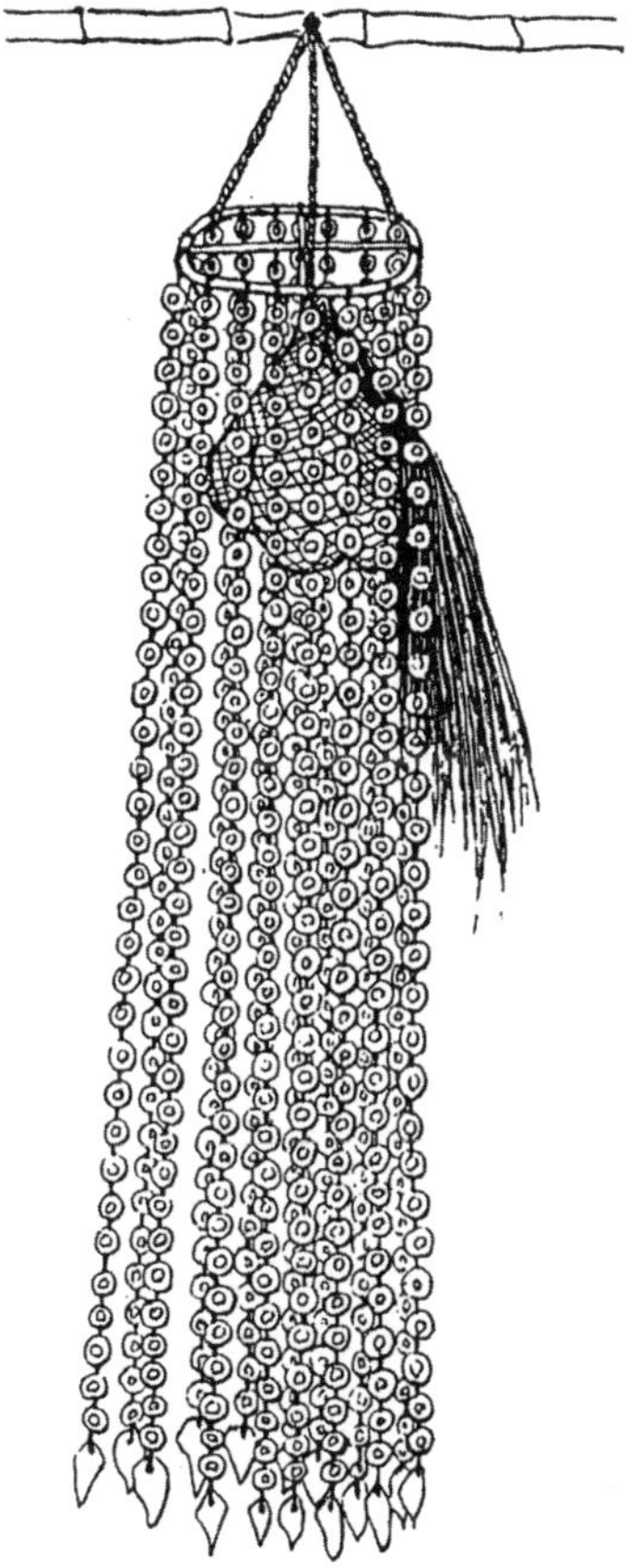

図4-8　タイヤル族の〈馘首守護標幟〉タカナン（Fischer 1900: 136）

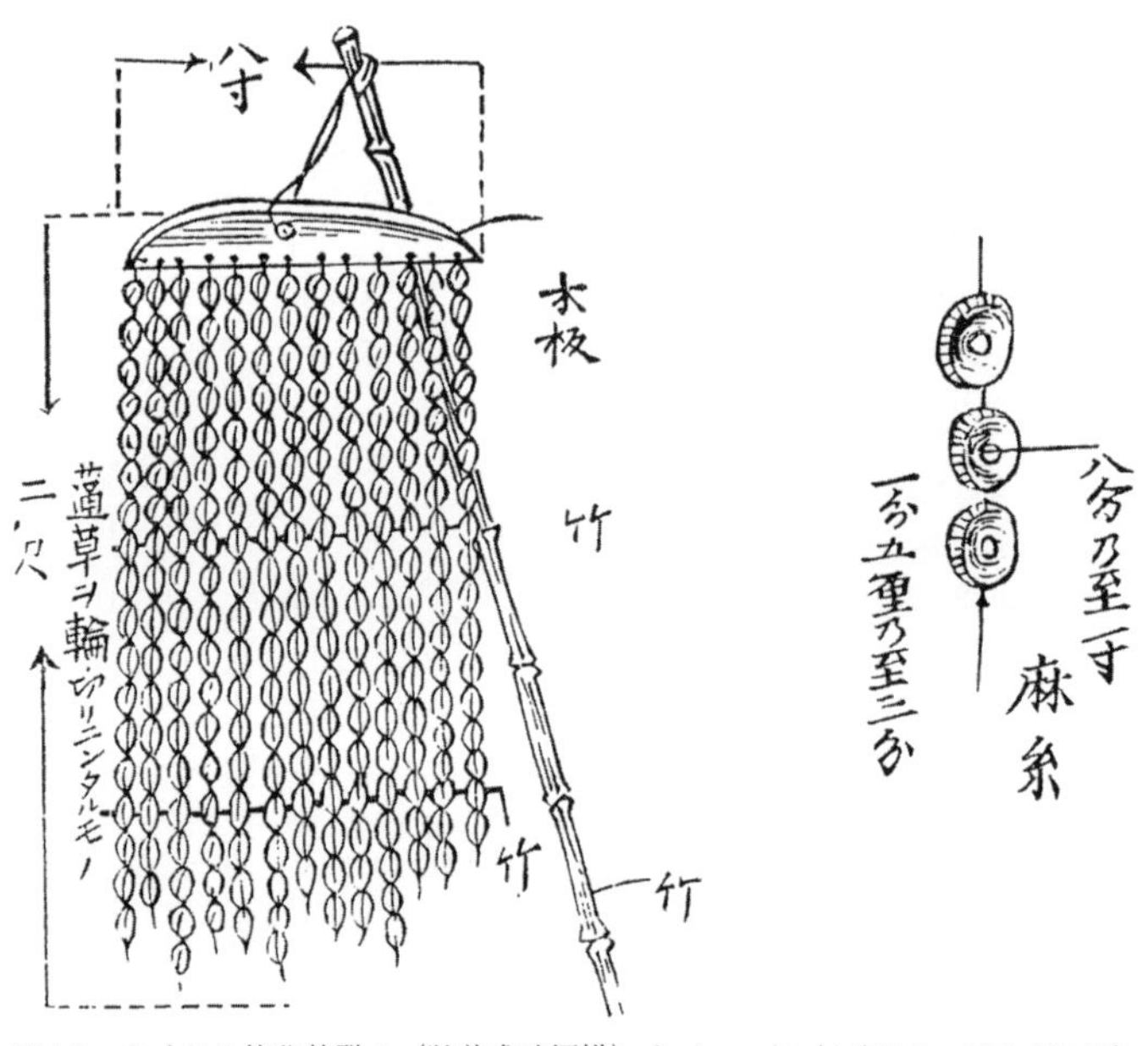

図4-9　タイヤル族北勢群の〈馘首成功標幟〉オベェーヤ（小島ほか　1915-22 I: 96）

てもらった「野蛮人」の「タカナン」[149]。そして図4‐9は、小島由道による『番族慣習調査報告書　たいやる族』に掲げられた北勢群の「オベェーヤ」である[150]。これらが記録にどのように示されているか、両者の使い分けに注意しながら見てみよう。

まず、こんな説明がある。萬大社および北勢群においては、首級を首架に置いた時は直ちに（a）タカナンまたは（b）オベーヤと称するものをその頭骨の上方に吊す。タカナンまたはオベーヤは、蓪草（かみやつで）で作った瓔珞（ようらく）である。これを大きな竹の端に付して首棚の上に立てると、風のために動揺して首架に一つの飾観をなす。このタカナンは霊を招く(ツマベウツトフ)ためにするものである。すなわち新来の首級が現地人から酒食を供せられた時に、自分の親戚にも分与するようにと、これでその霊を招く意である。こうする時は、その人の父母兄弟などもまた必ず馘首されてここに来ることになる、と言われていた[151]。

今の記録では、右記（a）と（b）は区別されていない。しかし、両者が明確に区別されている事例が多い。たとえば合歓群では、蓪草の芯で作った（b）シラワと称するものを高い木の枝に吊す。風が吹いて来て回るのを見て喜ぶ。彼らにその理由を尋ねたが、知らないと答えるのみだ。シラワを作るのは未婚男性で、馘した首が二つの時は二つを作って左右の枝に、三つの時は左右および幹に吊す。他方の（a）チネットは族長の家にのみ備え置くもので、二尺ばかりの瓢(ひさご)を二つに割り、その中央に籐を吊し袋をさげ、その中に頭髪、松明(たいまつ)および燧石(ひうちいし)を入れておくものである。瓢の切口には、蓪草を籐に貫いたのをさげて飾りとする[152]。

キナジー群の場合、（b）ワヤは厚さ一寸くらいに截った蓪草の芯を籐蔓で貫いて造ったもので、竹に吊して馘首者の屋前入口に立てるものだった。対して（a）チネットは瓢を二つに截って、その中央に袋を下げ、周囲には蓪草の紐を下げたもので、頭目の家の梁(はり)に吊しおき、馘首ごとに頭髪の幾分を入れて貯えるものだった。中には蓪草の代わりに頭髪を下げたのもある。そして昔は、台湾人の頭髪は三組に編んであったので、二組を馘首者が取って一時穀倉の外に吊した後、刀の鞘の飾りとした。そして他の一組は頭目が取ってチネット（袋）に松明、燧石、打金と共に入れて貯えたものだったという[153]。

今の例にも見えたように、（a）の周囲に垂れた部分の材料や機能については、さまざまな記録が見られる。たとえば北勢群の「テナトコーロ」も、「周囲に頭髪を垂れて飾りと」していた。また南勢群白毛社では、蓮草と瓢で作った（a）ビラホエと称する物を族長の家に吊しおき、馘首の度数を示した。その形はトロック群のフカヤのごとくだった。首一つ取る時は蓮草の一条を増加し、二つとる時は二条を増加して、順次瓢の周辺に下げるのである。このビラホエの他に（b）ヤワと言って、木と蓮草で作ったものがある。これは馘首の標で、社中の高い木に吊すことも、トロッコ群と同じだった[154]。

今の例に出ていたように、トロック群の（a）フカヤも馘首数記録という機能を果たしていたようだ。すなわち馘首者は首級の頭髪と茅とを二人で持ち、刀で中央から二回切り、それを括って頭目に贈る。頭目はそれをフカヤの中に吊してあるタウカン（網袋）中に入れて貯えおく。これは、後日その数を知るに供するのである[155]。

また伊能が一八九七年の踏査旅行中、霧社付近のパーラン社で見た（a）タカナンには、被馘首者の性別を示すらしい木片が吊されていた。刀・鏢（こじり）・槍は男子を、木匙・織機打棒・屈曲線は女子を表すと伝えていたという[156]。

この（a）〈馘首守護標幟〉は、出草の際に必ず携帯することになっていた。マリコワン群の場合、チネットと称するものが族長の家にあった。それは祖先伝来のもので、一個あるのみだった。もし族長にして子がない時はそれを棄て、新任の族長は新しく作るのだった。これは蓪草で作ったもので、トロック群のフカヤと同じである。内部には頭髪、松明、燧石を袋に入れて吊しおく。これは前族長から珠裙一枚で購ったものである。そして出草しようとする時は、その袋を携帯してまずシレクという鳥の声を聴いて吉凶を占い、それから出草中携帯して、松明の残りがあればその袋に入れておき、次回の出草の時に始めて小屋に宿した時、その松明を点じて火を取るのであった[157]。

他方、(b)の機能については諸記録ほぼ一致して、馘首の事実を示すこと、としている。たとえば汶水群では「ワワッヤとて……樹枝に結びて馘首せるを他社に示すものあり。首級一箇に対してワワッヤ一箇の割なり[158]」。伊能もまた、北勢群の武栄(シバエないしブヨン)・蘇魯(メスロー)・馬那邦(ワーガンないしマナバン)の三社に、遥かに白旗状のこれが翻るのを目撃した。これはすなわち、この地の言葉でオワヤと言い、頭顱を伐り取った時の表識となすものだった。「嗚呼(ああ)白色なるOwayaが風に揺揺として実踏の客の目に入る毎に、誰れか行く人の死地に入るの凄惨(せいさん)を媒せざらんや[159]」。

以上要するに、(a)タカナン、チネット(テナト、テナトコーロ、チナトとも)、ビラホエ、フカヤなどと称される物は一般に首長家にのみ保管され、出草には必備の〈守護標幟〉であって、馘首数の記録に供される所もあった。他方(b)はオベーヤ、オワヤ、ワヤ、ヤワ、ワワッヤ、ワワヤ、シラワ、パラカーヤ、ヴァラカーヤ、ペイラなどと呼ばれ、村内の樹木などに高く掲げられて馘首を対外的に示す〈成功標幟〉だった[160]。ただし先に見たように、両者が混同されている記録もある。

また少なくとも霧社付近のセデックでは、馘首の帰途、首狩したことを知らせる標示を路上に設けることもあったらしい。たとえば伊能は一八九七年八月二六日、パーラン社に向かう途中で「一平石上に草茎を置き上に石を載するもの三個を見」たが、これは「蕃人の頭顱狩りに出で頭を伐り来るやすなわちこの事あり、もって他蕃に示す」もので、これをパサマトンノフ（置頭の意）と言っていた。佐山の報告書でも霧社群について「馘首する時は直ちに引き挙げて安全なる地点に達すれば茅を編みて簾を作り、二箇の石を載せ置く、これをトマムストノフと云う。馘首したる標なり」と言及している[161]。

なお、ワワヤとテナットはサイシヤット族でも用いられ[162]、ことに後者は今でも漢族式の神座内の籐籃に納められて現存し、毎年旧暦二月一五日には、過去に獲って来られた首級の霊魂を慰藉し保護平安を祈求する「ティナアト祭典」が行われている[163]。その他ブヌン族でも、濁水渓方面でタイヤル族に境を接する村にあっては、馘首した際に蓮草で瓔珞のごとき幡を作り、竹竿に吊して立てる所があったが、これはタイヤル族の風習をまねたものだった[164]。

さらに花蓮港庁アミ族では、獲得した首級を村へ持ち帰り、これを漏斗状の竹（パトゥトゥアン）に載せ、周囲に数十本の「パタクワ」を立てたという。このパタクワは「蓮草の真を、細く割りし竹に付け恰も白花の咲ける如く[165]」したものと言うから、タイヤル族の「パラカーヤ」に通じるものであろうか。

ところで、サイシヤット族の頭骨架については、不明な点が多い。すでに一八九七年台湾踏査の際、伊能嘉矩はシパジー社のサイシヤット族につき、「頭架は近年劉〔銘伝〕巡撫の征討を受けて以来、これを地に埋めし由にて、これを見るを得ず」と記し[166]、『台湾蕃人事情』にも「アムトウラア」すなわちサイシヤット族について、「現時に至りては頭顱愛蔵の風あるにあらず、畢竟百年以来漢人との往来交渉の密なる結果漸次に其の旧態の中止に近づきつゝ、あるは事実なり」と述べた[167]。

ただし伊能はそれに続けて、「ちなみに云う、清暦・康熙の末年頃までは、この蕃族〔サイシヤット族〕もまた激烈なる馘首者たりしことは掩うべからざる事実にして、漢人の記録によれば「彼等は常に草莽の中に埋伏し、人の通過するを覗いてこれを殺し、首を馘し去るを常とせり。将来、北部台湾を拓くもののために当局者は善後の計を為さざるべからず」との意を表せしものあるによりて知らる[168]」と注記している。

大正期の報告書にも、サイシヤット族は「頭骨架を有せず」とあり、獲取した敵の首級は祭り終えた後に林中の樹枝に懸けて曝白し、後これを収めて住家付近に暗蔵する、ただし蟬・蟹・豆・糸の四姓は「タイヤル族の如く之を作る」と記されている[169]。

パイワン・ルカイの首棚

タイヤル族の頭架と並び、写真などで頻繁に目にするのはパイワン族の首棚であろう。パイワン(含ルカイ)の「頭顱棚」については、次のようにまとめられている。

本族において馘得したる首級を蔵するものに、(一)社民各自の住屋の石壁に函状の穴を設けたるもの(番語ラヂカヌ、個人の頭顱棚)と、(二)別に頭顱棚を構えたるもの(共同頭顱棚)とあり、(三)また少数の番社においては一定の場所なく、或いはその首級を地中に埋め(現時のブツル番カピヤガヌ社のごとし)、或いは草原に石を据えその上に放置す(ラバル番トバサババサイ社の如し)。

そして石垣式の共同頭顱棚は、「ツァカル」(棚)または「パコロアヌ」(首級を置く所)と呼ばれた[170]。

次の森丑之助の記述は、一九〇〇年の調査探検について、一九二四年になって回想しつつ書いたものだが、パイワン族の頭骨保存の仕方が生き生きと描かれている。

頭目の家とこの一門の家には、門前の軒下楣下には人面、蛇、鹿等の彫刻を施し、屋内の大柱には男女の等身大の彫刻がある。これは蕃語にてボボと云い、祖先の義である。これらの彫刻もその家門の栄を誇る象徴であって、一般平民階級の蕃人には許されておらないものである。頭目家の前には石盤石で積んだ小高き露台があって、これはいわゆる司令塔の如きものである。必ず榕樹が植えてあって、この木はすなわち頭目家の所在を示すシンボルなのである。リキリキ社のこの司令台の石畳の間には所々に敵蕃の首級を蔵し、また住家の壁の石積の間にも頭蓋骨が入れてあって、武張った所を示している。頭骨架は蕃社を距りし一、二町の所に石盤石を積み、内地風呂屋の衣服棚のごとくに頭骨を縦にも横にも並べて積み重ねてある。(171)

こうしたパイワン族の頭骨架の中でもボガリ社のものは最大で「社外の頭骨架に昔から苔に蒸せし石畳のうちにある古髑髏のみでも四、五百顆を数え」、さらに「この頭骨架の傍なる巨木の枝には、前日リキリキ社で殺した蕃人の首級が草蔓で縛しながら吊されてあった(172)」。

建築を専門とした千々岩助太郎は、一九三六年から十年余にわたり台湾原住民の住居調査を行ったが、その頃「現存するもののうち最も形の整った石垣式首棚」は、パイワン族ナイブン社のロバニア家が所有するものであった(図4-10)。これは長さ四・一〇メートル、高さ一・五五メートル、奥行三、四十センチあって、すべて石積でこれに四段の棚を設け、これを四十

図4-10　パイワン族ナイブン社の首棚（千々岩　1960: 第273図）　0　1　2m

個近くの箱型に区画して頭骨を並べたものであった。首棚の横には司令台（四×三・四メートル）があって、その中央に石の標柱があった。かつ首棚と七・一メートルの前庭を隔てて、ロバニア家所有の祭祀場があった[173]。このように、パイワン族では頭骨を住家の前にある高台の石崖の間に配置するものと、住家の壁の一部に嵌入（かんにゅう）するものとがあったが、「頭骨架は頭目の邸前または蕃社の入口に設く」るのが普通であった[174]。

なお、ここでルカイ族の頭蓋の処理と保管についてふれておこう。資料の不足により不明な点が多いが、伊能嘉矩が「ツァリセン蕃族」について述べたところでは、馘首して凱旋・首祭の後、「或いは頭顱を籐条にて縛し、樹枝に吊し、風雨に暴露せしめ、或いは皮肉を剝去し、後に頭蓋後部を破砕して、脳漿を除去し、土中に埋めて白骨に化せしめ、これを神聖視する頭骨の収蔵所に移置せりきという」。そしてその収蔵所には二様の形式があった。一つは「北隣なるツォオ族の風に近似する、純然たる屋内愛貯にして、もとツァリセン族には、特殊なる屋内分房の制行われ、中に就き、TARAと称する部分は、頭骨および貴重品を並陳せし所とし、現在なお彼らの神宝視する一種の土器および獣頭蓋などをこの房の棚架に陳（つら）ぬ」。もう一つは「南隣なるパイワン族の風に近似する屋外愛貯にして、酋長の家屋なる表面の石壁に空罅(くうか)を造り、その中間に収容せしものにし、比較的近年に至るまで遺蹤(いしょう)を残存しつつありて、これをKAPARISI NUWA URU PISIYUWAと呼び、「神聖なる頭顱を置く場所」との意義を寓したりと伝説す」[175]。

馘首者の〈勲章〉

前章(一五二頁以下)で挙げたような首狩成功者の〈勲章〉は、とりわけタイヤル族・パイワン族の入墨に見ることができる。たとえばタイヤル族大嵙崁群では、次のとおりだった。

一、出草して敵の一首級を得たる者はその面に刺(いれずみ)することを得(う)。掠首せずといえども、出草に同行し掠首せられたる者の屍体に指を触れたる者また同じ。

二、二箇の首級を獲(え)たる者は手釧(しゅくん)(番語ミリオン)を両手に箝(は)め、かつラッタン・チビラン(紅き毛糸を用い浮織にせる短衣)をルックス(上衣)の上に襲(かさ)ぬることを得。手釧を左右いずれかの一手に箝(かん)するは、何人(なんぴと)にてもこれをなすことを得べしといえども、双手に箝するは必ず首級二箇以上を得たる者ならざるべからず。またラッタン・チビランは番衣中最美の服にして、何人もこれをルックスの下に著することを得といえども、これをその上に襲ぬるには首級二箇以上を得たる者ならざるべからず。

三、首級三箇以上を得たるものは、始めて臂飾（番語ムストゥーナン）を著くることを得。これをマッソク・マテランと云う。装飾完備するの意なり。

四、狩猟において野猪を獲たる者にあらざれば、臂飾りおよび脚輪に猪牙を附することを得ず。また熊を獲たる者にあらざれば、その帽子に熊の月輪（喉部に在る白き毛皮）を被することを得ず。(176)

サイシヤット族の場合、次のように獲った首の数を胸部刺墨によって表したというのが興味深い。すなわち、敵の一首級を得た者は額および下顎に刺黥を施すことを得た。そして刺を施した者でなければ、手頸輪、膝飾、頭環を着用することを得ず、また熊皮の帽は自ら敵首を馘した者でなければ敢えてこれをかぶらず、単に熊を猟獲したのみでは、恥ずかしくしてかぶるに堪えずと言われていた。そして「敵の首級二個を得たる者は胸に横条の黥（番語イノカアラヌ）を施し、三個を得たる者はこの上に縦条の黥（番語ピナイリ）を加うることを得。また首級二個以上を得たる者にあらざれば、足頸飾りを施すことを得ざるものとす(177)」と決まっていた。

同様の胸部刺墨と首狩との結合はタイヤル族汶水群からも知られるが、ここでは〈勲章〉を得る基準はなかなか厳しかったようだ。すなわち、馘首すること五度以上に及べば、左右両手の手首に環を嵌めることができたが、それ以下であれば左手に纏用するのみだった。そして十度以上に及べば、猪牙で作った環を左の肱に着用し、二十度以上に達すれば左右両肱に飾るを得、さらに進めば左右の胸部乳下に横線を刺墨するを例とした。かくて首級十個ごとに一線を増した(178)。

パイワン族マカザヤザヤ社からの報告も、胸部刺墨によって馘首数を表した例と見てよかろう。つまり、元来頭目のみが刺墨したものだが、その後、富者は豚・穀類・反物などによってその特権を買い、頭目同様の刺墨を施すに至った。男は縦線、横線および波状線を胸部、背部および両腕に施すのを普通とした。婦女は同様の刺墨を手、背および指に施した。そして婦女の刺墨は一般に行われたが、頭目系統の者でなければ、指の第二関節と第三関節との間に施すことはできない。例外として男の胸部に人像を刺墨するものもいたが、これは頭目系統の者かまたは馘首者に限られた。なお男女ともに腿部に刺墨するものもいたが、それは馘首された時あるいは変死した時の目印だった。そして、馘首して胸部に人像を刺墨する場合、一つを馘すれば右に、二つ以上を馘すれば左右に施すことができたという(179)。

またパイワン族では、さらに細かく戦功と勲章の順位を定める所もあった(180)。たとえばコボジ群内獅頭社では、戦功を四段階に分けた。第一はクムチ（ポアジャとも）と言い最初に敵を射殺した者、第二をジュマジュプと言い槍で敵を刺した者、第三をジモロと言い刀で敵を馘首した者、第四はブニスビスと言い首級を携え帰った者である。そのうちクムチは、頭上に鷹羽飾を施すこと、刀の鐺に鷹羽を飾ること、刀鞘に赤毛を付すこと、の三つを許されたが、ジュマジュプとジモロが許されたのは後二者のみで、ブニスビスが許されたのはただ最後の赤毛のみであった。ここでは敵を銃殺した者が最高の功労者と見なされているが、クナナオ社やボガリド社などでは馘首者を最殊勲者と見たらしい(181)。

成功した馘首者が村に戻り、こうした勇者のしるしを身に着けるや、女たちの注目の的となったとの記述もある。たとえばタイヤル（セデック）族霧社群では、敵首を獲って社に戻った「馘首者は何事をも云わず、むしろ喜び余りて知覚を失いたるが如く、すこぶる落ちつきて陰欝なる笑を含むのみ。されど婦女子等の最も憧憬する光景はこの時なり。夕日の色の紅の糸にて織れる上衣をまとい、首には花かと思う白色の陶器にて造れる飾りを著け、頭には熊の皮にて造れる帽子を戴き、陰欝ながらも得意の光ある眼を開き、荒くれ者の常にも似ず落ちつき払って酌するその態は婦女子をして失神せしむとかや(182)」。

しかし、勇士の表彰原則は首狩慣習の衰退に伴って緩和される運命をたどった。たとえばタイヤル族大嵙崁群では、昔は馘首した者でなければ刺墨ができなかったが、その後父兄の馘した首級を負い、あるいは首級に触れて許されるに至った。そして父兄のない者は馘首者に「蕃布」一枚（少年）、あるいは珠裙一枚（青年）を贈って首に触れるのを許された(183)。またセデックでも刺墨は、馘首した表彰にして、そうでない者は施すことができない。しかし「三十年前より」すでにその風は廃れ、近年まではただ出草団に加わるか、または馘首した死体もしくは首級に触れるのみで施せるものとなったが、今は猪を獲れば許される(184)、というありさまだった。

なお、こうした勇者のしるしと関連して、馘首は女性の歓心を得るため、という説明が当事者の口からなされたこともしばしばある。たとえばタイヤル族白狗群マシトバオン社の伝承では、昔ある家の妻が、常に夫の勇気ないのを嘲っていたので、彼も女から軽蔑されるのを物憂く思い、ある日拳を固め「おのれ見よ、今に多くの首を獲て鼻をあかしてやろう」と、たまたま祖先の遺言を思い出し、勇気を鼓して出草し、多くの首を得て帰ったところ、今まで小言のみ言っていた妻はうって変わって喜び、自ら餅を搗いて饗したので、村人らはそれを見て、馘首すればこれほどにも婦女に好かれるのかと思い、それから男は皆、出草するようになった。女も、馘首しない者には嫁がなくなったという(185)。

またこの関連で、二人の男が一女性に懸想した場合、出草に出て首を得た者を勝ちとした、という話がある。いくつかの報告はこのような慣習の存在を明確に否定しているが(186)、大嵙崁群や霧社ではこれがなされたと言い(187)、サイシヤット族からは実例が紹介されている。それによると「数年前」、大東河地方において高姓(現頭目の叔父)と樟姓(現副頭目の伯父)とが潘姓の女を争い、出草に訴えたが、高姓が勝ってその女を娶ったことがあったという(188)。これは、言わば神判としての首(189)狩に属するものである。

他界観と喪明け

タイヤル族からの報告には、首狩は他界に赴くためという説明がしばしば見られる。前章（一六二頁以下）に挙げたのと同様の例を一つ見てみよう。大嵙崁群の話である。

> 彼らの神と称するは祖先の霊にして、常にアトハンに在りと信ず。アトハンは西方にして大海（或いは池）の彼岸にあり。そこに到るに橋あり、祖霊はその橋に出でて新霊の到るを待つ。新霊到ればまずその手を見て血痕の有無を検し、血痕あるを見ればその手を引きてアトハンに誘導すれども、無きときはそこより追い還す。追われたる者は大海の岸に戻り小屋を掛けて寝、かくて数十年を費やし、迂回してアトハンに赴くものとす。彼らの馘首を好むは、死後直ちにアトハンに赴かんとすればなり[190]。

次の例で興味深いのは、そうして他界に入る際、被馘首者が殺害者に同行する、ないし導き手となる、といった想定がなされていることだ。

> 大嵙崁・屈尺両番はいわく、男子は生ける間に狩猟および出草をなし、大いに猪鹿を獲、

また敵人の頭を馘すべし。しかるときはその死亡せるとき、これらの獣類および敵人は我が随従者となり、霊界に赴くに威勢あるのみならず、霊界にある我らの祖先はこの威勢よき子孫を迎えんがために多くの同勢を出す。これに反していまだ一度も猟獲せざる者または馘首せざる者は従伴者なく、途中すこぶる寂寥なるのみならず、霊界より一人の来て迎うる者なし云々。

　またいわく、霊界に達する前には一つの大なる沼地あり。これに独木の橋を架す。この橋を渡れば直ちに霊界に達すべしといえども、橋を渡らず池辺を迂回するときは、ただにその途の遠きのみならず、これにはほとんど道と云うべきものなく、荊棘生い茂りて行くことすこぶる困難なるをもって、目的地に達するに幾多の年月を費さざるべからず。中には荊棘に支えられ、進退ともに難くいつまでも途中に停留することあり。しかしてこの橋は、ただ有力なる頭目および番丁のみこれを渡過することを得べく、いまだ一度も猟獲せざる者および馘首せざる者はこの橋を渡過することを得ず。もし強いて橋上を行くときは中途にして橋覆えり下に落つべし。その下には糞汚充満し、落ちたる者永くこれに沈淪せざるべからず。ゆえにかくのごとき輩は、やむことを得ず橋を渡らずして池畔を迂回すと云う。婦女もまたよく機織に長ずる者はこの橋を通過することを得るも、しからざる者は池畔を迂回せざるべからず云々。[191]

同様の観念は他にも数多く知られる。タイヤル族サラマオ群では、死者の霊がトハン（他界）に赴けば祖霊は呼び止め、池から水を汲んで来て、手を洗わせる。馘首者の手には血が付着して落ちないが、そうでない者の手には血をとどめない。祖霊は、血を見ない時はその死霊を池に投じて蟹の餌とする。馘首者には殺された者の魂魄が常につきまとうものであり、彼が死んでトハンに赴く時は随行する。また獲られた獣類の魂魄も従うという[192]。

さらに同族シカヤウ群では、馘首された者の霊魂は殺害者につきまとっていて、その者が死亡する時には共にオットハン（他界）に赴くとされ、屈尺群でも、馘首された者は馘首者が来るのを待って共にアトハンに赴くと言われていたし、内タロコ群でも馘首された者の霊魂は馘首者が死んでトハンに赴く時、案内の労をとると信じられていた[193]。

ところが面白いことに、パイワン族ではこれとは違い、喪明けとして首狩がなされた事例がいくつか知られている。たとえばマシリジ社では、「親兄弟および子の喪は半年、夫婦は一箇年、親戚は一、二箇月より五、六箇月なり。その間に喪章を順次取り除く。されど社中に猪を獲るかまたは馘首する者あれば、即日全部の喪章を取り除く。社人は一日休業するのみ」と言い、カスボガン社でも「馘首者あれば喪章を一時に取り除くこと他蕃に同じ」とされている[194]。前章（一六七頁以下）で見たように、東南アジア各地では喪明けのために首狩が必要だという所があった。パイワンの例はこれとよく似ている。

男子集会所と年齢階梯制

先に述べたように、ツォウ・プユマ・アミの各族社会では、男子集会所と年齢階梯制が大きな意義を果たしていた。その様子を知ることのできる記述をまず掲げてみよう。

まず佐山融吉の説明によれば、ツォウ族では、

大社およびやや大なる小社には、必ず一ヶ所の集会所あり。大社のものをクバと云い、小社のものをフフゥと云う。大きさは一様ならざれども、達邦社のものは六間四方あり、構造は人家とやや趣を異にして、四壁を張ることなく、床は地上を距る五六尺の高さに設け、簾および木にて張る。昇降には丸木を削りて段をつけたる梯子を用う。床の中央にはおおよそ五尺四方の炉を設けて昼夜火を絶やすことなし。炉側の上には竹および籐にて作りたる棚を設く。また炉の左には籐にて編みたる舟形のスカユ（図4－11）を置きて頭骨を貯うる場所とし、その側にはホポフスーサを入れたる籠を吊し、これをホポフスーサノスカユと云う。

しかして集会所の左右両端には必ずフィテフ（木斛）を植えて飾りとするのみならず、祭日の用に供す。その前に庭あり、庭の右隅にヨノ樹〔神木とされるアコウ〕あり、むか

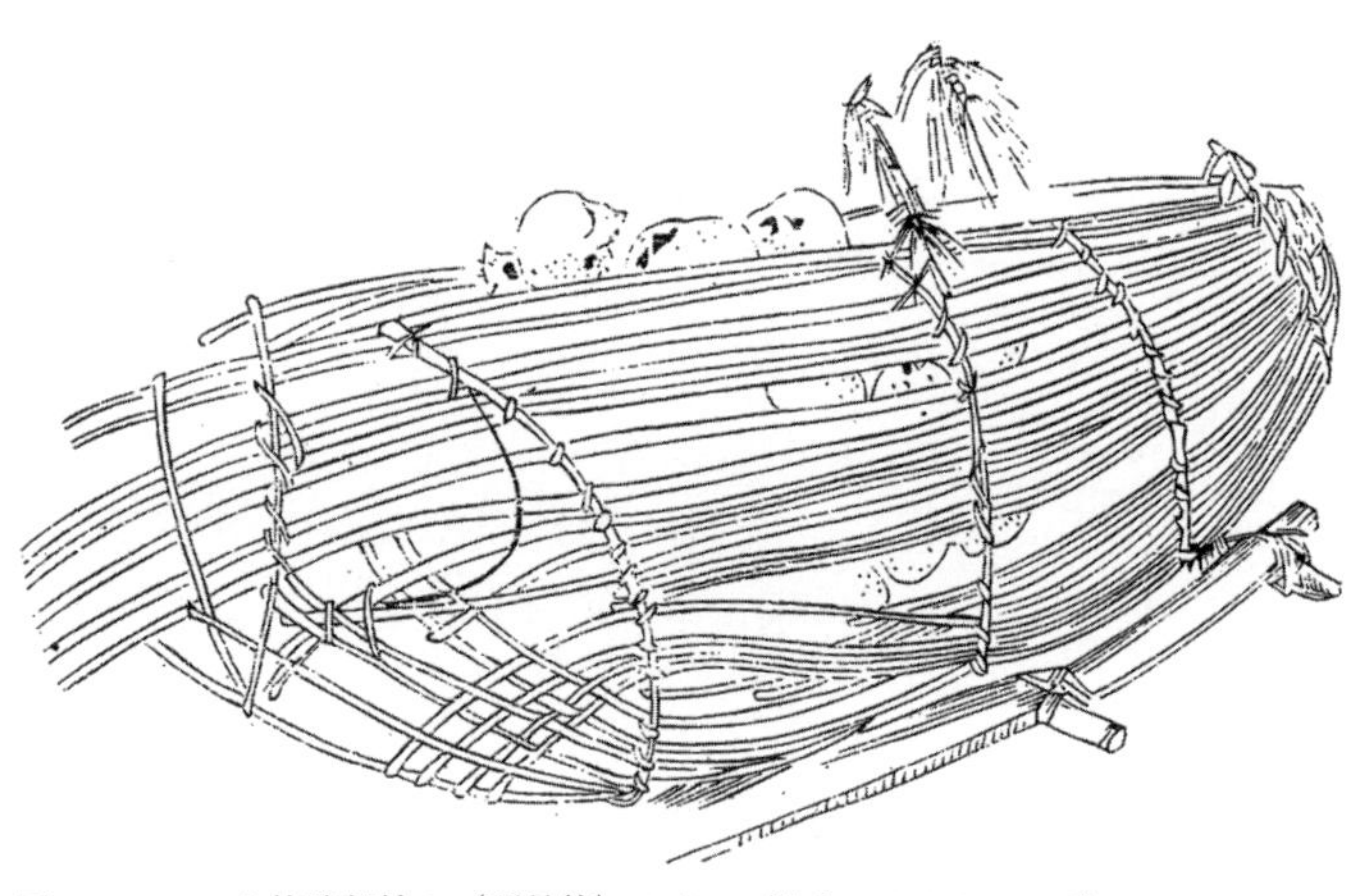

図 4-11　ツォウ族達邦社の〈頭骨籠〉スカユ（佐山　1913-21 IV: 22）

し生首を掲げし所なり。常には枝葉を払うこと能わざれども、祭日には壮丁攀りて枝葉を薙ぎ払うこと、季節行事の項にて述べたるが如し。蕃人云う、「ヨノ樹の生長せざるは、隔年にその枝葉を切り払えばなり」と。

しかして集会所は昼間男子の細工所として用い、彼ら日々来たりて籐を削り皮を揉み麻糸を扭り、疲れては手枕の夢を結ぶ所とす。夜間は阿眉蕃の如く未婚の男子来たりて寝、婦女子の入るを禁ずるのみならず、なお婦人の所有品を携帯すること能わず。

余一日案内者の蕃人を連れて集会所に到りしに、その前庭に立ちて動かず、余一人集会所に登り、暫くして手招きして彼を呼びしに、彼いわく「子供を背負いおれば集会所に登ること能わず、他人に頼み置きて後登らん」と。見れば二歳ばかりの女子なりき。

一社の利害に関することある時は頭目および勢力者など来たり、ここにて会議すること他蕃に同じ。なお伝達を要する事件ある時は、集会所に集まれる者に依頼すればたちどころにその目的を達するを得るなり(195)。

次に、プユマ族卑南社の集会所と年齢階梯制および猿祭については、言語学の安倍明義が次のような観察をしている。彼の見解では、台湾の「蕃族」中で階級制度が最も発達していたのは、パイワン族の卑南社であった。ここの人たちが一人前の男になるには、少年組（タコバコバン）、青年組（ミヤブタンまたはバリスン）、壮年組（バンサラン）の三階級の訓練を受けなければならない。これらの階級に属する人たちはいずれも集会所に宿泊し、一人前の男子となるべき作法や心得を習得するのだが、卑南社には普通の集会所とその趣を異にする、タコバンと称する少年集会所がある。これは数多（あまた）の太い刺竹の柱で支えられた櫓（やぐら）式の楕円形の集会所（外側には縁がついている）で、南北二か所にある。内部の構造は、中央に炉があって周囲は少年たちの寝所となっている。梯子を登ると入口の左側に猿の檻（おり）がある。猿祭をするのはここに起臥する少年たちの役目になっている。

少年組に入団するのは猿祭の時であり、少年組では初年級（ガワガワイまたはマラナカン）、二年級（タリバトゥカン）、三年級（キトバンサル）の三階級修業後、さらに青年組に入団するものだったが、相当年齢に達しないものはマラダワンと称して、しばらく少年組の指導監督をするために居残る者もいた。

少年たちは、猿祭の準備をするために毎年八月頃、集会所を修繕して十二月の猿祭が済むまで宿泊した。宿泊中は、階級者として守るべき作法や心得を習得するのはもちろんだったが、なお面白い雑談や猿獲りの話、その他の武勇談に花を咲かすこともあった。猿祭用の猿は、少年たちがワナで捕獲し、集会所に飼育しておくのであるが、初年級がイモやマメなどを与えて飼育の任にあたった。

いよいよ祭の当日になると、少年たちはいずれも正装し、竹槍を持って集会所前に集合し、竹籠に入った猿を祭場に置く。これを竹槍で刺し殺し、一同集会所まで往復の徒歩競走をする。猿の死体は集会所上り段の右側に吊しておく。そして入団したマラナカンに餅を食わせ、それから猿を「旧蕃社の北方に捨てる」。

当日、青年集会所（パラコアン）では頭目・「老蕃」その他集合のもと、新年の祝宴を催し青年たちは盛んに踊る。「翌朝になると南北タコバンの少年組が互に攻め合い、頭髪を持ち角力の勝負をするのであるが、これ粟の穂が房々と垂れ下り、よく実ることを祈るのである。優勝せる組は、さらに集会所まで追撃し棒をもってこれを破壊することもあるが、争闘のあまり猛烈な場合は老蕃がころあいを見て中止する。現今は殺伐な風を矯正するためか、この祭は見られなくなった。他の七社では以前から藁人形をもって猿にかえていたようである」。そして安倍の考えでは、この猿祭は「収穫祭の一部の祭事と見らるるほか、少年らが猿を殺して馘首の

図 4-12　プユマ族の猿祭で今日用いられている草製の猿人形（著者撮影）

練習をなし、やがて壮丁となって出草する時、功を立てるよう祈ることも含まれていたものと察せられる」[196]。

恐らく安倍の推測は正しく、プユマの青少年集会所はなにより軍事訓練の場であった。なお、集会所は今日でも残っており、猿祭も行われているが、すでに猿ではなく、草で作った猿人形で代用されている（図4－12）。

アミ族については小泉鉄（まがね）が、その集会所の情景そして首狩との強い結びつきを、精彩ある筆致で次のように描き出した。

一体集会所というのはアミ族の蕃社には必ずなくてはならない大事なものなのですが、それは第一に会議の場所でありまた見張所であり、警戒所であるのです。そしてそれは必ず、蕃社の大事な道路の入口にあるものなのです。それで入口が二つ以上あれば集会所も二つ以上あるのです。馬蘭社などには六つもあります。つまり昼はマトアサイ〔年配者〕達が、夜はカッパハ〔若者〕達が警戒の任務につく訳なのです。それですから蕃社に用事があってゆく時には、集会所にゆけば何でも事は便ずるのです。それればかりでなく彼らはまた接待役でもあるのです。私たちが蕃社にゆきますと、まず彼らはそこで迎えてくれるのです。そしてすぐに御馳走の用意に取りかかるのです。私はそこでこのマトアサイ達の手料理になる御馳走を食べたことが幾度もあります。

それで何事にかかわらず、集会所というのは蕃社の中心になるものであって、彼らが昔「出草」といって首狩りに出かけた時にも、まず勢揃いするのはそこです。首をとって凱歌をあげて帰って来るのもまたそこです。それから社内の出来事はすべて蕃社会議にかけるのですが、そのルマオツ〔蕃社会議〕のひらかれるのも矢張りここです。そしてここは男だけのものであって、女は絶対に禁物であることは前に記した通りです[197]。女は蕃社のことには発言権を持たないのです。しかし家の中では独り天下です。

さてブヌン族にも、かつて未婚男子の宿泊施設となる集会所があったらしい。伊能らによると、ここにはテヴァサンと呼ぶ一種の建物があり、これは平素、未婚男子の宿泊所にあて、有事の日は共議所とした。百年ほど前には、これが盛んに行われていたことが漢人の記録に見えるが、今（一九世紀末）はその俗も絶えつつあり、ある村には建物の形骸を存していたが、その実を失っていた。ただ「水沙連化蕃」の間においては、単に未婚男子の宿泊所とし、その風を存していた。そして建物の構造は、丸木を柱とし、四壁を設けず、床を板とし、かつ高さ三、四尺に高く張るのを常型とするというので、ツォウ族の集会所に似た建物だったらしい。[198]

ここで、ブヌン族における頭蓋の処置を先に見ておくことにしよう。諸資料の告げるところでは、取った首を煮て皮・肉を落とす所と、それをしない所とがあったらしい。

たとえばブヌン族タケバカ群は前者だった。ここでは、馘した首は額に孔（あな）を穿（うが）ち、籐で貫いて携え帰った。一行が村に近づけば、団員の数だけ発砲した。村人はそれを聴き皆、美装して歓迎する。馘首者は、家族の携えて来た美服を受け取って身にまとう。兄弟らは喜びのあまり「我も出草してかく功名を得ん」と、兄の佩びる刀を取って自ら佩び、また首を受け取って狂奔する者もいる。こうして一行が家に着けば、馘首者の家に赴いて屋内に入り、首を安置してその口に酒を注ぎ、それから手に携えて歌う。歌い終われば再び首を下に置いて酒を注ぐ。

それから水辺に赴き、首を鍋で煮て肉を取り除く。取り除いた肉はその場に棄てて顧みず、鍋は再び炊事用とすることなく、豚の餌を煮るのに用いるのみだった。その後、その頭骨を携えて家に帰り、再び飲酒した。その間に木(き)を伐って来て入口の前に立て、欅(けやき)の板を適宜の所に挿し、その板の上に頭骨を載せ、台木の周囲には檜(ひのき)で刀の形を削って吊す。これは村の壮丁らが各自造って吊すもので、早く糸が切れて落ちた者は早く馘首できると信じていた。翌日出猟して得た肉をこの頭骨に与え、「汝の親戚および親も子も呼び来たれ、我らかくのごとく肉を与うべし」と祈った。

そして、それから約一か月間、出猟の都度、飲酒の都度、頭骨に酒肉を供する。また食事の時には必ず飯を口に入れる。時々男のみ手を連ねて、屋内外の区別なく集まって跳踊する。かくて五年を経れば、頭骨を屋内に運び、粟置場の奥壁に吊しおく。台木は首を煮た所に棄てて来る。この日は多量に酒を醸(かも)し、兄弟、親戚から贈られた豚を屠(ほふ)り、それを肴(さかな)とし、頭骨を酒杯として出草者のみ飲酒したという[199]。

頭骨を屋内粟置場の奥壁に吊したというのも興味深いが、最後の記述は一種の〈髑髏杯(どくろはい)〉である。このタケバカ群に似た記述（敵首を煮て皮肉を去り、「霊樹」に吊し来り、その後「頭骨に酒を注ぎ」「一気に飲」む、など）は丹社群についてもなされている。しかし、「干卓萬および卓社にては首級を煮ることなし」[200]。

なお、森丑之助による記述はやや異なっているが、〈髑髏杯〉への言及はある。すなわち森がブヌン族一般について記したところでは、首がもたらされてから後、約一年にして酒を醸し、再び出征者が相会して酒宴を開く。この際、頭蓋骨を鍋に入れ、水と生薑(しょうが)で煮た上で清洗し、これを酒杯に代えて飲酒する。その後、村によっては骨堂に収め、または住家の後壁に石盤石または板でさらに頭骨架を設けて収蔵する。また村によっては馘首後すぐに首級を鍋に入れ、煮た上でこれを洗い浄め、首狩祝いの際に髑髏杯で酒を酌むこともある。出征者が馘首に用いた武器は、その武勇にあやかるため子弟に分与する風もあり、数度馘首した者はその祝宴のため、貯穀の多量を消費して貧困に陥る者もいた[201]。

ただブヌンの頭骨架については写真があまりなく、あったとしても多様な姿が写されているため、詳細は不明である。そうした中、今の森の説明を裏づける写真が残っている。すなわちカンタバン群や卓社群では、スレート製住家の軒下に敵（主にタイヤル族）の頭蓋骨を吊す場合があったようである[202]。

また先に見た板製の首架にあたると思われるのが、鳥居龍蔵がセブクン（郡社群）で撮影し、伊能が同じくセブクンで採集したものである[203]。鳥居の説明では、「紐でくくりつけてある二個の頭骨、その上に実物そのままの作りの弓矢と、葉をとった竹の小枝をしばりつけてある[204]」。なお、鳥居はセブクンの首狩を次のように記した。

彼らは森林中で待ち伏せし、ときには数日間にもわたって獲物である人間を待つ。彼らはつねに犠牲者の首を切りとり、雑嚢の中にいれて部落に持ち帰る。帰ってくると老人や婦女子がかけつけてくる。人々は地面に置いた首の回りを輪になって囲み、首が部落に来てくれたことを祝い、かつ感謝して、これに簡単なことばを話しかける。そして飯と一種の飲みものを口にいれてやる。それから部落をあげて踊りと名称のない饗宴に夢中になる。最後に彼らはこの恐るべき戦利品を頭骨置き棚に持っていき、そこに置いたまま二度と訪れることはない。頭骨は怖ろしい危険なものになったからである。彼らは幽霊、妖怪、亡霊、死後の復讐等々をなによりも恐れている(205)。

ここに描かれたブヌン族の「頭蓋忌避」は、後述するプユマやアミの場合と通じるものかもしれない。

進級式と出草

年齢組の進級式において出草がなされた点は、ツォウ・プユマ・アミの三族に共通して見られた。

たとえば北ツォウ族では毎年一回、粟の収穫を終えた後に、敵の首級に対する祭祀を行い、カナカナブ・サアロア・タコプラン群では、臨時に敵の首級を得た時に行っていた(206)。この祭はツォウ語でシモツヨヌと言い、道普請(みちぶしん)の意味だったが、実は粟の収穫後の祭であって、馬淵東一によれば太陽暦で七月中旬頃、粟の熟したのを見て開始され三十日近く続く祭で、後半の「道路祭」では「粟祭の色彩が事実上は失われ、首祭と猟祭の色彩が強く現われてくるのである」[207]。

テブラ社の「馘首せし年のシモツェヨヌ」については、佐山の報告が詳しい。長いが次に引用しよう。

> ソエハヒヘフジャの日〔粟祭の最後に粟酒を飲む日〕、小社の者来たりて集会所に宿泊し、また当社の者も馘首せるものは家に寝(い)ねずして集会所に泊するなり。翌朝三時頃、馘首せる者社を回りて一戸より一筒ずつ酒を取り来たりて飲酒す。それより松明(たいまつ)を点じ、ララクスと称する道路の修理に赴き、おおよそ八時頃に至りて終わる。
>
> それよりトヨツフガと云う合流点に到りて身体を洗いて帰社す。その時頭目は槍を携えて集会所に待つ。やがて社人の帰り来たるを見て、「皆の者、速やかに集会所に来るべし、今より式を挙げん」と呼ばわれば、壮丁らは皆、武装して来たり集まる。
>
> その朝、道路修理に赴かぬ婦女子は、集会所の周囲の草をとりて清潔にしおくなり。司祭者は赤く染めたるフクヲとフィテヴ〔ツォウ族が神聖視する芙蓉(ふよう)と石斛(せっこく)〕とを結びつけて肩に飾り、集会所の庭に薪(まき)を積みて火を点す。この時頭目の家より一婦人、豚を牽(ひ)きて来たれば、馘首に出でたる者これを受け取りてヨノの樹の下にてバエバエ〔軍神を呼ぶ掛け

声」を唱えつつ衝き殺す。それより槍を振るいてヨノの葉を薙ぎ落とし、そのうち一人樹に登りて全部の枝を切り払う。また一人は豚の肉を切りてこれを竹に挿し、まず新しき首に食わしめ、後ヨノの樹に挿す。これは後日殺さるべき者の霊に食わしむるなり。

終われば新しき首をスカユ（頭骨籠）に納む。肉つきたるはそのままにしおく。阿眉族太巴塱社のごとく、頭目が歯にて剝ぎ取ることなし。これより先、新しき首を竹竿より取り下し、楯の上に載せて庭の中央に置き、司祭者すなわち馘首に赴きし者のみその周囲を廻りて五回踊る。終わればスカユに納むるなり。その後、残りし豚を携えて集会所に登り、同じく切りて竹に挟み、スカユ（籠）に刺す。その時ペオンシイ、ヤイシカナ、トスク、ミヤホサ、ヤタウユカナの家よりギウツォ（粟酒）と云う酒を取り来たりてスカユに供え、また全戸数よりエスムユ（粟酒）と云う酒を取り来たりて集会所の炉の中に置きたる桶の中に納む。

全社を廻りてエスムユを取り来りし者、帰途五回のバエバエを唱う。五回目のバエバエは集会所の梯子を登る時に発するものにして、手には火のつきたる樹枝を携え、集会所に登るとともにその火を集会所の板に打ちつけ、後炉に入るるなり。それより一同集会所に登り、炉の中にある桶よりエスムユ酒を汲みてまずイヲゾム〔首狩隊長〕に差し出す。その時トッウエの歌を謡う。その歌は馘首に出でし者の功労を讃美するものにして、定まりたるものにあらざれども、今中村氏の調査せるものを挙げて一例を示さん。

みな集まりて首祭の歌を謡いましょう。
シブクン〔敵対集団〕の首のある所で謡いましょう。
このシブクンの首は容易(たやす)くとれた。
若者を遣(や)れば首は容易くとれる。
首取に行く道は松林を通って行く。
その次は檜林を通って行く。

この後イヲゾムは粟の豊作を祈ってハモ神を送り、火のついた薪を炉中に投ずると、「その時全部の者、集会所も破れんばかりに足踏み」する。それから一同頭目の家を訪れ、集会所に再び集まると、「頭目あるいはイヲゾム、十八、九歳のオコを集めて訓辞し、一人一人尻を打ちてハーホの階級に進ましむ。ハーホに進みたる若者は、革製の帽子を冠り、公然婦人と交わるを得るなり。また女子を頭目の家に集めて同じく訓辞し、黒木綿にて頭を巻き、一人前の婦人となりし資格を表わさしむ。この日より頭髪を延ばすなり」(208)。なお同書にはテブラ社、ナマカバン社における同祭の事例も出ている(209)。

今の事例に出てきたオコやハーホというのは、年齢階級の名称である。ツォウ族テブラ社では、赤子をフォエナナチヨコと言い、七歳の頃をオコノナノ、十六歳の頃をオコ、十八、九歳

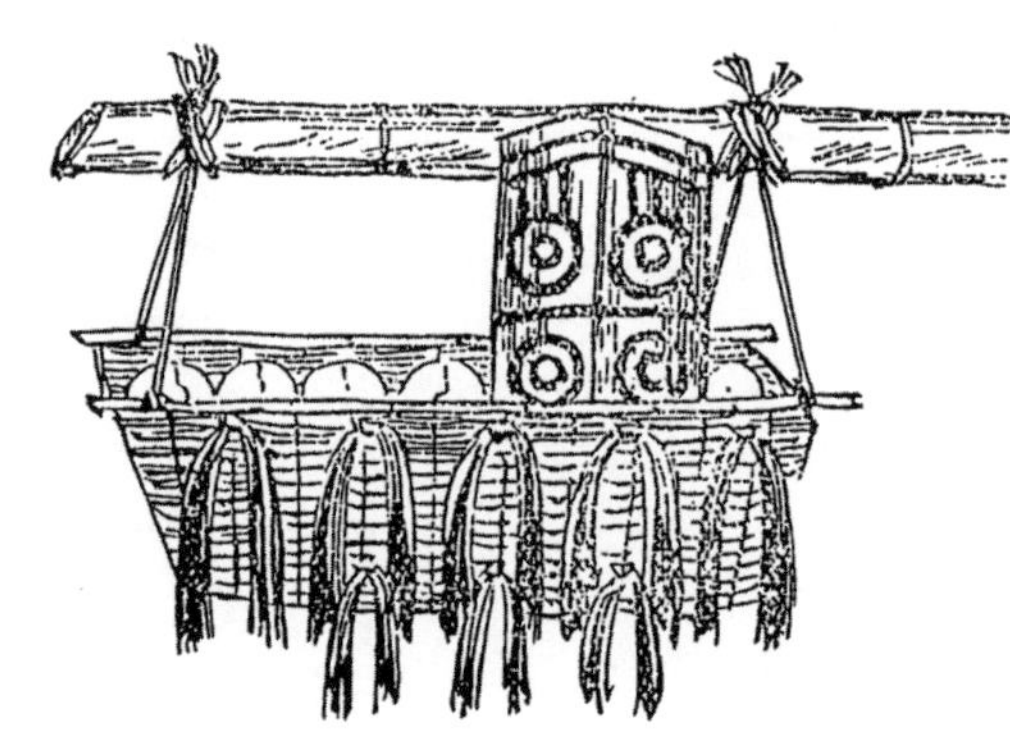

図4-13　ツォウ族の公廨内に収められた、人頭骨を入れる籐籠シカイ（スカユ）。中に楯が入っている（伊能　1909a）

から三十歳までをハーホと言い、三十歳以上をマメヲイと呼んだ[210]。つまり、この祭は進級式と首祭を兼ねていた。

　さらに興味深いのは、首を楯に載せたという記述である。これは、ツォウ族における敵首の運搬法であった。伊能が実査したツォウの二社では、図4-13のように、ともに社内の未婚男子の共同家屋たるクバ（公廨）の一方に、籐製の籠内に人頭骨（かつて馘首の風習が行われたときに取ったもの）を盛ったのを掛け、その傍に古楯を保存し、今もこれを勇誉の記念物と認めていた[211]。

　以上に見られるように、ツォウ族では集会所が頭蓋の保管場所ともなっていた。この点、プユマやアミとは異なっている。なお、ツォウと同様に頭蓋を集会所に置くことは、カナブ群やブヌン族タコプラン群、ルカイ族とパイワン族の一部にも見られたらしい。事例を列挙しておこう。

　まずカナブ群では「首級を祭る」ことをトマタヌブルと言った。ここにも首級祭はあったが、久しくこれを行わないという。敵の首級を馘した時は、これを社外に放置し、それが曝(さら)されて白くなった後、公廨に持って来て架上に置いた。ただし祭祀には、ただ敵の毛髪のみを持って来て公廨の軒に吊し、豚を屠り酒を作り、その髪に少し肉を付け、酒をそそぎ祝していわく、「汝すでにここに来る。我ら厚く汝を祭る。汝よろしくここにとどまりて他に去るなかれ。また汝の父母兄弟らをも呼び来るべし」と言い、それから全社四日間休業し、公廨に集まり飲酒・歌踊を行ったという[212]。

ツォウ族に隣住し同化されたブヌン族タコプラン群にも、首級祭はあったが、久しく行っていなかったので、当時これを記憶する者はいなかった。ここでは、首級は郊外で曝白した後、籐条で縛し、これを公廨の屋根裏に吊したという[213]。

ルカイ族マガ社にも別に首棚はなく、敵の首級はこれを公廨に置いていた。そして毎年一回、公廨の屋根を葺(ふ)き換える時、全社の青年で醵出(きよしゆつ)し、豚一頭を求め、当日これを刺し（青年団長の任）、各人その右手の食指(ひとさしゆび)を血に浸し、これを公廨の柱に塗り付けた後、携えて来た餅と肉を食べた。この際、別に出草(しゆつそう)に関する祝詞(のりごと)を称えなかったが、この祭祀は古代は首級に対して行ったものではないかとされる[214]。

パイワン族でも、ブツル群クワルス・カザザラヌ両社には方形で半球状の茅屋根を戴いた「公廨」があり、入口の左右いずれか一方の壁の外面に棚穴があり、ここに敵人の首級を置いた。なおこの両者における公廨は、社民の集会場ではなく単に青年男子の宿泊所の役目しか果たしていなかった[215]。

次にプユマ族では、先に見たような首狩の練習という意義の他、猿祭は人身供犠の遺風だとする伝承も伝わっていた。それによれば、初めプユマ族が大首長ピナライ、すなわち卑南王に総管されて総計七二社を領していた時には、所領各社の内より毎年一人を犠牲として出し、祭場で殺したが、その後所領各社が独立するに及び、猿で代用するに至ったというのであった[216]。

パナパナヤン（プユマ）族呂家社の猿祭については、古野清人が詳細な報告を残している。それによると、バンサラン、バリスン（マラダカン）、マラダワンという年齢階級があった。そして、それぞれ三年を経て上級へ昇るが、階級編成の主な目的は戦闘にあった。この社では卑南社と同じように猿祭が少年集会所の者によって行われたが、それが終われば共同狩猟（マガヤウ）に赴いた。これは一週間から十日も継続して行うことがあり、その期間をカパヤガワンという。男子は狩猟が専門であり、また馘首や狩猟は男子にとって名誉であった。

猿祭（マガヤガヤウ）は、猿（ロトン）を人間に近い動物と考えているから、首狩の代わりに子供に猿を射殺させる祭儀として行ったという。共同狩猟もまた首狩と密接な関係にある。その往復は駆け足である。この時、社の入口に近いところに小舎を作って、入口に一年中に死んだ死者の遺族を呼んで肩にかけている喪布（タポル）をバンサランが竹や木片で取って慰めて帰宅させる。それから一行も帰る。そして晩は集会所で踊る。慰めてもらった家では甘酒を作って饗応した。

昔は猿祭の頃、〈狩猟に行く〉（トゥマル・マガヤウ）と言って馘首してくることもあった。バリスンになりたての者でも、その年の首狩に首を取ってくれば直ちにバンサランになれる。当人は他社に赴く時には「蕃刀」の先や槍の先に敵の髪毛を付ける。踊るには鷹の羽根を頭に挿しておく。マラソンの第一着と敵の首を取った者は、鷹の羽根を付けてよかったのである。出草は強弱を決める手段であり、また名誉でもあった。酒を飲んで議論しても、自分はマラソンでも狩猟でも首狩でも誰よりも強いぞと威張れたものだという。

首狩から帰ってくれば、首を社の入口に置いた。すぐには社内に入れない。ここに三日から一週間くらいは小舎を作っている。それから朝、首を集会所に持って行く。棟の上に台のようなものを作って首を置き、酒を首に飲ませる。そして一同が踊る。それを籠に入れて、馘首者が下に投げ落とす。これは天の神や地の神に首級を示すためと解釈されている。そして馘首者と祭主（ラハン）とは、これを首棄場（ハラハラダン）という禁忌の地に捨てに行った。帰ってくれば、男女がまざって集会所で踊った。なお、この社では、首狩は男子の武勇を誇るためので、大武のパイワン族のように五穀の豊凶と関連して考えてはいなかったという(217)。

アミ族における進級式と首狩との結びつきは、岡田謙により次のように指摘された。それによれば、北部アミ族のリラウ社、ポクポク社、タウラン社は、「かつては絶えずタイヤル族のタロコ蕃と戦闘を繰り返して居たもので、このために青年階級の軍事的意味が相当明瞭である」。八年目ごとに行われる入社式（ミスラル）の行事の中にも、戦士としての自覚を強調する個所があった。すなわち入社式は陸稲収穫後の最初の満月の夜に行われた（米の収穫祭ミリシンの第二日目にあたる）が、新しくスラル（階級）に入るべき者は、その前一週間くらいは断食し、水のみを必要量だけ飲み、身体を洗わず、昼間は木陰の涼しい所に伏して、夜間に野原・海岸などで当日踊るべき舞踊十種を練習し、そのほか跳躍、駆け足も練習した。

かくて当日になると早朝に集合し、頭目から祝詞を受けて海岸まで（リラウ、タウラン両社は海岸、ポクポク社は花蓮渓に）走り行き、海水に足を浸す行事を終えると、砂浜で一定の家柄の者が一人選ばれて、今後の心構えを述べさせられた。彼は神聖な槍と土器（デワス）を持って「我々はいかなる時も蕃刀を離さない。そして道路の掃除をはじめ、我々に課せられた義務を果たし蕃社のために働く」という意味の言葉を述べ、次いで一同踊りをなして再び社に戻った。その夜はカパニャロ（壮丁）の盛装をして夜を徹して踊った。翌日は前日進級した新スラル一同が道路の掃除、修理に従事し、その夜から集会所（タロアン）に寝泊まりしたという[218]。岡田の指摘した、アミ族南勢群についてなされた「進級式終われば馘首に出でて新階級の勇気を社人に示すなり[219]」という報告は重要である。また岡田によれば、アミ族馬蘭社（バラガオ）ではすでに久しく出草は行っていなかったが、粟の収穫後の最初の満月の夜になされていた青壮年階級の入社式と、「狩猟から帰社して後に行う首祭りとは関聯しているものであろう[220]」。

アミ族からはこの他、粟を刈り終えた八月ないし十月頃の正月（新年、豊年）祭（イリシン）に際して頭骨架を立て、首を祭ったとか（奇密社、タバロン社）、頭骨架を修理した（馬太鞍社）、

といった例も見えている。(221)

次の例は、伊能が寄せた明治期の報告である。それによると、粟の収穫後一か月を経て行う大祭イリシンは、秀姑巒(しゅうこらん)渓流域に居住するキビ社では約九日間にわたって行われていた。初日はミアラプと言い、村の男子は全員が外に狩猟に出た。「古き伝説に拠(よ)れば、往時において異族の頭顱(とうろ)を馘取するために出草せし遺風であるということである」。二日目はミサロコで、「古き伝説に拠れば、往時において馘取せる頭顱をば架上に陳(つら)ね、これを祝祭したのであったと言いますが、現在では単に形式を存するのみである」。

第三日はミタナムで新酒競飲、第四日はタラパオルで、「頭顱屋」(タタヴァラン)の修理をした。「頭顱屋の構造は、梁行二間、桁行一間ばかり、丸木をもって柱とし、茅葭(ぼうか)をもって屋を葺(ふ)き、両側及び奥面は、細き竹幹を編みて壁とし、内部に組竹を用いて、高さ五尺内外の棚架を設け、上に頭顱を排列するの装置となしありて、往時は盛んに異族に対して馘首を行なったと言いますが、近年清国政府の強制によりて抑止せられ、現時その風を絶ちたれども、屋内の架上に木造の擬形頭顱を列(つら)ね、旧態を保存しつつあります」。

以下、五日目(パコモラン)では頭顱屋前で円舞、六日目(ミアロプ)は初日同様に挙社出猟、七日目(マリクラ)は歌舞徹宵、八日目(マラン)の「会宴歌舞は最も雑沓を極め」、第九日(パカラン)すなわち挙社の壮男が川漁をして祭を終えた。(222)

ここまで、進級式に伴って、しばしば競走や角力(すもう)が見られたことにも注意したい。これらはホアニャ族など一部の平埔族においても、進級・出草と同時期に行われる例があったのである。

頭蓋の軽視？

プユマ族、アミ族が頭蓋をどのように処置したかについての報告は多くない。それでも以下のようなことは分かっている。まず、すでに見た「首棄場」同様、プユマ族知本社からの報告でも、敵首は「首捨場」に捨てたとされる。

それによると、ここでは播種期（カトフサン）の前にムダダランを行った。これは出草（マガヤウ）から帰って来て、青年組が首を祭屋（カルマアン）に持って行って祭祀することである。青年が課せられた重責を元気に果たしていることを誇示する意味もある。バンサラン、バリスンの組が出草した。

昔は粟の播種前と粟収穫後との二回出草した。帰ってくれば、集会所の近くに首棚を作って周りで踊る。毎日踊って、早ければ三日または一週間の後に首捨場（サウサウラン）に首棚を作って捨てる。その翌日に出猟する。これをムフテと言う。すでに出草に赴いたにもかかわらず、青年組にまだ元気があれば獲物があると信じていた。この獲物はプヴィヤウと言い、馘首した意を含んでいる。馘首された当人にこの獲物を供えるのであるから、もし当人が悦(よろこ)んでい

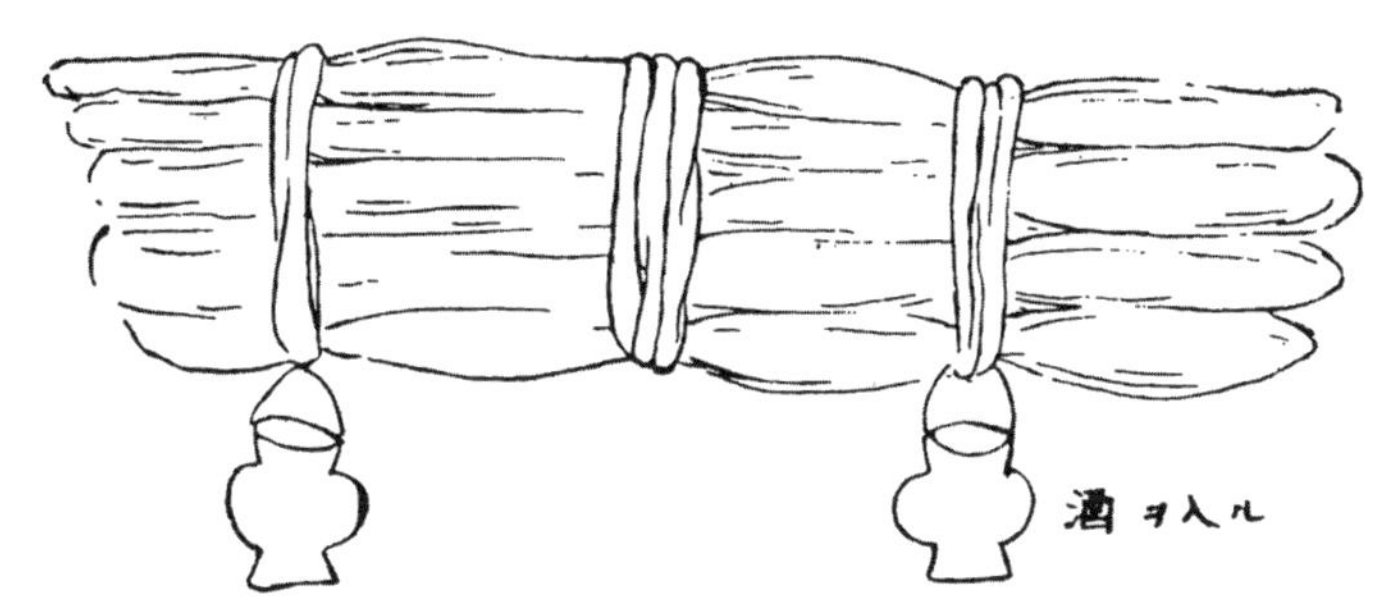

図4-14　南勢アミ族で、眉毛と小骨を包んだ檳榔皮の束「コパン」（佐山　1913-21 VIII: 17）

なければ十分に獲物は得られないという。なお知本社でも「馘首してくれば、社（ルカル）の霊が増加するとか五穀豊饒になるとかは言わない[223]」。

アミ族が頭蓋をどのように保存したかを示す資料も多くない。しかも、地域差が大きい印象を受ける。まず注目されるのは、南勢アミ族におけるシコパガイという氏族の存在である。古野によると、この氏族はコパン、すなわち物を包むの意より来ている。主として敵の人間の眉毛、毛髪を切って檳榔（びんろう）の皮で包んだものをコパンと言っている（二回目にはさらに檳榔の葉一枚を加えて包むので、回数を重ねるほど包みは大となる。実物ありという）。この氏族は首祭をなす家柄であり、もとは五軒あったが二軒が廃戸となって、当時現存するものは三軒だった。「ただ、当地は大正元年頃までは首狩りを行なっていたが、その後廃止しているので、もはやこの祭儀は行われていない[224]」。

このコパンは、佐山の報告書には上のように（図4-14）描かれている。一九一一年（明治四四）七月三一日、南勢アミ族の薄々社（ボクボク）においてタラパンツァ祭が行われたが、これは「馘首祭」であって、「老番および頭目など馘首祭主の家に集まりて眉毛を包みたる檳榔皮の束を祭る。この束は家屋内の東南隅に吊しありて下に槍を立てかけあり」。なお、別の個所では、これに小骨も入れていたと言う。「これ馘首したる時、眉毛と小骨とを取りて貯え置くなり。出草せんとする時は必ずこれを祭りて「汝等の親戚を呼び来るべし」と呪る（いの）。彼らは死後家族の再び集まりて一家を組織すとの迷信より、一人の亡霊は必ず親戚および朋友に至るまで呼び集むるものなりとし、かく呪る時は容易に馘首するを得と信ず[225]」。ここに見られる他界での一家団聚という観念は、非常に興味深い。

古野が一九三九‐四〇年（昭和一四‐一五）の荳蘭（とらん）社調査に基づき記したところでは、八月中旬に行われる社の大祭ミリシンの中で、タラパンツァがなされた。「これは蕃人のところに行くの意で、首祭りである」。これの第一日目、首（タヴァド）のある所で男子が踊る。首に向かって、これからあなたたちの親類や友人を呼んでくるようにと祈る。ササアドパン、またの名はラリポノアン（脳すなわちポノを取り出すところの意）という場所で踊る。首狩の盛装をして踊るのである。これには背負い網袋をつけて踊る。女は遠くから並んで見ている。この時、首置き場所に置いてあった首を持って来てこれを行ったという[226]。

さらに、南勢アミ族における不定期的な祭儀として馘首時の首祭があったが、これは「すべてシコパガイの氏族が行」った。引き続き古野の記録を引こう。まず人々は戦いに出かけ、取って来た首を社外の休息所〈サスラタン〉に置いて、そこで簡単な踊り――武装したままであるが鉄砲だけは置いて――をなす。出草または凱旋の時の歌――朝着いたら別であるが、午後になればこれをなす――を歌い、社の者が見物に来る。見物人が多数来て踊る。首を取った人は〈サスラタン〉で首と一緒にその晩は寝る。首の番をしないと他人から取られるかもしれないからである。また首は神聖なよいものであるから、身体を清めないと帰ることができないからである。

翌朝の第一日には〈朝食〉〈パラナム〉という祭をする。これはサスラタンの所で行う。これは首を取った者の家から、御飯を首に食べさせる。終わったらその首の髪の毛を取る。これは首を取った者の所有になる。そうすると首を持ってシコパガイの所に赴く。そこでシコパガイの家から出した朝食を食べる。このパラナムの時、首狩した者とシコパガイとが首に御飯を供える時には、以下のように言う。「今わたしがあなたに御飯を差し上げ、あなたの魂はわたしの家にいることになっているが、あなたの親戚をできるだけたくさん呼んでわたしたちと友だちになりましょう」。そう言って首の口に御飯を入れる。昔は酒はいつもはなかったので、これは飲ませなくとも檳榔は供えた。終わってから眉、毛髪〈爪は取らない〉を取って包む〈檳榔の皮を何枚も重ねて籐で縛る〉。それから庭で一踊りする。そして今回首を取った人の家へ赴く。そこでお祓い（はら）い〈パグルグルン〉を行う。何もしないで首を放っておくと祟（たた）り、「気狂い」になったりするので、これを行う。供え物をしてミヴチク〈神に酒などを供えること〉する。

この時の供え物は豚一頭、粟の強飯(こわめし)、檳榔、デワス（祭儀用土器）などを家の廊下の一か所に置いて祈る。男神マラタウに向かって、「今日御覧のように首を持って帰った、これはマラタウのお蔭である。今後もこの人（首）の親類をたくさん呼んでくるように御願いします」と言う。また、「わたしは首に対し、何の不足ないようにお接待をしていますから、マラタウもこれを見て後で祟りのないように」とも言った。

これが済んでから、普通は豚は祭の時には心臓を突き刺して殺すが、この時に限ってシコパガイが木製の叩き物（サパロ）で豚を擲(なぐ)りつけて殺す。殺せば解体して、肉を煮て参列した人々に御馳走をする。「男子として首狩は非常な名誉である。これというのも皆様の御厚意である」と感謝する。ただし、一人で殺した時に上記の祭をしたが、もし一人でなく加勢者のあった時は、その家へ赴く。その家でも豚を殺して御馳走する。これをマイチギドと言う。棚を作って首を収めることであって、イチギドとは餅や肉を竹で突き刺すことである。一本の竹を割って一丈に近い大きな竹筒の柄杓(ひしゃく)型のもの、すなわちパタタアンを作って、首収め場所のツァチギダン（チギドとは突き刺すこと、よって、首を突き刺して置く所）に置いた。

首を取った人（シタバダン）やシコパガイがここで、「いよいよあなたの家はここにします、ここに永くいることになるから安心していて下さい、腹の減る時は家に遠慮なく食べに来て下さい」と言う。そして、これが済めば解散した。これがパラナムから二日目に行われるミチギドの儀礼である。第三日はミサオルで踊りと競走、第四日目はミラオプで鹿狩、第五日目はマリアラッすなわち儀礼的川漁が行われ、これで首祭は終わった。なお「シコパガイの祭司家には禁忌（パイシン）が多いから、その家の婿になることを若者は好まない。アミ族が母系制であることは言うまでもない」とも古野は述べている[227]。

大正期の記録にも、南勢アミ族における同様の首祭のことが見え、その最後に「出征者全部、首を捨つる地点に赴き、パトゥトゥアンを建て首級を乗せ、その周囲に数十本のパタクワを建て、帰りて祭司の住宅前にて舞踊をなす」とある[228]。

これらの証言から、いくつかのことが想定できる。首を突き刺すパタタアンないしパトゥトゥアンとは、事例の中に見えた漏斗状の首架であろうし、首祭を主管する祭司氏族シコパガイが敬遠されがちであること、また髪・眉・小骨などが丁寧に保管されるのに反し、頭蓋自体はさほど大切に扱われていない（「首を捨つる地点」！）印象を受けること、などである。

里漏社にも、「首祭りする家で、祭主は男子に限る」とされたシコパガイ氏族が存在したが、この他に、「戦争（ガヤウ）と関連している」ミサガヤワイという氏族もあった。このミサガヤワイは、里漏社にもとは四、五軒あったが、古野の調査当時は現存していなかった。首（タバド）の祭は、時期は一定していない。馘首者（シタバダイ）を中心にした祭で、被馘首者の魂を呼んで祭った。「あなたを取ってからは、その後首が来ない。もう少し奮発して親族や仲間を呼んで下さい」と言った。

里漏社にも首収め場（ツァチギダン）があった。首を祭祀する家を社衆は一般に恐れて嫌がる。そして、その家は潰れてしまうと言っていた。ただし戦争に際しては、首関係の祭儀をしている家の人々は弾丸や槍などで傷つくことは滅多にないとも信じられていた。古野の考えでは「要するに、ミサガヤワイはシコパガイの枝葉にすぎない。ミサガヤワイで小祭して首（コパン）をしまうのはシコパガイの家である。この氏族（ガサウ）で祭った首をシコパガイに納めるのである。したがって、誰が見てもシコパガイの方が上位である」。なお、里漏社のシコパガイは知られている限りで四軒あり、首収めの場所の近くに住んでいたが、古野の調査時にはこれも現存していなかった(229)。

断片的だが、アミ族各社における敵首の取り扱いと保存の仕方に関する記述は他にもある。たとえば荳蘭社では、取って来た首は禁忌の森のツァチギダンで腐らせたが、「高山蕃」（ツガオ）つまりセデックのタロコ群や木瓜群の首は、これを釜に入れて炊き、早く肉を剝いで籾倉（もみ）の前に置くと言っていた(230)。

同じく南勢アミ族に属する帰化社は「早くから本島人と雑居しているので、故老も出草については詳しく記憶していな」かったが、出草（マガヤウ）に出かける時には格別の儀礼や禁忌はないが、帰ってくれば大いにマラタウ神を祀った。首棚を作ることはなく、首級は社外の一定の場所に埋めた。これを「一つの家」（ピタドマン）と言い、ここに近づくのは禁忌である。馘首して来た時だけ、ここで祭祀を行った。ここは首を埋める場所であるから、他の変死者も共に埋葬することはない。妊婦の死人はもとは屋敷内に、古野の調査時は共同墓地に埋葬していた。[231]

渓口社（南勢アミ族）にも、やはり禁忌の森で首収め場所のツァチギダンがあり、そこには大きな雑木が繁茂していた。ここに小舎を作ってその上に首を載せて祀った。この首祭をなす氏族がシコパガイであった。ツァチギダンは広く、その付近にシコパガイが住んでいた。[232]

以上のように、少なくとも南勢アミ族においては、馘した敵の頭蓋は、ふだん近づくことのできない〈禁忌の森〉に収められ、それを祀る司祭氏族も一般に敬遠されていたかの印象を受ける。

なおアミ族抜仔社（パイラスン）については、馘首して来た首は、二本の棒を交差させ、中央を薄（すすき）で結んで、東側の棒の尖端には人形首（タコア）、西側に向いた槍の先端には本物の首（タバド）を突き刺して飾っておいた。これを首刺し（ピトカガン・ト・タバド）と称した、という報告もある。[233]こうした例からも、アミ族の首狩文化に地域差の大きかったことが知られよう。

確かに伊能が述べたように、プユマ族の未婚男子集会所パラコワン、およびアミ族の未婚男子集会所アラワンは、当時もはや人頭の蔵置と何の関係をも有していなかったけれども、プユマ族も馘首の風を薄らげつつあるためにパラコワンは人頭蔵置と何の関係もないように変化したので、往時は「この建物が恐らく人頭蔵置をも兼ねたのであろう」という可能性はある。その論拠として伊能は、プユマ族も時として平素敵視する山中の異族と衝突し、馘首をなすこともあるのであって、この際ある儀式を行うのであるが、常例として頭顱を籠に入れ、パラコワンの前に設けた棚の上に置くのである、ということを挙げた[234]。これは現時まで猿祭で猿に擬した草猿に対し行われているやり方でもあり、私（山田）も二〇〇五年一二月、台東県の南王で実見した。

けれども、やはり日本統治期の記録全般から知られるところでは、プユマとアミにおいては頭蓋が忌避されるか、そこまで行かずとも軽視される傾向が強かった。ここに〈頭蓋の軽視〉という表現をあえて使ったのは、当時におけるそうした傾向をおさえておくためである。

首狩の起源神話

首狩を行っていた当事者たちが、その起源をどのようにとらえていたか。それはとりわけ神話の中に語られている。興味深いことにそこにはしばしば、獣頭やその他の事物から人頭へという、エスカレートのモチーフが見られる。次のルカイ族コチャポガン社の話では、鳥から猴（さる）、そして人という三段階である。

昔イラ社の頭人、部下に命じて小鳥を捕り来たらしめ、これを殺して娯（たの）しめり。鳥尽きて猴を用いたるに一層面白かりしかば、毎日部下を諸方に派し、猴を捕り来たらしめぬ。しかるにその附近には猴おらずなりしかば、遠く海辺にまでも赴かしめたり。しかるに部下らが帰ってその猴の頭を擁して歌踊を催したるも、うまくゆかざりき。彼らすなわち思う、「もし人頭一個を持ち来たらば定めて面白かるべし」とて、ついに他の番社に出草し、一人を馘しその首級を持して帰り、一衆これを囲みて歌踊せしに、この度は人々勇み立ち、踊りよくはずみ中々面白かりき。これより歌踊を催さんにはまず出草をなすこととなり、他の社にもこれに倣(なら)うものを生ぜり。これ今日我らの行う首狩の起原なり。

なお同族ダデル群にも同じ伝承があった。またパイワン族上パイワンでは、ラリチという木の実、猴、人とされ、同族マシリジ社ではダムニムニ草の実から人頭、パリラヤン社ではラリチ草の実から人頭に変わった(235)。首狩をエスカレートの結果とするモチーフは、ツォウ族(サアロア群)排剪(パイチヤナ)社からも伝わっている。それによれば、

今は昔、父母を失いて祖母の手に育て上げられたる四人の兄弟ありき。一日彼らは蜻蛉(とんぼ)を捕らえ、その首を斬りて石の上に載せ、互いに手を連ねてその周囲を歌いながら喜び廻れり。その後タリパの頭を斬り取りて、また石の上に載せて歌い廻りしに、一度よりは二度目、二度目よりは三度目の愉快さも増して仲々に面白し。かくて虫の頭の数々を平らげて見れば、他の動物の頭を欲するに至り、遂(つい)に進みて人の首をと思いつくに至れり。さに

人の首は容易に取り得るものにあらざれば、四人は鳩首して謀れども、別に策もなし。戯興ずれば他を思わざるに至るは、東西古今変わらざるものと見え、彼ら四人は「第一に祖母の首を斬るこそよけれ」と決し、それより臥しいたる祖母の側に寄り、無惨にも首を刎ね、また石の上に載せ、これを見ながら手を連ねて謡いつ舞いつ戯れしに、無上の愉快を感じければ、四人は「人の首を取ればかくのごとく快感を覚ゆるものかな」と打ち喜び、「今より人を殺してその首を取らん」と決心しぬ。

されども興醒めて見れば、現在己が祖母の体は血にまみれ、首は遥か離れたる石の上に転がり、見るもうたてき有様に、四人の者は今更ながら驚きあきれ、いかにもして元の体に直さんと神を降して祈願しけるに、神も憐み給いしか、祖母の体は元のごとくなりぬ。かくて四人は末永く孝道を尽くしたれど、それより馘首の趣味を解し、土人と見れば一人も残さずその首をとりしも、その後は首よりも金銭を欲するに至りたりとなん。(236)

つまりここでは、蜻蛉からタリパ（何らかの虫のようだが未詳）、そして人頭という順序とされている。ツォウ族からの他の事例では、犬から人（達邦社）、犬・猿・人（テブラ社）、蠅・猿・人（カナカナブ群）といった具合になっている。(237)

同様のモチーフは、台湾以外の東南アジアからも知られている。たとえばマクドゥガルが報ずるボルネオ島サカラン族の伝説によれば、むかし祖先の娘は天に住み、宵の明星近くにいたが、受け取るに値する贈り物を婚約者がもたらすまでは、結婚を肯(がえ)んじなかった。男はジャングルに入り、鹿を殺して彼女に贈ったが、彼女は蔑(さげす)んでそっぽを向いた。彼はまた出掛け、森に棲む大猿を獲(え)て戻ったが、それも彼女の気に入らなかった。それで恋人は自棄(やけ)を起こし、他所へ出て最初に逢った男を殺し、被害者の首を少女の足下に投げて、彼女が彼をしてなさしめた暴虐の非を叫んだ。ところが驚いたことに彼女は微笑(ほほえ)み、やっと自分にふさわしい贈り物を見つけたわ、と言ったのである。[238] リング・ロスや伊能[239]が指摘したように、ここには首狩への女性の関与が強調されているが、その基調をなしているのは、獣頭から人頭へというエスカレートのモチーフである。

次は東インドネシアのセラム島アルーネ族の神話である。初め人々は、祭を行うためにバイレオ（集会所）を建てた。バイレオを装飾するために、彼らはさまざまな木の実を掛けた。ココ椰子の実、バナナ、パイナップル。しかし美しくなかった。彼らは犬と、鹿と、豚を吊したが、やっぱり気に入らなかった。そこで彼らは、人間の首ならバイレオをうまく飾れるだろうと考えた。しかし首を手に入れるのはとても難しかった。そこでラトゥリサ（バイレオの長で戦争指揮官）は妹シライの首を取って来ようと決めた。人々に「行け、そして我がバナナの木を倒せ！」と言うと、人々は彼の意図が分からず、帰って来て「バナナの木は見つかりませんでした」と言った。そこでラトゥリサ自身が妹の所へ行くと、妹は女物のスカートを織っていた。彼は妹の首を刎ね、それをバイレオに掛けると、ようやく綺麗(きれい)に飾られた。以来、首狩が始まった(240)。

こうしたエスカレートの形式ではなく、主にタイヤル族からは別形式の首狩起源神話も知られている。森丑之助の報告「首狩の起原として伝わる話」が、地域的差異も含め事情をうまく説明しているので、引いておくことにしよう。

太古、蕃人の祖先がピンサバカン〔大覇尖山〕の地に発祥し、これが繁殖して各方面に分かれ移住することとなりし際に、大別して山に住む者と平地に住む者と半数ずつ分かつことに相談まとまりしも、人は多数にしてあたかも深山の木の葉を数えんとするに似て、人間業には到底かぞえ尽くされず。暫時はその分かち方に困じおりしが、ようやくに一計を案じ、互いに概数のみ平地側と山手側と二方に分かれ、双方より声高く叫び試み、その人声の音響の高低により人員の多少を測り、人声の平均をもって二分することとせり。

かくて一族双方に別るるに際し、平地側の群に入りし者はなはだ多く、ひそかに相囁きて云う、合図の声を発する時、山手側と同じく叫ばんにはこの方の人数著しく多きこと露顕すべければ、互いに警め低く発声することに言い合わせり。山手側にてはかかる策略のありとは知らず、頓て双方渓を隔てて合図の発声をなすの際、正直に大声を揚げ叫びしに、その声山谷に響き渡れり。不思議や人数いささか多かるべしと見えし平地側の声、至って低きを訝りしに、平地側の云うには、山手側の人数ははなはだ多し、なお少しく割きて我が方に増せと。山手側は快からずも、前約のあることとなれば、再びその幾分の人を平地側に分け与え、愈々(いよいよ)互いに相別れて双方その影の見えずなるころ再び相叫ばんと、かくて互いに遠く隔てし時、再び叫び合いたるに、平地側の声は百雷のごとく山岳も轟くばかり大なるに比し、山手側は極めて微々たりき。

ここに始めて平地側の謀計に欺(あざむ)かれしを知り、その不公平を憤り、これまで同一族同胞たりしも、かかる不正の行為をもって我らを欺くにおいては、これより絶交し仇敵と見て必ず報復し、もって鬱憤を晴らすべし、我ら祖宗の神霊は正しき者を扶(たす)け給えば、我らたとい少数なりとも、いかで彼らに敗らるべきやとて子孫に遺訓し、代々他族の首を馘ることとなれりと云う。蕃人は首狩をもってシビルカイ・マラホ・ラーラル、すなわち祖宗の遺訓に従うものなりと称するは、この伝説に起因す。

面白いことに、この時平地に降りた集団は、タイヤル族の各群によりさまざまに異なった集団としてとらえられていた。すなわち「大嵙崁(たいこかん)蕃のごときは、この時平地に別れし一群は今の漢人なりと云い、北勢蕃および埔里社方面の各部族は現時の平埔蕃がすなわちこれなりと称し、タロコ蕃のごときは花蓮港方面に在る加礼宛(カレワン)蕃およびアミ族の蕃人なりと称す」。そして「この伝説は本族蕃人の各部族を通じて広く伝わる処にして、かつ彼ら蕃人は他種族の首を馘することはその祖先の時代に欺かれし報復をなすものにして、この約束は彼ら一族が分団して移住する際に定めたるものなれば、平地側の人の首を馘るはこの旧約を履み、正当の権利を行使するがごとき観念を有する者さえ少なからず[241]」。

森の言うとおり、同工異曲の伝承はタイヤル族の各地から報告されている。たとえば、採録地不明の伝承[242]、大嵙崁群、北勢群[243]、セデック族タウダー群、トロック群、内タロコ群[244]などである。そうした中で、いくつか面白い異伝も見られる。たとえば白狗群マシトバオン社からの次の話は、「土人」すなわち漢族の辮髪と「我ら」つまりタイヤル族の刺墨の起源にも説き及んでいる。

> 昔、我らと土人とは同じ所に住まえり。ある時、共に南湖大山の頂に赴かんとせしことありしが、道遠ければとて中止しぬ。その頃は両族間いと仲睦じかりしが、ある者彼らに向かい、「どこに赴くも粟さえ植うれば食を欠くこともなからん。汝ら好む所に赴けよ」と催促したれば彼ら大いに怒り、「囂しき事を云うものかな。今ごろ他に行けよとは何事ぞ。汝らに云われずとも、行かんとすれば我らはどこへなりとも赴くべし。痴がましきことは無用なり」とて山を降り行きぬ。それより土人は頭髪を長くし、我らは顔に刺墨して互いの標示とせり。しかして馘首はその時より始まる[245]。

さらに、ブヌン族干卓萬群にも同様に台湾人から首狩を黙許されたとの伝承がある他[246]、同群にはタイヤル族（「北蕃」）に馘首された報復として首狩が始まったという言い伝えも存在した。

昔、社人耕作地に在りしに、北蕃来たりてその首を馘したり。それより我社の者北蕃に赴き、その不法を責めて帰れり。しかるに約一週間ばかりにして再び馘首せられたり。その時再び社人到りて責問せしに、北蕃は「彼の馘首せる者は狂人なれば詮なし」と遁辞を構う。しかるにその後また馘首せられたる者ありしかば、今は黙し難しとて、タシバロアンルックスの父サッカ始めて出草して二人を馘首したり。その時北蕃来たりて不法を責めければ「彼れ狂人なれば致し方なし」と応答す。それより五、六日たちて再び二人を馘首して帰る。北蕃再び来たりて詰問したれど、同じく「狂人の仕業（しわざ）なり」とて取り合わざれば、彼らも怒りてその後仇敵となる(247)。

先に見たエスカレートのモチーフは、言わば狩猟と首狩を連続したものととらえているとも理解できる。次に我々は、狩と首狩との関係性を確認しておくことにしよう。

狩と首狩

ブヌン族のいわゆる〈打耳祭(みみうちまつり)〉には、謎めいたところがある。一方において、鹿の耳を儀礼的に射る[248]（打つ）点は、東南アジア焼畑耕作民の狩猟儀礼でしばしば猟獣の耳や毛が重視されたことを思い出させる。けれども他方で、この祭儀では人頭骨や頭骨架も重要な役割を果たしたようなのである。それがよく表れているのは次の記録である。丹社群では新暦五月に〈マナッカタイガ〉と呼ばれるこの祭が行われたが、ここでは、

> 老若男女の別なく約一箇月前より装飾品の準備に忙しく、祭日の前七日間は出猟して獲物を集め、帰社してまず飲酒す。その後頭目の家に各戸より戸主一名ずつ集まりて、頭目の木を揉みて作りたる火を受けて共に煙草を喫す。これ本日は吉日なりの意なり。
>
> 　翌日未明に、頭目の指揮にて社の男子は皆、一定の空地に集合し、年内に獲たる鹿の耳または猪、熊および人間の頭骨を持ち来たり、各自弓または銃にてそを射るなり。その時おのおの豊作、無病、息災、好猟、馘首の成功を祈る。しかして最初の一発は悪魔払いのためにして頭目発射するものとす。さて一同頭目の家に到りて飲酒す。その時一人立ちて馘首の真似すれば、衆一斉に「オー」と喊声(かんせい)を発し、それより酒瓢(しゅひょう)を廻して飲酒す。終わ

れば各戸を飲み廻る。しかして前述の鹿の耳を細断して、集まれる男に分配すること他社に同じ。

翌日は頭目の家にて熊、猪および人間の頭骨に酒を灑ぎ、男女ともにその前に出でて種々の祈願を述ぶ。この日より六日間は家内安全・五穀豊饒の意味にて、平素首に掛けある首飾りおよび猟具ないし農具を持ち出して祓い終われば飲酒す。なお本日より八箇月間は熊を捕獲して差し支えなきも、その他の月には厳禁す。たまたま陥穽にかかりたるものあるも、ひそかに山中に埋めて秘す。(249)

すなわちここでは、鹿耳ばかりでなく、猪・熊そして人間の頭骨も、弓矢で射たり銃で撃ち当てたりすることがあったし、首狩を真似た寸劇も行われた。同様に、タケバカ群で満月の時に行われた〈マナクタイガ〉でも、まず一人の男が首棚に赴いて頭骨の口に酒を注ぎ、それより猪・鹿などの頭骨にも同じく酒を注いできたし、鹿耳を射たり撃ったりする際に唱えた文句も「猪も鹿も熊も豹もまた敵蕃も皆、我がためにかく射られよ」であった。(250) また卓社群の場合、馘首から三年後のマラクタイガの最終日に、頭骨の口に玉蜀黍を入れ、屋内の粟置場の後ろに棚を造って安置した。(251)

森丑之助がブヌン族全般の〈狩猟祭〉〈マラタギアまたはマラクタイガン〉について記したところでは、この祭事は「多くは四月の交、または三月ないし五月のころに行」われた。その時

には、

祭日の前に狩猟に赴き、かつ酒を醸して酒肉の準備をなし、当日早朝より男子は盛装して銃または弓矢を携え社内一定の地に集まり、鹿または羌の耳を樹幹に付着し、一同これを標的として射撃し、終わりて司祭者はその耳を携え一同を自家に伴い入り、戸を鎖して猪の頭骨を土間の中央榛木の上に置き、酒肉および粽を供し、その前にシマカゴノキを擦り合わせて新火を取り、もって枯榛を焚き、その上を猪頭骨および供物の酒肉と粽を持ち越して浄め、さらに頭骨架の前にいたり司祭者は酒肉を供え、粟の豊穣と獲物の多きことを祈念し、しかして新火にて焼きたる肉を持ち来たり、人数に応じて一同に配り、一度これを回収して再び分配す、その際過不足なく、また肉片を地上に取り落とすごときことなければ吉として喜び、一同酒肉を食して式をおわり、しかして門戸を開きて老幼および婦女を屋内に入れ、一同にて祝宴を開く。

この場合に司祭者はその祭日を定めかつ祭儀を司り、祭祀団体を代表して行うものと、単に司祭者はその日を指定するのみにして、各家の家長において祭儀を行うものとあり、近時は後者の例多きをもって概ね各家において行わる。

この時をもって過去一年間に猟獲せし獣類の頭骨を簷下に吊しあるを取り卸して屋内または一定の獣骨堂に祭る。この儀式に於て擦木発火の際その火消えれば死人あるの凶兆と

し、かかる場合には門戸以外の処を破りて屋外に遁出するを例とす。もし門戸より遁れば
その者死すと云い、かつ標的には鹿または羌の耳を用いて猪および山羊の耳を用いざるは、
鹿・羌は純正の野獣なるも猪は人間と縁故あり、山羊は石の化生したるものとの伝説あり
てこれを忌むによる。
　また除草祭のとき単に草の抽き初めをなし祝宴を張り、狩猟祭の前数日をもって豚の毛
を茅の茎に挿みたるものを四本粟畑の内に立てて粟の生長を祈る処あり、また射的に用い
し鹿耳は新火にて焚きて灰となし、これを酒に浸して頭骨架に供うる処もあり、またこの
祭日に老衰せる飼犬を頭骨架の前に牽き行き、他の犬よりもこの犬の先に死するようにと
祈る処あり。[252]

ここでは〈狩猟祭〉に際して「頭骨架」に酒肉や鹿耳が供えられたというのが興味深い。
　一方、台東のアミ族では、首狩が絶えて以来、かつて首狩時に行っていた旧慣を狩猟時にな
すようになっていた。ここでは粟播き前、すなわち「番暦八月に挙行する公的大狩猟」はミパ
クと称し、社民挙げて出猟した。その際、獲物に第一撃を与えた者は殊勲者としてその頭顱と
内臓を賞与され、帰宅の後に首祭を行う習慣だったが、数日猟場に滞在する場合は、頭顱は煮
てその肉を頭目、年配者、親友などに分配し、自宅で白骨の頭顱に対して首祭をし、狩りに出
たメンバーがこれに列席した。婦人や小児が狩人を村外で迎える慣習は、「高山番」（ここでは

主にブヌンだろう）が敵の首級を獲て帰村する時に行う風習と、軌を一にしていた。「平地番」つまりアミ族にあっても、かつては馘首して帰村せる場合に行ったもので、だんだんと馘首が絶えるとともに、やむなく狩猟の時を利用してこれらの旧習を行ったのである。なお、殊勲者の行う首祭は、若干の酒肴をととのえ、殊勲者がまず立って頭顱に酒を注ぎ、「汝頭顱の霊に告ぐ。汝は勇敢にしてかつ甚(はなは)だ怜悧(れいり)なりき。自分は汝がその父母兄弟を呼び寄せ、しかして寂しからざる滞留をなさんことを望むものなり」と祈り終えてから宴を張り、狩猟の成功を祈るのであった。[253] こうした猟獣への呼びかけも、人頭への語りかけとそっくりである。

パイワン族では、村によっては豹と鷹を「霊獣霊禽」とし、敵の首級に準じて祭祀することがあった。しかし熊に対する祭祀は特になかったという。[254] パイワン族全般において、鷹（パイワン語でカリス）は「霊鳥となし、これを社内にて捕獲することを禁忌す。しかれども郊外にて捕獲したるときは、これを人の首級を得たるに準じ、小さき石棚の内に収蔵す。これをパリシ・タ・カリス（鷹祭）またはスマヌ・カジャ・タ・カリス（鷹のスマヌカジャ）と云う」。そして、とりわけその羽が珍重されたようである。また北パイワン族リキリキ社では、猟者はその豹の頭顱を持ち、巫者と共に頭人家の旧屋に赴き、前庭の中央にこれを置いた。巫者はこれに対し饌(せん)を投じ、「いま汝に豚脂を食わせたり。汝一人にて寂しからん。ゆえに汝の父母兄弟をも伴い来たれ」と唱え、それからその頭骨を持ち帰り、猟者の寝台の上に飾った。[255]

しかし、豹の屍体を村内に入れることを忌む所もあった。たとえばパリジャオ群高士仏社では、豹を村内に入れれば病に犯されると信じられていた。そのため猟者は、これを村の付近まで持って来ておき、村の入口において巫者の祓除を受ける。巫者は猟者に対し、饌を投じつつこれを祓って、「この者は誤って汝豹を射たり。されど汝は怒ることなく直ちに去れ。この者が社の内に入り家に帰りても祟ることなかれ」と唱えた。それから茅茎数本に点火してこれを村口に置き、猟者はこの上を跨いで村に入った。豹はその皮を剥いで平地に持参して売り、屍体は地に埋めたという(256)。

パイワン族ではまた、出草と出猟に関する禁忌は大体において同じだと言い、次のようなものが挙げられている。まず、出草者・出猟者自身に関する禁忌として、次のようなことに前日から注意した。

> 出発の前夜には婦女と合衾することを禁ず(ただしこれを忌まざるものもあり、ルカイ番ダデル群社のごとし)。また出発の朝、孕婦と言語を交うるを得ず。月経の婦女に触れらるることを忌む。もしこれ等を犯せば武器利ならず。獲物を逸するのみならず、不測の禍を受くべし。
>
> 途中にて嚔すべからず。恐らくは敵または獣を逸せん。ゆえにもし一行中嚔したる者ある時は、すべての銃および刀を祓わざるべからず。番社によっては、その嚔をなしたる者のみ引き返して再び出直すことを要す(あるいは携帯する行糧を棄て、もって出直したる意

味となすものもあり）。

前夜の夢が凶なる時はその行に加わるべからず。途中凶兆に逢う時、すなわち蛇・山猫・ガリ（狸の一種）または羌などに路切られ、または鳥啼きの悪しきに逢いたる時は強いて前進すべからず。いったん引き返して出直すことを要す。もしこれらの禁を犯せば不測の禍に逢うべし。

途中、出草者また出猟者に逢いたる人は、これに対して決してその用向きおよび目的地を問うべからず。恐らくは敵および猟獣を逸すべし。ゆえにその問われたる者はいったん引き返さざるべからず。

ブツル、ルカイおよびパイワン諸番において、粟の穂を出したる時よりマサルト（収穫後祭）を終えるまでの間、出草または出猟をなすことを禁ず。

以上に対して、留守者の禁忌も前日から始まった。次のようなものが挙げられている。

針・生麻・織機に触るるを禁ず。コボジ番の一部においては、月桃草（げっとうそう）を扱うをも禁ぜり。もしこれを犯せば、現に出草し出猟しある本人の銃器破裂することあるべく、しからざるもその銃丸命中せざるべし。

また留守中は芭蕉・蜜柑（みかん）・甘蔗（いずれも異族より移入したるもの）および魚類に触れず。

もちろんこれを口にせず。芋・瓜・豆類など地下に埋むる植物を植えず。米または粟を搗かず（スボン、コワバル両群においては米および米酒を食することをも禁ず）、畑の除草をなさず。屋の内外を掃除せず。なおパリジャオ番の一部（高士仏社のごとし）においては昼間その家の戸を閉ざすことを禁ず。もし上記の禁忌を犯せば、出草者または出猟者の行動自由を欠き、獲物を得ざるのみならず、負傷することあるべし。

以上の禁忌は本人の帰来するまで、本人はもちろん留守居の者これを守ることを要す。その他、留守者は火を守りこれを絶やすべからず、他人にこれを貸すべからず。人と物を交換すべからず、人に物を与うべからず、ただし人より物を受くることを禁ぜず。(257)

農耕と豊穣

しかしやはり何と言っても、首狩との強い結びつきが見られた生業は農耕であり、前章（一八五頁）で見たプユマ族頭目のことばのように、作物に豊穣をもたらすために首狩を行ったとの証言もしばしば見られる。たとえばアミ族南勢群において、佐山融吉の「何故に凶作の時出草するや」との問いに対して、現地のアミ族自身は次のように答えた。

首を取りたる者、発砲したる者、鎗を奪いたる者、また鉄砲を取りたる者、刀を取りたる者など、すべて首に関係ある者より豚一頭ずつ出して、マラタウ神を祭る。すなわち蕃社中の祭典にてこれほど供物多きはなし。またこのとき踊る舞踊は活潑にして勇ましく、マラタウ神はこれを見て満足し、五穀を成熟せしむるなりと。

神は供物の多きを欲す。供物多ければ多く幸福を授くるなり。しかれども数頭の豚を一時に屠るは、蕃社にとりて容易のことにあらず。ゆえに他にこれに伴うべき効果なかるべからず。されば馘首して仇を報ずれば、社人も大いに喜び、神も供物多きをもって共に喜び、婦人も勇壮なる男子の舞踊を見て喜ぶを得、またこれがために困難なりし婚儀もまとまることあり。これらの関係よりして凶作の時出草に出ずるなり。また馘首する時は毎日舞踊して休むことなく、従って踊りも上達するなり。しかしてもし馘首せる者、豚を出してマラタウ神を祭らざる時は夭死すと云う。

内地の官吏を馘首するは、これ隘丁の乱行は官吏の命ずる所なりと思惟せるなり。しかれども仇敵にあらざる者を馘首する時は、祭を盛大にせざるべからず。しかせざれば夭死すと信ず。

馘首せられたる者の家族は、非常に心配してかつ泣きかつ叫ぶ。亡霊は豚となりて帰宅し、妻の腹に乗り、あるいは蕃刀を抜く音をさせ、あるいは棚より物を落とすかのごとき音をさすることありと。また殺害者は被殺害者の首に酒を飲ましむるは多少恐怖の念より

するものにして、酒を与えて亡霊を慰むるなり。(258)

ここには、敵首をマラタウ神に捧げることで、その加護として間接的に五穀豊穣がもたらされるとの観念が示されているわけである。

しかし次の事例には、不作は「首の餓えたるならん」という別の解釈が現れている。すなわちアミ族タバロン社では、不作の年はこれ「首の餓えたるならん」ということで、年配者らが集会所において協議を行う。議決すれば、一階級の壮丁たちがその日の午後から山に赴き、山に着けば大声を発して祖先の名を呼び、翌朝早く帰村し、まず集会所で踊った。婦女子はそのとき酒を携えて集まり壮丁らに酌し、踊り終われば、一同頭骨架の前に赴いて祭を行った。その式は正月祭と同じであった。(259) また馬太鞍社でも、取って来た首を迎えての首祭の四日目に、頭目がその首の前に出て酒・餅・檳榔子(びんろうじ)などを供え、「いま我ら汝を美しく飾れり。また食物を多く与えたり。汝すみやかに社に行きて、汝の親戚および兄弟を伴い来たれ。五穀豊饒なる時は汝に多くの供物を奉らん。されば汝よく守護して熟実多からしめよ」と呪文を唱えた。(260) つまりここでは、敵首の供犠を通してではなく、首そのものに対して五穀豊穣が祈願されているのである。

セデック族からも、出草を粟の豊穣のためとする報告が比較的多く見られる。たとえば同族タウダー群における「出草の原因」として九つが挙げられている。それらは、盗賊の嫌疑をうけて、盗賊の非を隠さんとて、土地の境界を犯さんとて、土地の境界を犯されたりとて、情婦の争より、刺墨（いれずみ）せんとて、姦通せる者を認めて談（かた）らず後不祥事ありて告白したるに社人に迫られて、嘲弄せられて、そして「粟の豊饒を祈らんとて（播種前に行う）」であった。[261]

　同族では、粟播祭で次のように出草の成功が祈られた他、獣血を手に塗ったり種粟にかけたりした例があり、注目に値する。たとえばトロック群では、粟播祭の時期になると、村ごとに一頭の豚を司祭者（現地語シュムガソッセーゼック）に贈る。その豚は毎戸から集めたる粟（およそ一斗五、六升）で買い求めるものである。司祭者はその豚を受け取るや、酒を造れと命ずる。満月の日になれば、司祭者の妻は松明（たいまつ）を点（とも）して司祭者と共に山に赴く。山に到れば、石で造ってあるウネショルバトノフと称する台に、白石三個を載せ、鍬形（くわがた）をした木枝をその端にかけ、その前にフカヤを建て、終われば台の下を掘って粟を播き、「社の者出猟する時には獲物あらしめよ。出草する時には多くの首を得させよ。また敵をして追い来たらしむることなかれ。作物は豊饒ならしめよ」という呪文を唱えた。

　司祭者はそれから家に帰り、火および刃物に触れることなく、なおも除草を行うことはできない。翌日は各村で出猟し、獲物があれば司祭者に献納する。司祭者は獣類の血を手に塗り、粟の発芽に至るまでそれを洗わない。数日後、人を山にやって、その様子を確認させた。発芽したと報告すれば、司祭者は自ら赴いて粟を間引し、それから自分の畑に種を下すのである。播種は一日で終わる。各村では人を出してその顛末を聞かせる。司祭者が、粟を播き終えたと告げれば、その者は帰村してその旨を村に伝える。それから各村で播種するのであった[262]。

次は内タロコ群で一二月頃に行われた粟播祭の記録で、出草のことは見えないものの、種粟に豚の血をかけたというのが面白い。すなわち昔は一村に必ず一人の司祭者（現地語スマルガヤ）という者がいて祭を行ったものだったが、今は各血族間で行うようになった。そして祭日（闇夜を選ぶ）になれば、血族中の雄弁で勢力ある者が「明日粟播を行おう」と族人に告げ、自分は夜中に豚を屠って、その下に種粟を置き、豚より滴った血で潤す。その翌日は出猟、さらにその翌日は各戸で餅を搗き、男は捕鳥に赴いた。獲物が多くて、血が手につくのを吉とした。さらに翌日再び出猟してその翌日（一月頃）に一同で播種したという。同様にタウサイ群でも、粟播祭に際して司祭者は「小鳥の血にて手を染めて粟の豊饒を祈」った[263]。

また、首を得れば豊作になると直接的に語る資料もある。たとえば外タロコ群コロ社では、「昔は粟を播かんとするや、祭と本播との間に馘首に出でたるものなり。首を獲れば作よし。されど収穫の時には絶対に馘首することなく唯出狩するのみ[264]」。

セデックの播種祭ではこの他、頭骨架の模型が作られる場合もあった。森によると、霧社群、トロク群、タウダウ群などにおいては、その一部族を代表する世襲の司祭者がいた。祭日は新月の際を選び、司祭者は夜半、男児を伴って祭壇を設けるべき畑地に到り、まず小地をならし、石で区画を作り、その内に小形の家屋・穀倉・頭骨架などの模型を作り、付近に陥穽を設けて鼠を捕らえ、かつ各種の昆虫類を捕殺した。こうしてまったく準備ができればこれらを供物とし、その周囲には松明を立てて火を点じ、初更の刻に至って儀礼をした。まず畑を掘り、これに小区画を設け、その内に粟・藜(あかざ)その他、穀豆菜瓜など種々の種子を播き、その種子の一部分を種類ごとに、水を入れた鍋に入れる模倣をし、またこれを食べる真似をし、飽食満腹のふりをする。竹杯に酒を盛ってこれを供え、かつ自らも飲み、低声で祭詞を誦し、祖先の霊に対して豊穣を祈る。こうして祖霊に作物の豊穣と狩猟の成功、子孫の健全な成長などを祈った後、末句に「首狩に出れば多くの首級を獲させ給え」と語ったものだったが、今は遠慮してこれを省いた、と言っていた。祭詞を述べた後、あらかじめ捕らえておいた小鳥を殺し、「鹿も得たれば今年の豊穣疑いなし」と社衆に告げたという[265]。

なお霧社群では、九月から一〇月頃に行った粟の収穫祭に際しても、同様の頭骨架模型が作られた。その祭では司祭者が、祭事中はあたかも自ら神のごとき態度をとり、随従の少年に炊事させ、互いに無言で飲食した。喫煙などもみな自ら手を下さず、少年にやらせた。祭典の時日は新月の頃を選び、夜半にこれを行った。その祭儀として畑に四、五尺平方の地を拓(ひら)き、そのうちに穀倉・住家・頭骨架などの小型の模型を作り、また傍に石・水晶・女竹などで区画した畑を作り、付近に陥穽を設けて鼠を捕らえ、その肉を切り鹿肉の代わりとして家屋および穀倉に供え、熊蜂を捕らえて、その頭を頭骨架の上に並べ人頭に擬した。また狩猟に行き、獲た鹿の血で手を洗ったという[266]。この、人頭代用品として熊蜂の頭を用いるというのは、先に見た(二一六九頁)熊蜂頭の頸飾りを想起させる。

ツォウとブヌンについても、わずかではあるが首狩と農耕の関連を推測させる資料が存在する。たとえばツォウ族の和社（ルフト社）からは、「出軍の目的」として次の四つが挙げられている。それらは、「（1）父母・兄弟および朋友・知己などの仇敵を報ぜんため。（2）病気なからしめんがため。「蕃人」の敵首を取りたるはあたかも犬の猪を捕獲せるに同じく、神そを見て大いに喜ぶ。従って神の怒りに触れて病むことなし。（3）穀物の豊饒を欲して。同上。（4）勇者の誉れを得んがため。他人と争闘して負けたる時、馘首し来たればその恥を雪ぐを得。妻、夫を嫌い他と密通したる時、馘首し来たれば従前のごとく夫の意に従う」[267]。ここに表現されているのは、敵首を「神」に捧げ、その「神」の加護によって穀物の豊穣が確保されるという考えである。

なお、同じく北ツォウ族トフヤ社出身の矢多（矢田）一生が岡田謙に対して挙げた首狩の理由は、武勇を表すため、女子に馬鹿にされた際名誉回復の目的をもって、粟の収穫を豊かにするため、敵に対する復讐として、子孫を繁殖させるため、悪いヒツ（霊）を祓うため、飢饉・流行病のあった時それから免れるために、猟場の争いから、という八つであった[268]。ここにも粟の豊収が含まれている。

ブヌン族では、丹社群における出草の原因として、「人に呪われて死したる時には社中の者出草す」「豊作を祈らんとて社人出草す」「人より侮辱せられたる時は個人にて出草す」の三つが挙げられている程度である[269]。

タイヤル族プロパーについては、首狩と豊作との連関を明確に否定する言明がやや目立つ。たとえば馬利古湾（マリコワン）群について、「当蕃にては豊作を祈るために出草することなし」、また眉原（メバラ）群でも出草して「穀物の豊饒を祈ることなし」とされた(270)。

しかし、馘首と農耕とのつながりを思わせる記述もないわけではない。たとえばタイヤル族シカヤウ群では、粟・稗の播種祭においては、司祭者が未明に社の者一人を連れて一種の斎田に赴き、そこに粟・稗を播いてから村へ向かったが、この時社人二人は酒を携えてこれを中途に迎える。互いに遇うや、おのおの一人ずつをとらえ、「馘首せしや、今日馘首したるは誰なるや」と問えば、司祭者はこの男だと言って、共に行った者を示す。その時社人は「祭日に当たり敵を斃したのは縁起よき事なり」と述べる。その後彼らは合飲し、共に帰社したのであった(271)。

それどころか、南澳群では播種祭（スマットー）に際して敵首を必要としたという。すなわち、ここで古代、この祭をするには敵人の首級を要し、これを祭主の家の屋根裏に吊したことがあった。「今もなおこの祭には祭主の家の中央に臼を置き、これに酒を入れ、その上なる屋根裏に土人の辮髪（べんぱつ）または獣骨を吊り下ぐと云う(272)」。

北勢群では、逆に収穫に当たって出草したらしき記述が見える。たとえばここでは、陸稲の収穫が終わると各戸で酒を醸（かも）し餅を搗（つ）き、それを携えて全社の者が一か所に会合し、玉蜀黍（とうもろこし）、胡瓜（きゅうり）、蕃薯（ばんしょ）など農作物のすべてを供えて祖霊を祭り、それから山芭蕉の根に、炭で目・鼻・

口・耳などをつけて首級を模造し、それを携えて急ぎ社に帰り、頭目の屋内の臼の上に載せて供物し、その周囲を踊り回る。昔時は出草したものだという。[273]

伊能嘉矩も早い時期に、大嵙崁方面のタイヤル族では稲収穫祭に「新頭顱」が必要とされることを述べていた。それによれば、ここでは稲（パガイ）の収穫をもって一年（カワス）の終わりとし、餅を搗いて祖先に捧げた。この儀式をツォマリルと呼んだが、このツォマリルを行う以前二、三ないし四か月の間は、首狩の最も盛んに行われる季節だった。それは第一に、ツォマリルに新しい頭顱がないと祖先が悦ばないという「迷信」を抱いていること、第二に、ツォマリルの会飲に武勇の声誉を博したい、という欲求とがこもごも相交じってそうさせるのであった。[274]

タイヤル族では他に合歓群の、「粟の一、二寸延びたるころ出草して馘首すれば粟腐らず」、また鹿場群の「旱魃の続くはこれパシュラカ（祭名）の時多くの供物を祖霊に供せざるためなり。かかる時は馘首および狩猟に出でて供物するなり。また老若男女、夜中に河に赴きて首飾その他、己が好む物を河中に投ず」といった報告も、首狩と農耕との関連を思わせる例である。[275]

ところで今のは旱魃時に首狩に出る例だったが、雨乞に頭骨を用いたという事例もある。たとえばタイヤル（セデック）族では、旱魃が続く時は、社の者が古い髑髏、古合羽および槍を携えて渓に赴き、その髑髏を上流より流し、流れ来るのを槍で突く。こうすること数回なれば雨は必ず降ると言っていた。そしてその頭骨は棄てることなく必ず持ち帰った。同族外タロコ群でも、馘首した者一〇人が、赤い衣を着け古い頭骨を携えて渓に赴き、それを水に浸し、三発あるいは五発発砲して敵を追う真似をすれば雨は必ず降ると信じられていた[276]。

パイワンの五年祭

以上は、首狩と農耕との関係を比較的直接に語る事例であったが、もっと間接的に、農耕サイクルないし農耕祭祀と首狩との関係を推測させる事例もある。

たとえばパイワン族では、一般に「毎年粟祭の時は首棚を祭るを例と」した。詳しくは、毎年マサルト（粟収穫後祭）の後に首棚を祭ったのであり、これをパリシ・タ・ツァカルまたはキパカイシザーザオと言った。そのうち北パイワンのチャジャカブス社には首棚を設けず、敵の首級は郊外一定の場所に石板をもって囲い、その中に蔵していた。これを現地語でジャジャアと呼び、石造の小さい霊屋であった。ここでは毎年のマサルトの後、または五年祭の時、馘首者は特に酒を醸し、これを持してその場所に至り、右の石屋にその酒と豚脂を供した[277]。

以上のように、粟の播種や収穫の祭祀の時に出草に出る例は、実際に報告されている。森丑之助は初め「従来世上に誤伝さるるものに、馘首は祭祀の犠牲として必要にして祭典挙行の前に出草するもの多いと称するは……大なる誤謬[278]」と、祭祀と馘首とのつながりを断固否定していたにもかかわらず、後になると、「馘首は祭祀の犠牲として必要にして祭典挙行の前に首狩に出づるもの多しとの世説あるも……全然該説を誤謬として否認するにあらざるも、なお精査を要するをもって一の疑問とす[279]」とややトーンを和らげているのは、こうした事例に接したためかもしれない。

ところで、いま出てきた五年祭[280]は、パイワン族の広い範囲にわたり、五年に一回行われてきた祖霊祭とされ、その趣旨は以下のように説明されている。

本族の始祖の霊は常にカブルガン（北大武山）にありといえども、毎五年一回、現在子孫の生活状態を視察せんがためにそこを立ち出で南下し、往く往くその部落に立ち寄りてこれに農耕、狩猟の幸福を遺しつつ南端鵞鑾鼻（がらんび）に至りて引き返し、もと来し路を北上しカブルガンに帰着す。ゆえに子孫たるブツル番及パイワン三番諸社の民においては、その太祖の霊が南下するときと北上するときとの二回にこれを迎えて、盛んに祭祀を行い、もって自家の幸運を祈るなり。またこの際は太祖の霊に従いて、社民各自の家祖および代々の諸霊も来るがゆえに、これを迎えて自家（旧屋ある者はその旧屋内）に祭り、暫（しばら）くそこに滞留せしめ、太祖が巡視をおわりて帰山の途次その社に来たりし際、その家祖および代々の霊もこれに従いて帰るがゆえに、再びこれを祭り、しかる後、諸種の祭饌（ミヤゲと為す品）を持し、これを社外に送るなり[281]。

そしてこの五年祭は、パダイン、下パイワン、プユマの三社はただ一回の祭祀のみだったが、その他の社は概して前後二回の祭祀をした。前祭は祖霊の来社を迎え祭るもので、マジュボクまたはジャジュジャトと称す。マジュボクの本義は不詳とされたが、ジャジュジャトはジュジャトすなわち槍の語から来ていた。つまり、この祭では竹槍を立てて毬突(まりつ)きを行うために、このように名づけたものらしい。後祭はプサオと言い、プサオは送るを意味する。祖霊の帰り去るのを送るという意味であった[282]。

このように、多くの社では五年祭は前祭・後祭の二回行われ、前祭は祖霊がカブルガンを発して次第に南下する場合にこれを迎え祭り、後祭は祖霊が本島の南端鵞鑾鼻から引き返し、もと来た路を北上し、再びカブルガンに帰る場合にこれを見送るものだったので、最南のクラル社においては両祭はわずかに一か月を隔てるにすぎなかったが、北の社になるにつれてその間隔はだんだん長くなり、内文社では約六か月、ブツル群諸社においては一年あまりを隔てるに至った。そして祭祀の期間は社によって長短があったが、多くは両祭ともに四、五日間ほどだった。ただし前祭には毬突きを行うので、その準備のために少なくとも一か月、多い場合は五、六月の期間を費した[283]。

以下、前祭・後祭に分けて見てみよう。まず前祭の毬突きについては、この毬自体が人頭を模したものとしばしば言われる。

たとえば范咸（はんかん）『重修台湾府志』（一七四五年〈乾隆一〇〉）巻一四「番社風俗」鳳山縣瑯嶠（ろうきょう）十八社の項には、三年に一度の祭として次のように見えている。

> 収米三次をば三年となし、すなわち大会す。草を束ねて人頭となし空中に擲（なげう）ち、おのおの番竹を削りて槍となし迎えてこれを刺し、中（あた）る者をば「麻丹畢（マタンビ）」となす、華言（ちゅうごくご）の「好漢」なり。おのおの番酒をもって相慶し、三日すなわちやむ。

日本統治期の台湾調査者たちも、同様の見解を表明している。たとえば鳥居は一八九八年の実地踏査に基づき、次のように述べた。「蕃社において最も注意を要すべきは首刈りなり。首刈りは上蕃社〔いわゆる恒春上蕃〕は現になお行わる。首刈りは下蕃社〔いわゆる恒春下蕃〕もかつてこれを行いたるも、今はやその風を失うに至れり。しかれども牡丹社のごときは、時としてなおこれを行う。上蕃社も奥に入るに従いて盛んにシナ人の首を集めるの状あり。その酋長の家には首棚ありて、現に七十有四の首を臚列（ろれつ）しあるを見る。上蕃社にてかくのごとく首を集め、五年に一回各社一大盛宴を開く時、蕃人はそれらの首を空中に高く投じ、降り来るを窺い、竹竿をもってこれを受くるの技あり。これがため各社は大人小人とも常に暇あれば植物の葛（つる）を人頭形に作り、これを空中に投げ上げ、降るを受け止むる練習をなす。これらによるも、開化の度は上蕃社の下蕃社に劣る、数等なるを知るべし(284)」。

伊能らによれば、スパヨワン族は五年に一回、祭祖の日にマヴァヤイヤという遊戯を行う。すなわち樹皮を束ねて頭大の球を造り人頭に擬し、一人がこれを上方に投げ、皆は竹槍でこれを受け、当てた者を優勝者とする。「けだしかつて人頭を戮取し、これを抛て行いたる遺風にかかるという[285]」。

そして伊能は、この『台湾蕃人事情』が出版された同年に「ツァリセン部族」を訪れ、「託高会」（マルヴ）について次のように記している。五年に一回（陰暦十月頃）、籐を丸めて人頭大の毬を造り、壮丁相会してツァツァヴァ（霊地）に至り、一人これを上方に抛ち、衆はおのおの長い竹竿をとり、競って受け刺す。当たった者を優勝者とし、皆、酒をすすめる。酒たけなわにして互いに豪勇を誇る。そしてこの風習は、ツァリセンのもと馘首の風が盛んだったのを証するもので、今や単にひとつの遊戯として行うにすぎないが、パリジャリジャオは同一の風をもって、なお人頭に擬するという意を表し、チャクヴクヴンはなお、必ず人頭を馘取してこれを行う風があるという[286]。

かくしてツァリセン族が、三年ないし五年に一回、粟または稲の収穫後に行う託高会は、「もと祭祖の儀式の日に、異族の頭顱を馘取し、これを槍尖に擲弄し、祇霊を愉悦せしめし風習に起因し、爾後馘殺の気風を減衰するとともに、ようやく形を一の遊技に変化するに至りし、いわゆる告朔の餼羊なりという[287]」。

大竹高社で古野が聞いたところでは、カポロアンというのは直径五、六寸の蔓球の名称であり、祖先が人の首に倣(なら)って作ったものと伝えられていた。これを多く竹槍で突き刺すのである。これは祭儀の後は家の守りとして寝台の上の方などに保存する。また伝説によれば、五年祭の時に上に投げ上げるカポロアンには、一つずつ因由があるとされていた。一番に投げ上げる球はチノコヤンと言って悪神除け、二番目のはルクムと言って幸運をもたらす。三番目のはキマシと言って狩猟物多く、四番目はシラズカンと言って人口が増加する。五番目はブサムと言って農作物が実るし、六番目はパキルボクと言って他社の大頭目や勢力者の霊魂を招致すると信ぜられている。また七番目以下に投げ上げる球はこれを突き刺せば幸福があるという。このうち、最初に投げる球をチヌクヤンというのは、これは馘首された屍体と同じ言葉である。この球は悪霊を避けるためで、球には山鳥の毛が刺してあった。これを祭司が投げ上げるのを突き刺せば、その者は短命であると伝えられていた[288]。

毬突きの際に歌われた歌、詞にも、首狩を思わせる語句が含まれている。たとえば内文社の場合、毬を突き上げる時の歌は、「来たれサジムジ（農猟および出草(しゅつそう)を司る神）、サアジソ（チュールン家の祖先）、ここに来たれ。汝の定めたる時は至れり。サジムジ・ラリヤバヌ（ラリヤバヌはサジムジの家名）来たれ、古代よりの慣例に従いて。我に粟種と芋種とを沢山持ち来たれ。山の幸と野の幸を我に摑ましめよ。来たれ社民も遠慮せずに。ここにビナロル（祭酒）がある」として出草の神に言及し、また槍で毬を突き止めた時の歌詞は、「祖先は我に対し、真実に山の幸および野の幸を与えたり。我は真実に粟・芋・鹿・豚を受けたり。我はまたボモマク、スパリジャジャオ、グロワヌ（鵞鑾鼻（がらんび））およびチェポア（小琉球嶼）より来たれる仇敵を殺せり」というのであった(289)。

同社ではさらに、前祭第四日には宴たけなわにして、出草して凱旋した時に行う踊りを踊ったし、第五日には壮丁らが「ブガリッ（北方に位置する敵集団）に赴き敵を殺す」と言って一散に駆けて行き、一本の樹木を目がけてこれを刺し、そのあと刀でその皮を剝き、携えて帰れば、女司祭がこれを迎えてその樹皮を取り、首架の内に収めた。「けだしその樹をもって敵に擬し、皮をもって人頭に擬したるなり(290)」。

他にも、この毬突きと出草との関連を思わせる事例が散見する。たとえばリキリキ社では、頭人および男性司祭の他、出草して首級を得た者または出猟して猪または鹿五頭以上を獲（え）た者でなければ、竹槍を立てることはできなかった(291)。またブチョル（ブツル）群オアルス社では、球突きに使用した竹竿は、社の西方ハオハシと称する所に持って行ってそれを截（き）り、その竹を節（ふし）ごとに截って竹筒（パトコン）を造る。これは出草の場合には必ず携帯するものであり、このあと昔は出草に出でたものだったが、当時は出猟していた(292)。

五年祭の後祭については、この際に出草に出た、あるいは狩猟ないし模擬出草を行った例が少なくない。大正期の報告には次のようにある。「五年祭の後には多く狩猟を行う。古代にはしばしば出草を行いたる番社ありたり」。また狩猟ではなく馘首の真似事で済ます所もあったらしい。「今なお多くの番社においてはパリシ・トキナジャン（社神祭）あるいは五年祭の終わりにマキナツァプと称し、出草して敵を馘首する仮装をなすことあり。これあるいは古代において実際に出草せしを、その後政府の禁止に逢いたるにより、その形式のみを行うにあらざるかと思わる」(293)。

この擬似出草の例を見てみよう。スボン群社では、五年祭後祭の当日、男性司祭は盛装し、多数の壮丁を率い、自己は竹竿に頭毛、鷹羽、各種の布片および草花を飾ったのを携え、二名の壮丁に籠を担わせ、馘首の歌を唱えつつ社内を巡行した。この時、各戸より祖霊に送るべき粟餅をその籠に投げ込む。頭人トゥジャラン家の庭前に至り、集めた餅を寸断して四方に投ずる。次に男性司祭は人頭大の石に棕櫚の毛を付着させ、これを人頭に擬し、あらかじめ社外の林中に置かせた。壮丁数十名は槍を持して命令を待つ。男性司祭の一令で、衆丁は馳せてその林に至り、その石を取り、これを提げ、馘首の歌を唱えて帰来する。女司祭がこれを迎え、一行に対して祈禱を行い、それから当該の石を取って首棚に収める。終わって男性司祭が送霊の式を行った(294)。

また内文社でも、後祭の後、助祭者一人が小さい弓矢を持ち、ツァツァバジすなわち社口の外庭に至り、矢をつがえて茅の繁茂した所を目がけて射込み、それから刀を抜いて茅の穂を切り、これを持ち帰った。女司祭がこれを迎えて粟茎に火を点してその前に置き、祝してその上を跨がせた。「けだし茅の穂は敵の首級に擬したるものにして、これを行うは古代送霊の後に出草したる遺影なるべし」(295)。他に、五年祭において首棚を祭った例もある。つまりブツル群プユマ社では、開社の祖神サロリバクの住址(じゅうし)前庭で五年祭を行ったが、この日司祭は豚を屠(ほふ)って首棚を祭ったのである。(296)

首狩の季節

農耕との関連の最後に、首狩の行われた時季を瞥見しておこう。上述のように、播種祭や収穫祭に際し、あるいはパイワン族のように五年祭において出草したというような例を別にすると、出草が頻発したのは一般に農閑期であり、夏季ないし粟の生長期は避けられる傾向があったようである。

たとえばプユマ族では、出草の時期は多く正月の狩猟および大舞踊の終了当時、すなわち一二月の交であった。これは農閑の時季であるのと、河川の水が浅く通行が容易なためだった。同族パシカウ社でも夏は雨が多く不便なので主に冬季のうちに出草した。またツォウ族サアロア群でも一一月頃になれば稲を刈り納めて閑時となる。昔はこの時季に馘首に赴いたと言い、カナカナブ群でも、馘首の目的は祖先の霊を慰めるのと自己の武勇を示すこととにあり、そして多くは粟刈りを終えて乾燥期となるや、十数人で行うものだった。さらにパイワン族アツダス社からの報告によると、粟の出穂から収穫に至る約三か月間は、社内に死人の血を入れるのを忌むので、出草することはなかった[297]。

タイヤル族南勢群白毛社についての次の例では、首祭との関係も示されている。「首祭は年二回あり、馘首したる時一回行い、それより約半年たちて行う。五、六月頃に馘首すればその年の収穫終わりて再び祭を行い、収穫後に馘首すれば播種祭後に行う。二回目の祭済めば馘首祭に著用せる装飾品をみな箱に納め、その後は狩に赴くも肉を首に供することなし。しからざる間は出猟の度ごとに肉を首に供するなり[298]」。なお、森がタイヤル族一般について記したところでは、身近に死者や縁談などがある場合には、首狩に出なかったようだ[299]。

首の持つ力

それでは、敵の首はなぜ豊穣をもたらすと考えられていたのだろうか。これについては、首および出草にかかわる物品そのものに、言わば呪的な力が認められていたらしき事例が見られる。

たとえばタイヤル（セデック）族トロック群では、首を取ると安全な場所まで行き、石で後頭部を打ち砕いて孔（あな）を開け、刀で刳（えぐ）り、叉木で脳漿を掻き出した。馘首者は首級から頭髪を切り取って武器に結び付け、刀なら鞘先に、槍なら穂の本に結んだ。かくて首級の顔を洗い、その頭髪を結び縄を貫いてタウカン（網袋）に入れて負い、家に近づけば鬨をつくった。それを聞いた社人は一同正装して迎える。病める者は、首を携えて来た者に向かい、「我が病を癒せよ」と乞う。その時、馘首した者はその者の頭上を刃で左右を祓う。また馘首者の携えた酒を飲めばいかなる難症も全治すると言って、他社からも来て貰い受ける。その他その時に使用せる松明をも、病を癒すに効ありと言ってその分与を迫る。その後、首祭を経てこの頭蓋は首棚に置かれた。面白いことに、馘首者はこの時に使用した松明、髪、茅および二番酒の滓とを一緒に括って保存した。そして社内に病者が出れば、それを借用して厭勝に用いた。[300] 首そのものだけでなく、頭髪や首狩携行品にもまた、治病の効果が期待されたのである。

　タイヤル族プロパーでも、病者あるときは豚の腋皮と米粒とを槲葉に包み、これを樹の根に埋めたが、この時に使う豚の腋皮とは、出草に持参し馘取した敵の首級の上に載せた物であることを要した。同族シカヤウ群では、普通の病気の時は、まず細くした菖蒲の根と灰を取って病者の身体を擦り、次に出草して取った首に触れさせて袋に入れて貯えておいた酒糟と粳粟とを持って同じく病者の体を擦った。同じくタイヤル族の南澳群では、ランガエで取った獣類の尾を貯えておき、厭勝用に供した。もし家に病者ある時はその尾を袋に入れ、茨と共に病者の枕頭に置き、なお窓口は茨で塞ぎ、「土人」の頭髪と刀とを梁に吊しておけば病は全癒するとされていた。このランガエとは「木材にて棚を作り、獣類のその下に来る時は上より落ちて圧殺するもの」、つまり一種の罠である。同族キナジー群でも、出草の際に携帯した粟を残しておいて病者に食べさせれば、病気は速やかに全癒すると信ずること、他群と同じであった[301]。

同様の観念はサイシヤット族からも見いだされる。すなわちここでは刀、茅、苺(いちご)の葉その他、邪鬼を威嚇するに足るべき物を用いて、呪句を誦しつつ病者を突いたり打ったりする真似をし、それから唾を吐いたのだが、吐血または喀血した時は馘首した刀で、または笛でこれを行った[302]。

しかし、馘首した刀ないしそれに付着した敵血は危険だという観念もあったようである。すなわちタイヤル族屈尺群では、社の入口に着いた馘首者は、まず刀を抜いて樹幹に斬り込み、そのままそこに置いて、まずは家に帰った。その日は首祭で飲酒徹宵し、翌朝、馘首者は社の入口に置いた刀を取って甘藷を切る。これは、刀についた血を舐(な)めることがあれば、悪疫に冒されると信ずるからであった[303]。

敵から味方への転換

さらに、獲(と)って来た敵の首は、自分たちの村を守ってくれる味方に転換した、と考えられていた節(ふし)もある。たとえばタイヤル族合歓群からは「馘首せられたる敵の霊は馘首者の社を守る」、またセデックの内タロコ群からも、「馘首せられたる者は好みて我が社に来たりしものなれば、その霊は我が社を守るべし」との証言が出されている[304]。

敵首に対する歌の文句にも、そうした観念が表現されている。たとえばブヌン族巒社(らんしゃ)群では、首狩隊が敵を馘首すると、これを網袋に入れて引き揚げ、社に近づくとマシパイヨという唄を歌った。すると社人はそれを聴き、出て歓迎する。そして出会えば共に同唄を歌って帰る。社につくや、馘首者の家の入口の前に首を置き、それを囲み、手を連ねて同じくマシパイヨを歌いつつ十回廻る。次に屋内に入って同じく十回廻り、終われば飲酒する。この時、肉があれば首級の口に詰め込み、酒をも注いだが、その時に馘首者は、「汝は幸福なり、以前は敵なりしが今日より味方となる。酒肉を饗すれば喜びてうけよ」と語りかけた[305]。

ルカイ族のブダイ社では、敵の首級を獲て帰来した時は、その口に饌肉(せんにく)を食わせ、これを首棚の中に蔵した。それより全社で酒を醸し、三日の後に壮丁が集合して歌踊を行い、終わって飲宴する。この時の歌はまず「アイ・ヘイ・ヘイ・ヨヘー」と調子を緩く低く歌いはじめ、一同これに和して踊る。その歌詞は次のとおりであった。「いざ祭らん兄弟よ、いざ踊らん兄弟よ」(音頭取りが始めに歌うもの)、「今少し待ってくれ。今に死者に対してよく話すべし」(馘首者の歌うもの)、「汝らここに来たり我らの友となれり。将来永く相親しまん」(首級に対して言う詞[306])。

パイワン族では、首狩行の前に首棚に供物を捧げ、加護を祈る所もあった。パリジャオ(恒春下)群サブデク群社では、出陣に際し、一同首棚の前に集まり、男性司祭が首棚に対し祭肉の小片を投じつつ戦勝を祈った。その言葉にいわく、「バザギザギおよびパジ(共に古代の勇士の名）に告ぐ。我らは今、我らの敵の方に出草せんとす。汝ら降り来て我らを保護せよ。また首棚の諸霊よ。汝ら定めて常に汝の郷党をなつかしく思うならん。我らいま往きて汝の伴侶を取り来たらん。汝はそれと共に酒と餅とを食うことを得べし」。そして頭人が一同に「元気を附す」る祈禱をしてから進発したのであった。(307)

註

(1) 伊能 一八九六a、一八九七、一九〇四、一九〇六a、一九〇九b、一九二八、上：七－九、一二一－一二三、下：四九四－五一二。
(2) 森 一九一三a、一九一六－一七、一九一七、一九一八。
(3) 伊能 一九一二b：四四五、一九二八、下：五五八－五五九。
(4) 森 ［一九一七］：一四五－一四六。
(5) 伊能／粟野 一九〇〇：一二五。
(6) 伊能／粟野 一九〇〇：三五。
(7) 伊能／粟野 一九〇〇：五八。
(8) 伊能／粟野 一九〇〇：四六、伊能 一九二八、下：五〇三－五〇四。
(9) 森 一九〇八。
(10) 森 一九一七：三三二。

(11) 何（Ho） 一九五六：一五一－一五二。
(12) 森 一九〇八、［一九二四］：二一九－二三一。
(13) 佐山 一九一三－二一。
(14) 小島ほか 一九一五－二二。
(15) 佐山 一九一三－二一、四：一四〇。
(16) 岡田 ［一九三四］、一九三五。
(17) 岡田 ［一九三四］：三九。
(18) 岡田 一九三二a、b。
(19) 古野 ［一九四二］、［一九四五］。
(20) 寺沢 一九三五。
(21) 移川（うつしかわ）／小川 一九三〇：三三五。
(22) 岡田 ［一九三四］：二六。
(23) 古野 ［一九四五］：三五二、［一九四二］：五一。
(24) 凌（Ling） ［一九五三］。
(25) 何 一九五三、一九五四、一九五五、一九五六。
(26) 凌 ［一九六〇］。
(27) Schröder & Quack 1979.
(28) 河村 一九三九：一四三－一四四。
(29) 駒込 一九九六：四二三。
(30) 金子 一九九九：一三一。

(31) 李（Li） 一九九九：九八。
(32) Höllmann 1994.
(33) Cauquelin 2004: 149-152.
(34) Simon 2012.
(35) 駒込 一九九六、中村 二〇〇三、宮岡 二〇一四。
(36) 伊能 一九九二：六六。
(37) 森 一九一三a：三〇、一九一六-一七、九九：二一、一九一七：三一四。
(38) 小島ほか 一九一五-二二、七：一七三-一七四。
(39) 台湾総督府 一九三二、下：三五一。
(40) Egerod 1999: 51-52, 小島ほか 一九一五-二二、一：三五八、中訳：二五九。
(41) 小島ほか 一九一五-二二、三：一七九、中訳：一四一、古野［一九四五］：三四五。
(42) Nihira 1988: 119.
(43) Tung 1964: 506, 古野［一九四五］：三七五。
(44) Ferrell 1982: 422, 小島ほか 一九一五-二二、七：一七三、一八一、中訳：一一八、一二三、佐山 一九一三-二二、五：四三二、古野［一九四五］：三七三。
(45) Cauquelin 1991: 131, 小島ほか 一九一五-二二、二：一六五、中訳：一三三、佐山 一九一三-二一、八、中訳：一〇七、一〇九、二五三、古野［一九四五］：三六三、三六六、三六八-三七一、三七九。
(46) 古野［一九四二］：六四、［一九四五］：七五、九九-一〇〇。
(47) Chang 1969: 241.

(48) Chao 2000.

(49) 臧 (Tsang)/李/朱　二〇〇六：九五、二一三、二四一、二九〇。

(50) 邱 (Chiu)　二〇〇九。

(51) 伊能　一九二八、上：七‐九、二二‐二三、凌　[一九五三]：五五七‐五五八。

(52) 福本　一九七四。

(53) 笠原　二〇〇三。

(54) 福本　一九七五。

(55) 凌　[一九五三]：五五八。

(56) Borao 2001-02 I: 169-170.

(57) Höllmann 1994: 106-107.

(58) Höllmann 1994: 116.

(59) Höllmann 1994: 117.

(60) Höllmann 1994: 117-118.

(61) Swinhoe [1863]: 72-73.

(62) Ede [1886]: 326.

(63) 鳥居　[一八九七b]：四九六。

(64) 佐山　一九一三‐二一、二：一一二。

(65) 蕭 (Hsiao)/呂　二〇〇六：一七二‐一七三、de Beauclair [1970].

(66) Höllmann 1994: 108, 117.

(67) Höllmann 1994: 117.

(68) 森 [一九二四]:二〇三。
(69) 伊能 一九〇九b:四二〇。
(70) 小林 二〇〇六。
(71) 藤崎 一九二六:六四九。
(72) Mackay 1896: 251-277, 呉(Wu)等 二〇〇一。
(73) Hofmann 1912: 606-607, 621.
(74) 伊能 一九〇二:一三四-一三五。
(75) 伊能 一九〇八b:四一二。
(76) 伊能 一九一二a。
(77) 森 [一九一七]:一四二。
(78) Taylor [1885-86]: 83.
(79) 移川/小川 一九三〇:三三九。
(80) 植松/山中 一九三九:四六-四七。
(81) 小島ほか 一九一五-二二、七:一七四。
(82) 佐山 一九一三-二一、三後:四九。
(83) 岡田 一九三五:一二四-一二五。
(84) 小島ほか 一九一五-二二、一:三六一。
(85) 小林ほか 一九九九:一五一-一五二。
(86) 小島ほか 一九一五-二二、七:一六二-一七一。
(87) 佐山 一九一三-二一、八 南勢:二五。

(88) 馬淵［一九五三］：三三九。
(89) 馬淵［一九四一］：二四一。
(90) 小島ほか 一九一五‐二二、四：一四五。
(91) Nihira 1988: 121, 364.
(92) 佐山 一九一三‐二一、一：一三五。
(93) 佐山 一九一三‐二一、一：一一三‐一一四。
(94) 佐山 一九一三‐二一、一：一三八。
(95) 小島ほか 一九一五‐二二、一：二一六。
(96) 小島ほか 一九一五‐二二、七：一七三。
(97) 古野［一九四五］：三四三。
(98) 小島ほか 一九一五‐二二、七：二〇九。
(99) 小島ほか 一九一五‐二二、一：五一。
(100) 佐山 一九一三‐二一、一：一三一、二八〇、二：一四三、三後：九九、五：三八七。
(101) 伊能 一九一〇a：一七一‐一七二。
(102) 凌（Ling）［一九五三］：五六五。
(103) アレン（Allen）［一九六七］。
(104) 小島ほか 一九一五‐二二、一：一六二。
(105) 佐山 一九一三‐二一、三後：八七。
(106) 佐山 一九一三‐二一、二：七三。
(107) 佐山 一九一三‐二一、三後：四一。

(108) 佐山　一九一三-二一、二：六九。
(109) 佐山　一九一三-二一、一：一一一-一一二。
(110) 佐山　一九一三-二一、三前：三一。
(111) 小島ほか　一九一五-二二、三：八五、一八三-一八四。
(112) 小島ほか　一九一五-二二、三：九一。
(113) 佐山　一九一三-二一、六：一〇八。
(114) 小島ほか　一九一五-二二、四：一二九、二八四。
(115) 小島ほか　一九一五-二二、七：二六三。
(116) 小島ほか　一九一五-二二、七：二一三-二一四。
(117) 小島ほか　一九一五-二二、六：三三八-三三九、三四四。
(118) 小島ほか　一九一五-二二、七：二六七。
(119) 小島ほか　一九一五-二二、六：二八三-二八四。
(120) 小島ほか　一九一五-二二、二：三八四、三八六。
(121) 小島ほか　一九一五-二二、二：三八四-三八五。
(122) 小島ほか　一九一五-二二、三：二八。
(123) 佐山　一九一三-二一、五：三六九。
(124) 佐山　一九一三-二一、八　南勢：六五。
(125) 佐山　一九一三-二一、一：三〇六。
(126) 佐山　一九一三-二一、四：一〇五。
(127) 伊能　一九〇九a：二四二。

(128) 森　一九一七：二八七、小島ほか　一九一五－二二、一：一一七。
(129) 小島ほか　一九一五－二二、二：三六七。
(130) 森　一九一八、一：第八四版、二四。
(131) 鳥居　［一八九七a］：四七一。
(132) 伊能　一八九六b：四二二－四二三、一九〇八a：二七二。
(133) 鳥居　［一八九九］：四一八。
(134) 伊能　一九〇九b：四二一。
(135) 森　一九一八、一：第八二版、二四。
(136) 森　一九一三a：二七。
(137) 小島ほか　一九一五－二二、一：九七－九八、一〇〇、Egerod 1999: 262.
(138) 伊能　一九九二：一〇。
(139) 伊能　一九九二：四七－四八。
(140) 伊能　一九九二：七四－七五。
(141) 伊能　一八九六a：三四二。
(142) 佐山　一九一三－二一、一：一三三、一三四、二：七二、三：二七。
(143) Torii 1910: Pl. XV, 邦訳：二四。
(144) 佐山　一九一三－二一、一：一一六、一一九、一二一、二：六六、三前：三〇。
(145) 森　一九一七：二八七、三二八－三二九、三三二。
(146) 佐山　一九一三－二一、一：一〇一。
(147) Egerod 1999: 77.

(148) 胡(Hu)/崔　一九九八：一五六－一五九。
(149) Fischer 1900: 136.
(150) 小島ほか　一九一五－二三、一：九六。
(151) 小島ほか　一九一五－二三、一：一〇〇。
(152) 佐山　一九一三－二一、一：一一六。
(153) 佐山　一九一三－二一、二：七二。
(154) 佐山　一九一三－二一、一：一二一、一二三。
(155) 佐山　一九一三－二一、三前：三一。
(156) 伊能　一九九二：七三、一八九九ｂ。
(157) 佐山　一九一三－二一、一：一一九。
(158) 佐山　一九一三－二一、二：六六－六七。
(159) 伊能　一九九二：四六－四七。
(160) 何(Ho)　一九五四、一九五六：一九三－一九四、伊能　一九九二：七五、胡/崔　一九九八：一五六－一五九。
(161) 伊能　一九九二：七一、佐山　一九一三－二一、三前：二六。
(162) 古野［一九四五］：三四五－三四七、三五〇－三五一。
(163) 胡　一九九六：八七－八九。
(164) 森　一九一六－一七、九九：二三。
(165) 小島ほか　一九一五－二二、二：六〇。
(166) 伊能　一九九二：一九。

(167) 伊能／粟野　一九〇〇：一〇四、伊能　一八九九a：一三一－一三三。
(168) 伊能／粟野　一九〇〇：一〇四。
(169) 小島ほか　一九一五－二二、三：五〇。
(170) 小島ほか　一九一五－二二、六：三五五。
(171) 森　［一九二四］：一八六－一八七。
(172) 森　［一九二四］：二一〇。
(173) 千々岩　一九六〇：五八、図版二七三－二七四。
(174) 森　一九一八、一：二二。
(175) 伊能　一九〇九b：四二〇。
(176) 小島ほか　一九一五－二二、一：一六九。
(177) 小島ほか　一九一五－二二、三：九七－九八。
(178) 佐山　一九一三－二一、二：一三八。
(179) 佐山　一九一三－二一、五：二三七－二三八。
(180) 小島ほか　一九一五－二二、七：二一〇－二一三。
(181) 小島ほか　一九一五－二二、七：二一二。
(182) 佐山　一九一三－二一、三前：二六－二七。
(183) 佐山　一九一三－二一、一：二七二。
(184) 佐山　一九一三－二一、三後：九四。
(185) 佐山　一九一三－二一、一：三三九。
(186) 小島ほか　一九一五－二二、一：三六二。

(187) 佐山 一九一三－二一、一：二〇二－二〇三、三前：五三。
(188) 小島ほか 一九一五－二二、三：一八〇。
(189) 増田 一九四四、一九六四。
(190) 佐山 一九一三－二一、一：六八。
(191) 小島ほか 一九一五－二二、一：五四－五五。
(192) 佐山 一九一三－二一、一：九四。
(193) 佐山 一九一三－二一、一：一二九、二：五五、三後：二五。
(194) 佐山 一九一三－二一、五：二二六、二三〇。
(195) 佐山 一九一三－二一、四：五七、六〇、小島ほか 一九一五－二二、四：一〇一－一〇二。
(196) 安倍 一九三一。
(197) 小泉 一九三二：五〇。
(198) 伊能／粟野 一九〇〇：三二。
(199) 佐山 一九一三－二一、六：九八－九九。
(200) 佐山 一九一三－二一、六：一〇〇－一〇一、一〇九。
(201) 森 一九一六－一七、九九：二三。
(202) 森 一九一八、二：第三版、第五版、図解一。
(203) 胡／崔 一九九八：一七四－一七五。
(204) Torii 1910: Pl. XXXVI. 邦訳：四七、宋（Sung）ほか 一九九四：一二七。
(205) Torii 1910: Pl. XXXV. 邦訳：四六。
(206) 小島ほか 一九一五－二二、四：七三、七六。

(207) 馬淵 [一九五三]:三九八-三九九。
(208) 佐山 一九一三-二一、四:二九-三二。
(209) 佐山 一九一三-二一、四:二一-二三、三八-三九。
(210) 佐山 一九一三-二一、四:九。
(211) 伊能 一八九九c:二六八、一九〇九a:二三九-二四一。
(212) 小島ほか 一九一五-二二、四:八〇-八一。
(213) 小島ほか 一九一五-二二、四:七九。
(214) 小島ほか 一九一五-二二、六:二二一。
(215) 小島ほか 一九一五-二二、六:三五四。
(216) 伊能/粟野 一九〇〇:八二、伊能 一九〇六b。
(217) 古野 [一九四五]:三六九-三七〇。
(218) 岡田 一九三二b:五九-六〇。
(219) 佐山 一九一三-二一、八 南勢:一〇。
(220) 岡田 一九三二b:五八。
(221) 佐山 一九一三-二一、七:七、三〇、一三四-一四四、一八二。
(222) 伊能 一九一一:四六一-四六二。
(223) 古野 [一九四五]:三七一。
(224) 古野 [一九四五]:一八三。
(225) 佐山 一九一三-二一、八:一七、三〇。
(226) 古野 [一九四五]:二〇八。

(227) 古野 [一九四五]:二一二-二一四。

(228) 佐山 一九一三-一一、二:六〇。

(229) 古野 [一九四五]:二二七-二二九。

(230) 古野 [一九四五]:三六二。

(231) 古野 [一九四五]:三六三。

(232) 古野 [一九四五]:三六四。

(233) 古野 [一九四五]:三六五。

(234) 伊能 一九〇六a:四五八、一九一〇b:三四四-三四五。

(235) 小島ほか 一九一五-一二、五:二二〇-二二一、佐山 一九一三-一一、五:三一一、三五二-三五三。

(236) 佐山 一九一三-一一、四:一六三-一六四。

(237) 佐山 一九一三-一一、四:二、四、二〇六。

(238) Ling Roth 1896 II: 163.

(239) 伊能 一九〇四:七一。

(240) Jensen & Niggemeyer 1939: 115-116.

(241) 森 一九一七:二六八-二七〇。

(242) 小島ほか 一九一五-一二、一:二九-三〇、三六〇-三六一。

(243) 佐山 一九一三-一一、一:一五、二〇。

(244) 佐山 一九一三-一一、三前:六-八、後:一-三。

(245) 佐山 一九一三-一一、一:三四〇。

(246) 佐山 一九一三-二一、六：二四二。
(247) 佐山 一九一三-二一、六：一〇八-一〇九。
(248) 大林 一九七〇：三〇。
(249) 佐山 一九一三-二一、六：三九-四〇。
(250) 佐山 一九一三-二一、六：三五。
(251) 佐山 一九一三-二一、六：一〇九。
(252) 森 一九一六-一七、九八：二四、一九一三b：三九-四〇。
(253) 小島ほか 一九一五-二二、二：一八二-一八三。
(254) 小島ほか 一九一五-二二、六：六四-六五、二三九。
(255) 小島ほか 一九一五-二二、六：二二六-二二八。
(256) 小島ほか 一九一五-二二、六：二二九。
(257) 小島ほか 一九一五-二二、六：三〇七-三〇八。
(258) 佐山 一九一三-二一、八南勢：二九。
(259) 佐山 一九一三-二一、七：一四六-一四七。
(260) 佐山 一九一三-二一、七：一九五-一九六。
(261) 佐山 一九一三-二一、三前：二八-二九。
(262) 佐山 一九一三-二一、三前：一三-一四。
(263) 佐山 一九一三-二一、三後：一七-一八、二一。
(264) 佐山 一九一三-二一、三後：二一。
(265) 森 一九一七：二三五-二三六。

(266) 森　一九一七：二四〇‐二四一。
(267) 佐山　一九一三‐二一、四：五三。
(268) 岡田　[一九三四]：二六‐二七。
(269) 佐山　一九一三‐二一、六：一〇二。
(270) 佐山　一九一三‐二一、一：一二〇、一三四。
(271) 佐山　一九一三‐二一、一：五二‐五三。
(272) 小島ほか　一九一五‐二二、一：六一。
(273) 佐山　一九一三‐二一、二：三八。
(274) 伊能　一八九八：一二四‐一二五。
(275) 佐山　一九一三‐二一、一：一一六、二：五〇。
(276) 佐山　一九一三‐二一、三前：二四‐二五、後：三九。
(277) 小島ほか　一九一五‐二二、六：六四、二二一。
(278) 森　一九一三a：三〇。
(279) 森　一九一七：三一六。
(280) 宮本　一九三五。
(281) 小島ほか　一九一五‐二二、六：八二‐八三。
(282) 小島ほか　一九一五‐二二、六：八二。
(283) 小島ほか　一九一五‐二二、六：八四。
(284) 鳥居　[一八九九]：四一九。
(285) 伊能／粟野　一九〇〇：七二。

(286) 伊能　一九九二：一八八。
(287) 伊能　一九〇九b：四二一-四二二。
(288) 古野［一九四五］：一三九。
(289) 小島ほか　一九一五-二二、六：一一六-一一七。
(290) 小島ほか　一九一五-二二、六：一一九-一二〇。
(291) 小島ほか　一九一五-二二、六：一〇八。
(292) 佐山　一九一三-二一、五：八六。
(293) 小島ほか　一九一三-二二、六：八七、一七五。
(294) 小島ほか　一九一三-二二、六：一〇九-一一〇。
(295) 小島ほか　一九一五-二二、六：一二一。
(296) 小島ほか　一九一五-二二、六：八九。
(297) 小島ほか　一九一五-二二、二：四六〇-四六一、佐山　一九一三-二一、四：一四四、一八五、五：一四〇、一四五-一四六。
(298) 佐山　一九一三-二一、一：一二三。
(299) 森　一九一三a：三一-三四。
(300) 佐山　一九一三-二一、三前：二九-三一。
(301) 小島ほか　一九一五-二二、一：七三、佐山　一九一三-二一、一：九三、一六三、二：七三。
(302) 小島ほか　一九一五-二二、三：四一。
(303) 佐山　一九一三-二一、二：六八-六九。
(304) 佐山　一九一三-二一、一：七二、三後：二六。

(305) 佐山　一九一三-二一、六：一〇二-一〇三。
(306) 小島ほか　一九一五-二三、六：二一一。
(307) 小島ほか　一九一五-二三、七：二〇四。

終章　なぜ首を狩ったのか？——農耕・神話・シンボリズム

イェンゼンの学説

なぜ首狩のような習俗が発生し、ついこの間まで盛んに行われてきたのだろうか？　この問題のヒントになりそうなことがらは、本書のあちこちに散りばめておいたのだが、最後にあらためて考えてみることにしよう。

まず、この問題に対して大きい見通しを与えたイェンゼン説の検討から始めよう。彼の名著『自然諸民族における神話と祭儀』によれば、古層農耕民（果樹・イモ類の栽培民）の世界観には、現今の世界がまだ存在しなかった神話的原古の観念が存在した。

当時地上に人間は住んでおらず、時に人間の姿をとるが、しばしば植物ないし動物としてとらえられるようなデマと呼ばれる一種の神的存在が住んでいた。第1章（五四頁）で見たハイヌヴェレもこのデマ神として位置づけられる。神話の核となるのはこのデマ神の殺害であり、この殺害によって原古の状態は終わりを告げ、現今の秩序が開始されたのである。デマは死すべき、そして生殖する人間となり、神はそれ以来死者の国に存在するか、または死者の家に変じた。殺された神の死体から有用植物が生じたので、この植物を食べることは実は神を食べることである。

最上位のデマ神は人間の姿とならんで動物、とりわけ豚の姿をとっていたので、豚を殺すことはあの衝撃的な原古の出来事の完全な〈上演（ダーシュテルング）〉であり、それを繰り返し演じることは人類にとって、今日地上にあるものすべてが由来する諸々の事物の始原をなす、あの神的出来事を常に新たに思い出すことにほかならない。こうして常に新たに思い出すことこそが、この文化にとって典型的な一連の儀礼行為の基礎をなしている。一見さまざまに見えるとしても、実はそれらすべては原古の同一の出来事に関連しており、すべてはこの範例を再び活性化させているにすぎない。

たとえば成年式は、人が生殖能力を持ったことで最初の神話的殺害行為が起きたことの回顧でもあるし、死すべき運命がそれと分かちがたく結びついていることの回顧でもある。死者の他界への旅と関連する死者儀礼は、その死者の旅がデマ神の最初の死の旅路を反復することであるという意味において、記念式典なのである。

かくして、これらの祭儀すべてにおいて最も重要なプロセスは、殺害を常に繰り返すことである。ここでは、人間が殺されるかあの神と「同一」である特定の動物が殺されるかは、まずもって重要ではない。それで、首狩も属するところのいわゆる人身供犠・動物供犠が最もしばしば反復されるモチーフであり、食人というのは、有用植物を食べるのが実はその殺害に際して有用植物に姿を変えた神を食べることだ、という事実を祝祭的に繰り返すことなのである。[1]このように、イェンゼンの考えでは首狩や食人は古層農耕民の世界観の中で、神話的原古における最初の殺害を儀礼的に再現する行為ととらえられた。

そしてイェンゼンによれば、これら〈儀礼的殺害〉が挙行されてきた人類史上の時代が三つ存在し、それらは、(1)イモ類栽培民文化、(2)穀物栽培民文化、(3)古代高文化、である。これら三時代を通じて儀礼的殺害がなされてきたが、ことに目立つのは、殺害の行われる外見上の契機がいろいろと違いはあるにせよ注目すべき類似を示すことである。つまり、そうした契機というのは首長や貴人の死、家屋ごとに寺院の建築、雨乞ないし豊穣の全般的確保、さらに疫病の駆逐、戦争後の宥和(ゆうわ)祭儀、犯罪の償いなどであった。しかし殺害儀礼のみならず、これら三つの時代すべてを通じて極めて共通した形態をとっているのは、宗教的世界観の多くの基本的諸特徴なのである。それらはしばしば異なる装いをまとってはいるが、その衣装の材料が認めえないほどには変化していない。[2]

同様の主張は、その後の『殺された女神』でも繰り返されている。イェンゼンによると、成年式、食人俗、首狩、死と死者の旅と死者の国に関する観念などが行動および観念として初めて登場したのは、死と生殖および植物の本質についてのあの神話的認識が人間の意識の中にひらめいた時にであった。[3]

なるほど首狩は、他の文化諸現象と同じ程度にはこの世界像の内的論理一貫性から導き出すことはできない。首狩行における犠牲者の殺害が、神的存在の殺害によって初めて地上に生きるものすべての今日の存在秩序が基礎づけられたあの原古神話の祭儀的反復にすぎない、とは直接的には我々に立証されていないからだ。しかし、我々の神話素のさまざまな例で知ったのと同じ基礎づけ、つまり殺害の結果による最初の死とともに生殖と増殖が生きとし生けるものの運命となったことは、ほとんどすべての首狩民において見いだされる。この神話的世界像の極端な論理は、言わば生まれるためにはその都度殺されねばならないことを要請するのである(4)。

こうして、イェンゼンは次のように結論づけた。「元来、秘密結社、成年式、豊穣祭宴と死者祭宴、死者の旅と死者の国についての観念、人身供犠と動物供犠、食人俗、迷宮、戦争遊戯、試合、球戯、そして最後にことによると首狩、略奪婚もしくはある特定の婚姻習俗も、当該諸民族の宗教生活の中でさまざまの異なる根を持つ個々ばらばらの祭儀行為なのではなく、その起源においてはただ一つの祭儀であって、その筋は原古の事件を演劇的に反復する、ということにより規定されているのである(5)」。

このイェンゼン説に賛成したのは、本書でも何度も引用してきたシュースターであった。シュースターが、東南アジア島嶼部で首狩が行われたさまざまな契機を探究した結果、それらは消極的なものであれ積極的なものであれ、個人と共同体の生活のあらゆる重要な出来事において必要な行為として行われてきたことが確認された。首狩行為には包括的な効験がある、と考えられていたのだから、人を殺すことが正の結果を持つ行為として、有意義に場所を占めているような一つの観念圏があるはずである。

それを探るにあたってシュースターは、まずこの地域の作物により古マレー的イモ栽培層と、穀物栽培の中級マレー層を区別したが、どちらの層においても、首狩は本質的な文化要素であった。大多数の首狩民、ことにボルネオ島、スラウェシ島の住民は米作を行う中級マレー層に属し、同じことは粟作をする台湾島民にも当てはまる。しかしそれによって、首狩がこの文化波と共にインドネシアに到来したとか、この文化において発生したと証明されるわけではない。なぜなら、これら諸民族が穀物を受け取る前から首狩民だったことも大いにありうるからである。それに示唆を与えるのは、より古い文化形態を保持していると見なしうるインドネシアの古層栽培民における首狩の役割である。すなわち、セラム島とムンタワイ島には発達した形の首狩が見いだされたが、同様に古栽培層にとどまっていたバンガイ諸島には首狩はなかった。では、これら古層諸民族が、より若い層の諸民族から首狩を受け取ったのかと言えば、そうとは言えない。なぜなら、より若い影響を本質的には受けずにいた古栽培的なニューギニアでも、首狩は意義ある慣習として見られてきたからだ。

　シュースターはこのように論じて、首狩はすでに古栽培層に存在していた可能性を、最も蓋然性の高いものと考えた。そしてそのヒントを与えるものとして、古層栽培民における死体化生型神話（ハイヌヴェレ型）の存在を挙げ、首狩はこの原古の出来事の繰り返しと見なすべきだとして、イェンゼン説を支持したのである。(6)

　これに対し、首狩を神話的原古の事件の儀礼的反復と考えるイェンゼン説には批判も出されている。たとえばシュティーグルマイヤーによると、首狩においては頭蓋が重要なのであって、イモ類栽培民の神話に見られるような原古存在を切り刻むモチーフは見られないから、両者の結びつきは否定すべきであろうと言う。(7)またヘーファーによれば、東南アジア大陸部の記録には、供犠者や首狩人が実際そのような記念の意図に導かれていたということを明確に示すものはほとんどない。それどころか、ハイヌヴェレ型の神話すら、ごく稀に見いだされるにすぎないのである。それゆえ、少なくとも大陸部に関しては、祭儀が神話から発生し、その演劇的反復としてのみとらえられるべきだとするイェンゼンの仮説にかんする裏づけはない。(8)

　一見ばらばらに見えるさまざまな観念や儀礼を全体としてとらえ、古農耕民の統一的な世界像という枠組みを提示したイェンゼン説は卓見であったと私には思える。しかしそれでもなお、首狩が死体化生型神話の儀礼的反復と見る彼の考えには、疑問がのこる。今見たシュティーグルマイヤーやヘーファーの論点ももっともだし、また首狩を盛んに行っていた台湾原住民諸族の間にこのタイプの神話がほとんど見られないことも、[9] 私の疑いのひとつの根拠である。

しかし、死体化生型神話に限らないのであれば、さまざまな社会において首狩を基礎づける多種多様な神話や伝説が語られてきたのは事実であり、[10] 第4章ではそのうちエスカレーションのモチーフをいくつか見てきた。他にも、蛙に教えられて首狩を行うようになったというボルネオ島クニャー族の首長トコンの伝承や、[11] 始祖の首狩で子供が産まれたことに起源を求めるワ族の首狩起源神話などは有名である。後者を紹介しておこう。それによると、

ワ族の始祖ヤ・タウンとヤ・タイははじめ、オタマジャクシとして首切り国の真ん中で、ナウン・ケオという丘陵上の湖に暮らしていたが、蛙に変じるとナム・タオという丘に移り、さらに鬼となってパッカテ洞窟に住んだ。ここから彼らは食物を求めて四方八方に遠征し、初めは鹿や野猪や山羊や牛で満足していた。ところがこれらだけを食べている間は子供が出来なかった。

ある日二人が特に遠くまで出かけて人の住む土地まで来た際、彼らは一人を捕らえて食べ、その頭蓋をパッカテ洞窟へ持ち帰った。この後彼らは多くの子鬼をもうけたが、すべて人間の姿をしていた。それで両親は人間の頭蓋を柱上に置いてそれを拝んだ。子供たちは最初のワ族となり、初めは蛙のようにケロケロと喋(しゃべ)っていたが、やがて現代のワ語にまで洗練された。

さてヤ・タウンとヤ・タイは子供たちに、人の頭蓋をいつも居住地内に持つことが必要だと命じた。これがないと平和も豊穣も繁栄も安寧も楽しみもないのである。そしてこの訓令は敬虔に守られている。鬼たちは死に臨んで子孫たち全員を招集し、その起源を語って、彼らヤ・タウンとヤ・タイは父母霊として敬われねばならないと説いた。それで彼らに最もふさわしい供物は雪のように白く歯をむいた頭蓋なのである。結婚、開戦、死、新しい頭蓋の展示といった特別な機会には、水牛や去勢牛や豚や鶏も供犠され、米酒がたっぷり注がれる。しかしこれ以外に新しい村を創建するような例外的な場合に、頭蓋がどうしても必要であった。また日照りで不作の危険がある時に雨を呼ぶには頭蓋を捧げる以上にうまくいく手段はなかった。疫病が多くの犠牲を出した時にも頭蓋だけがその猖獗を食い止めることができた。

けれどもよき親鬼たちは、村民たちは頭を得るために人を必ずしも殺さなくてもよい、購入や物々交換によって頭蓋を入手してもよいとはっきり述べたのであった。(12)

ハイネ＝ゲルデルン(13)が指摘したように、この起源伝説は、首狩がかつてはミャンマーとタイの広い範囲で行われていた可能性への手がかりも与えている。

これらの神話の他、(14)首狩や食人俗の神話的創始者がしばしば天界や雷との奇妙な結合を見せるという指摘なども、この関連で今後さらに検討されるべき問題である。

農耕民の慣習としての首狩

要するに、首狩と原古神話との関連については不明な点が多いが、少なくとも首狩を初期農耕民の世界像に帰属させることには賛成してよいだろう。その根拠はいくつかある。まず首狩は狩猟採集民の間には見られず[15]、少なくとも東南アジアでは手鍬農耕民に限られていた[16]。ボルネオ島の狩猟採集民プナンは首狩をしないと、ハッドンははっきり述べている[17]。フィリピンの狩猟採集民、いわゆるネグリート諸族は、オーストロネシア語族の拡散当時は首狩の主要な標的とされていたようだが、後にそれに対抗して自ら首狩を始めたものらしい[18]。

そして、食人俗(カニバリズム)[19]や秘密結社とのつながりなど未詳な点も少なくないとは言え、本書で見てきた成年式や死と他界の観念、豊穣観念、人身供犠や動物供犠などとの結びつきを前にすると、首狩はやはりイェンゼンが述べたような初期農耕民の世界像においてこそ、意義深い習俗(ズインフオレ・ズイッテ)[20]をなしていたと思える。

他方、その初期農耕民をイェンゼンの想定のようにイモ・果樹類栽培民ととらえてよいか否かであるが、東南アジアおよびオセアニアの初期農耕に関しては、イモ・果樹類の型が穀物栽培に先行したという説と、穀物栽培の脱落した形がイモ・果樹栽培型農耕であるという説とが対立しており結論を見ていない[21]。

この関連で、オーストロネシア語族の初期の移動時に首狩が存在したか、という問題もある。言語学者のブラストやゾークらによれば、原オーストロネシア語または原ヘスペロネシア(西部オーストロネシア)語の段階で、ガヤウ(*ŋayaw)ないしカヤウ(*kayaw)「首狩に行く」という語形が再構できるとされ[22]、これに類似した語で首狩を表す民族は多い。前章(二二七頁)で見たように、台湾原住民にもそうした例があったし、ボルネオ島のイバン語ではガヤウ(gayau)、カヤン語ではカヨ(kayo)であった[23]。

ココ椰子の実と人頭の同一視[24]やココ椰子にかかわる死体化生型神話のオーストロネシアにおける広い分布も[25]、この可能性を支持するように見える。しかし、一方においては死体化生型神話の台湾における不振と、他方において東南アジア大陸部におけるオーストロネシア語族と他の諸語族(ことにワ族の属するオーストロアジア語族、およびナガ諸族の含まれるチベット＝ビルマ語族)との関係が、その際に考慮されねばなるまい。

東南アジアからオセアニア、さらに環太平洋という規模における首狩習俗の伝播については、私にはまだ論じる準備ができていない。ここでは、ビルケット＝スミスの出した従来の諸説のまとめと大局的見通しを紹介するにとどめておこう。それによれば、ニューギニアにおけるのと類似した観念は東南アジアにおいても見いだされる。シュミッツはニューギニアの首狩を、早期オーストロネシア文化の一要素で食人俗からの派生物と考え[26]、リヴァーズは彼のいわゆる

〈檳榔文化人(ベテル・ピープル)〉の一要素と見た[27]。しかしビルケット＝スミスによれば、どちらの考えも疑わしい。首狩は多くのパプア諸族にも見られるからである。

今や放棄されたメラネシア文化史において、グレープナーは首狩をその〈メラネシア弓文化〉に含め、後にそれがウィーン民族学派により無批判に採用された。そうした見方とは独立してシュパイザーはニューギニアの首狩を「頭蓋崇拝の特殊形態」として理解し、インドネシアから導入されたものと見た[28]。

ビルケット＝スミスによれば、一致した基本諸観念およびメラネシア文化の東南アジア文化への一般的依存を考慮すると、少なくともシュパイザーの意見の後半部分は、大抵の民族学者の賛成を得られるであろう。またフリーデリチは確かにアメリカ大陸の首狩について書いたが、首狩と首級取りを混同し、語を不正確に用いた。「このアメリカ大陸のいわゆる「首狩」と東南アジアの慣習との間には、地理的にも歴史的にも、ほんの僅かな関係の証拠も存在しない」。同様のことは祖先崇拝の一部としての頭蓋保存についても言え、これはアメリカ大陸北西部には存在しない。

そしてビルケット＝スミスは最後に、首取慣行が新旧両大陸間で伝わった可能性を示唆している。それによると、この慣行は最西部のエスキモー諸族を含むアメリカ大陸北西部のいくつかの部族において見いだされ、東アジアでは恐らく古代中国で首級が取られていて、そこからこの慣習が北方へ、少なくともカムチャツカ半島まで伝わったかもしれない。そこからさらにアメリカ北西部へ達したという可能性もかすかに存在するであろう。[29]

以上がビルケット＝スミスのまとめである。首狩については、アメリカ大陸にも死体化生型の作物起源神話が見いだされること、[30]また首取については第2章（八五頁以下）で見たユーラシア大陸におけるその分布も考慮する必要があるが、今後この問題をとり上げる際の土台となる見解である。

初期農耕における女性と男性

繰り返しになるが、首狩は初期農耕民の世界観に根ざした慣習である。ではなぜ、それが首狩という形をとるにいたったのだろうか。それについては、この生業形態における両性関係を考えてみる必要がある。

宗教民族学の知見をごく大ざっぱに言えば、狩猟採集民段階で植物の扱いに精通するに至った女性たちにより、初期農耕が始められたと考えられている。もちろんこれには反論もあって、退役狩猟者たち、すなわち村の年輩男性たちが農耕作業のリーダーとして中心的役割を果たした、という見方も出されている。[31]けれども、やはり農作業における女性の貢献度を重視する見解は、今でも主流と言える。[32]

女性の権力や財力が大きかった、そのような社会では、男は何をしていたのだろうか。狩猟活動の重要性は、農耕による安定的な蓄積によってどんどん失われていっただろう。農作業においても、開墾という筋力を必要とする仕事は別として、作物を育てる基本的な仕事全体は女性の手に移ってしまったのである。そのような環境で、男たちが能力を発揮できる場、そのひとつが首狩だったのではないか。シュミットが述べたように[33]、首狩によって初めて一人前と見なされ、それによって結婚の資格が得られるといった事例は、こうした文脈の中で理解できるように思われる。

この関連で面白いのは、身体装飾について民族学者グローセが述べたことである。つまり、人にとって身体を装飾しようという動機は、まず他人の好意を得ようという欲望である。ただ、我々は装飾というのは女性に本来的な特権と見なしがちだが、「最も低い文化段階」では一般に男性の方が女性よりも豊かな装飾をする。その理由は、男性の側が求婚者だからである。「未開人」の間には、動物の場合におけると同じく、オールド・ミスというのは存在しない。女性はいかなる場合でも、結婚することができる。他方、男はその伴侶を得るためにしばしばきわめて大きな努力を払わねばならない。この結果、若い男たちは成人に達したことを示すイニシエーションに際して、またその直後に、初めて装飾を施され、求婚を許されるのである。さらに、男性は求婚者であると同時に戦士でもあり、羽毛などの装飾は闘争や舞踊の時にもなされる[34]。このグローセの説明は、初期農耕社会にもかなりの程度、当てはまるように思われるのである。

〈首そのものの力〉か〈霊への供物〉か

さて、二〇〇七年に面白い論文が出た。オランダのライデン大学名誉教授で文化人類学者のライマー・シェフォルトによる「両価的な祝福——東南アジアと比較してみたシベルート（ムンタワイ）島の首狩」である。そこでは、首自体に宿る力としての霊質（ズイーレストツフ）が首狩の動因であるという伝統的なクロイト説（第2章〔七一頁〕参照）に対し、主としてシェフォルト自身のフィールドであるシベルート島の公共建物の建設に伴う首狩などの事例に基づきながら、「土着の諸力（オートクソナス・パワーズ）」に対する供犠（サクリファイス）としての側面を強調している。

彼は言う、「首狩は本当に供物（オファリング）の異種と見なされうるだろうか？　供物ということは、首狩行為から期待される有益な結果をもたらすのが首級そのものの呪的特性ではなく、ある種の霊的作用因（スピリチュアル・エージェント）であることを意味しよう。シベルート島は少なくとも、首級から直接に期待される有益な影響については何も示されていないという限りにおいて、このことを確証するように思われる」。「首狩行の祝福の源にあるのは、実は土着諸霊の好意なのである[35]」。

いったい、第4章でくわしく検討した台湾原住民の事例は、〈首そのものの力〉説（クロイト他）と〈霊への供物〉説（シェフォルトら）のどちらを支持するだろうか？

結論から言えば、いずれか一方には決しがたい。たとえば前章（三五七頁以下）で見たように、敵首そのもの、あるいは馘首者に触れた酒や携行品などに呪力があると考えられた例もタイヤル族から多く報告されている。またこの関連で、粟播祭で獣血が手に塗られたり種粟にかけられた事例なども注目される。ここでは血の持つ力自体に焦点が置かれているように見えるからである。

他方では、同じタイヤル族においても、いくつかの事例に明言されていたとおり、馘首するのは祖先への供物であり、稲の収穫祭に「新しき頭顱（とうろ）がなくば祖先が悦（よろこ）ばぬ」と考えている場合もあったようだ。

さらに、この両説とはまた違った論理が示されている場合もある。すなわち、獲（と）って来られた敵頭はもはや敵ではなく、味方になるという観念が広く見られたことは、東南アジアや台湾からいくつかの例を引いたとおりである。この〈敵から味方への転換〉という考え方によれば、その首自体がある意味で祖霊（すなわちシェフォルトの言う「土着の諸力」）の仲間入りをし、供物を捧げられる存在になったかにも見える。タイヤル族から広く知られる他界観で、被馘首者の霊が首狩人の死後、共に祖霊の待つ土地へ赴くというのも、この関連で非常に興味深い。

もう一つ考え合わせるべきは、台湾原住民においては人身供犠の事例が非常に稀なことである。プユマ族の猿祭の起源に関する伝承や、秀姑巒（しゅうこらん）アミ族カララ社の新築儀礼における供犠伝承(36)は、そうした例外に属する。また同じく台湾で不振なのは、喪明けに際しての首狩（パイワンにはあったらしい）、また死んだ首長に奴隷を確保するための首狩であって、後者のように人身供犠につながる可能性を秘めた首狩慣行は、少なくとも二〇世紀前半の台湾からは知られていない。ただし、一八世紀初めの「傀儡番（ツアリセン）」では、親を殺された場合に服喪後馘首に出、その首級をもって祭ったらしい。

　このようにして、シェフォルトの提案に対してはうなずける面もあるものの、これを首狩の統一的原理と見なすことはできない。先に述べたように、首狩をめぐるさまざまな行為や観念のうち「どれか一つを取り出して、首狩の動機とか原因を論ずることは、偏った理解になってしまうように思われる」のである。自らのフィールドでの事例を一般化する以前に、広く諸事例を見渡す必要があろう。

　ところで、台湾原住民諸族に広く見られたのは、首狩と農耕との結びつきである。しかし東南アジア全域でも台湾でも、首狩と狩猟との共通性は看過できない。これは結局、焼畑農耕という、狩猟と強く結びついた生態学的ニッチにおける生業活動が首狩と親和的であった、ということであろう。

首狩の倫理

本書で十分に考察できなかった問題は数多い。その一つに、首狩と倫理の問題がある。人を殺して首を狩るという行為は、現代我々の倫理観からは理解困難にも思われるが、首狩が行われてきた当の社会では、そのような問題は起きなかったのだろうか？

これについては、大まかな見通しだけを述べておきたい。先（三八四頁）に見たように、首狩の起源神話にはしばしば、エスカレートのモチーフが現れる。そのうちルカイ族の伝承に出ていた表現は興味深い。すなわちそこでは、猿の頭を獲て歌踊を催したが、うまくいかなかった。そこで「他の番社」から馘首して持ち帰った首を囲んで歌踊したところ、「この度は人々勇み立ち、踊りよくはずみ中々面白かりき」というのである。ここには、人頭がもたらした興奮が、獣頭では得られないような性質のものであったことが示唆されている。同様に、敵首のもたらすさまざまな効果は、アミ族南勢群からの証言にも述べられていた。すなわち首がもたらされれば、「社人も大いに喜び、神も供物多きをもってともに喜び、婦人も勇壮なる男子の舞踊を見て喜ぶを得、またこれがために困難なりし婚儀もまとまることあり」。

これら現地民の証言からは、岡田謙の主張がある程度まで支持されるように思われる。すなわち岡田によれば、首狩「の目的とするところは社会の精神的拡大である。社会の拡大は彼らにあって神、人、動植物の拡大と考えられている……。社会の拡大すなわち集団精神の充実昂揚は、自然の脅威を絶えず受け周囲の敵に常に備えなければならない彼らにあっては我々以上に必要である。首狩は集団精神拡大の手段である」(37)。敵首を切ってそれをもたらす行為を見た時、我々は被害者に対する非人道性をまず考えてしまうが、かの社会ではもたらされるさまざまな効果の方が、それを上回って余りあるものだったかもしれず、そちらにこそ価値が置かれていたようにも思われるのである。

古野の聞き書きによれば、「高砂族における首狩の経験者に尋ねても、出草(しゅつそう)(首狩)そのものが恐怖にみちた行動であることを認めてい」た。けれども、「首狩とは何にもまして一つの社会的制度である。残忍と思われるこの血腥(ちなまぐさ)い行事は、伝統や慣習によって、固く支持されてきた集団に課せられた社会的な行動である。人々は仮に人の首を切ることが嫌いであっても、またこのことに非常な恐怖心を抱いていても、自身が所属している集団の中で生き、しかもよく生きるためには、あえてこの言わば蛮行を決行しなければならないのである」(38)。

そしてもたらされた敵首が、今度は味方に転換するという論理もまた、こうした一連の行動を支えていたものであろう。この問題を考えるにあたっては、首狩のみならず食人俗や人身供犠といったさまざまな流血儀礼(ブルートリトウアーレ)も考慮に入れねばならないし、人類史における他者観念といった大きい問題領域にもかかわってこよう。あわせて今後の課題としておきたい。

なお強調しておきたいのは、一九世紀から二〇世紀において首狩が大きく変化し、禁圧の結果消滅を迎えたという事実である。この過程において、習俗面でさまざまな要素が変容し、また首狩の性格自体が変わることもあったのではないだろうか。たとえば台湾では頭蓋装飾の風習がかつて存在した可能性があるが、確実なことは分からないままである。

また前章（二七二頁以下）で区別した〈頭骨架型〉と〈集会所型〉についても、さまざまな疑問が残されている。たとえば伊能が述べたように、アミ族やプユマ族もかつてツォウ族のように、集会所に頭骨を保存していたのかもしれないが、他方ではアミ族がタイヤル（特にセデック）族との闘争の中から首狩慣行を模倣した可能性も残されている。ただいずれにせよ、我々は手許に残された資料から推測するしかない。首狩のようにもはや過去のものとなった慣習については、民族誌的記述の丹念な読み直しが重要なのである。

首のシンボリズム

もう少し話を普遍化するなら、首というのは人間にとって特殊な象徴的意義を有している。今でも会社では「首を切る」し、首狩を意味する英語「ヘッドハンティング」は、現代企業の人材引き抜きを指す語として用いられる。

病理解剖学のヘンシェンが著した『頭骨の文化史』や、二〇一一、一二年にドイツ・マンハイムのライス＝エンゲルホルン博物館で開催された「頭蓋崇拝」展図録などに明らかなように、人類はその頭部を特別なものと見なしてきた。[39]

そのことは、フランスのパリで代々死刑執行人を務めたサンソン家により、貴族に対する名誉の処刑として行われた斬首刑や、革命期に発明されたギロチンなどにも見ることができるし、[40]キリスト教世界で聖遺物として崇拝されてきた殉教者や聖人の頭蓋骨、チベットなど仏教世界における高僧の頭蓋盃[41]（図5－1）、さらには海賊船につきものの髑髏旗イメージ、毒薬など危険を表示する髑髏マークなどにも、綿々と引きつがれている。

この事実は、洋の東西を問わない。秦・漢代の中国でも、刑罰は腰斬と棄市の二種類だった。腰斬とは胴体切断の刑、棄市は首切り・打ち首のことである。そもそも「棄市」というのは、大衆が集まる市で処刑が執行されたことから来ており、「市で棄てる」意であったらしい。前漢の都・長安城には東市と西市があり、そのうち刑が執行されたのは主に東市だった。

斧・鉞といった大型のオノで刎ねられた首は、しばらくの間、木の上に懸けて晒されたが、これを梟首と称した。梟は親を食う不孝の悪鳥と見られ、その頭を木上に晒す風習にちなんでの命名という。この晒し首の場所は、長安にあった南北四本、東西四本、計八本の大通り（大街）[42]のいずれかであり、『周礼』秋官・郷士には三日間晒すと書かれているが、実態は不明である。

序章に記した織田信長のように敵首を漆塗りにした（二一〇頁）故事は、中国からも伝わって

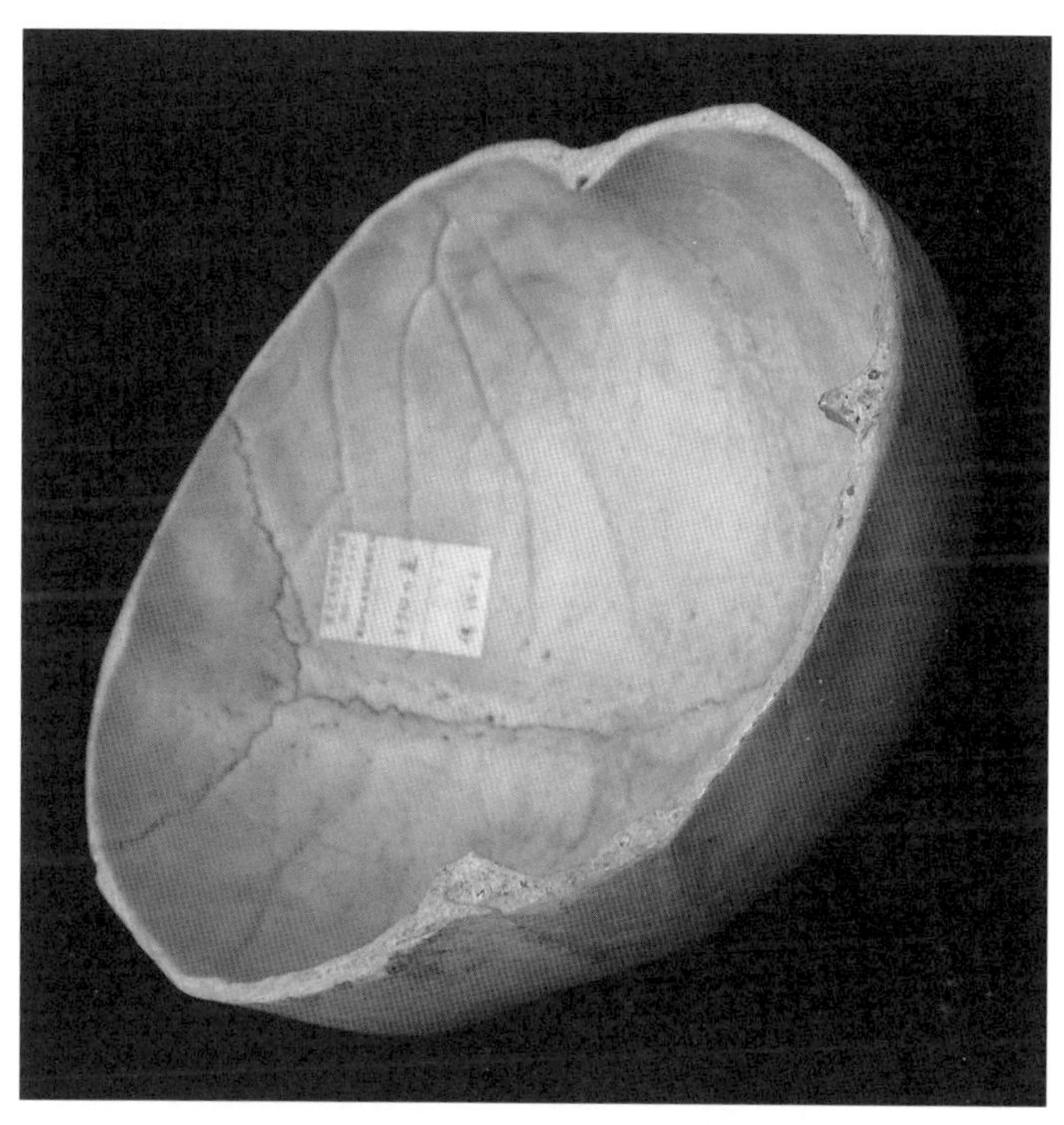

図 5-1　チベットの髑髏杯（東北大学・河口慧海コレクション所蔵）

いる。すなわち『史記』刺客列伝第二六に戦国、晋の義士・予譲について、次のような話がある。彼はもと晋の六卿（りくけい）（六大臣家）の一人智伯に仕え、心から信頼されていた。ところが、やはり六卿の一人で宿敵であった趙襄子に、智伯は殺されてしまう。この時、趙襄子は智伯に対する怨みのあまり、「其（そ）の頭（こうべ）に漆して以て飲器と」なしたという。頭蓋骨に漆を塗って酒盃にしたわけだ。第2章（八五頁以下）で見たように、こうした髑髏杯の習俗は北方の遊牧騎馬民族に盛んだった。趙襄子の母は「翟（てき）」つまり北方の異民族の婢（はしため）だったことから、母方を通してこの風習が入ったとの説もある。なおこれを知った予譲の言葉が、有名な「士は己（おのれ）を知る者のために死し、女（じょ）は己を説（よろこ）ぶ者のために容（かたちづく）る」である。結局、彼は趙襄子暗殺に失敗し、自ら命を絶った。(43)

頭骨が有するると考えられた力はまた、薬用としても利用されてきた。ヨーロッパでは頭骨を粉末にしたものが、てんかん・麻痺・卒中など脳の病に効（き）くとされ、一八世紀まで薬局で扱われていた。(44)日本でも昭和初年まで、不治の病とされていた肺結核・梅毒などの難病には、脳漿や頭骨の粉末が妙薬とされていたのである。(45)

ハルシュタットの納骨堂（バインハウス）

図 5-2　ハルシュタットの納骨堂（著者撮影）

ところで、私はずらりと並ぶ頭蓋骨を前に立ちすくんだことがある。オーストリア西部のハルシュタットという町は、ヨーロッパ鉄器時代・ケルト人の遺跡でも知られ、塩を表す語「ハル」が付いているとおりかつては塩山によって栄え、世界文化遺産にも登録された美しい所である。

一九九九年、私はここを鉄道で訪れた。ハルシュタット駅からは、湖の向かい岸にある町の中心まで、渡し船が運んでくれる。町に着くと、湖を見渡せる高台にカトリック教会が建っており、ぐるりと墓地が取り巻いている。新しい墓が多く、一九八五年に亡くなったという男性の墓には「山で事故死」と書かれていたりして、いろいろと想像させられた。

その墓地の上手にあるのが、有名な納骨堂である。現地の説明書きによれば、これは一

図 5-3　ザルツブルク近郊グニッグルの「死者の部屋」(Andree-Eysn 1910)

七世紀頃からの習俗で、死体を埋めた後十年ないし二十年くらいしてから骨を掘り出し、これをきれいに洗ってその上に描画するのである。インスブルック大学で調査した後、きちんと積み直したものだという骨、ことに頭蓋骨と大腿骨が、千二百ほども積み重ねられていた（図5-2）。

私は当時、これを見て沖縄や台湾の洗骨葬を思い出した程度で、詳しいことは知らずにいたのだが、後で調べてみると、ハルシュタットではこの慣習が一九八〇年代まで続いていた。しかも同様のことは中部ヨーロッパに広く行われ、ザルツブルク近郊のグニッグルに存在した「死者の部屋」には、箱に収められた頭蓋骨がずらりと壁面を埋めていた(46)（図5-3）。あたかも、台湾パイワン族の首棚を彷彿させるような光景である。

太平洋戦争での首取

今のは身内の頭蓋骨を保存した例だが、戦敵の頭骨を最近まで保存してきた事例もある。あまり知られていないことだが、第二次世界大戦においては、日本兵の首級がしばしば連合軍ことにアメリカ軍兵士により持ち帰られ、記念に保存されたのだ。そうした頭骨が時に見つかり、世間をさわがすことがある。たとえば二〇〇三年六月、コロラド州プエブロ市で麻薬捜査中、ある民家で「ガダルカナル」「一九四二年一一月一一日」と記された小トランクが発見された。中には人頭骨が入っており、その正面には「これは日本人（グッド・ジャップ）のもの／ガダルカナル島／四二年一一月一一日／オスカー／J・パパス」と刻まれていた。それ以外にも、中佐以下二、三十人のサインが記され、ラッカーが塗られていた。

家人は警察に対し、これは遺品であるからと返却を求めた。それはガダルカナル島で曾祖父のジュリウス・パパスが殺した兵士のもので、サインは部隊員たちのものであり、オスカーというのはこの頭骨に与えられた愛称だというのである。米軍中央同定実験室が人類学的調査を行った結果、これは戦時の日本人のものである可能性が高い、ということになり、二〇〇四年五月、これが日本当局に委譲されたのである。

こうした首級の持ち帰りは、一九世紀の南部・東部アフリカにおいても、英国やドイツの軍人によってしばしばなされていたが、当時の軍人たちは比較的エリートが多く、二〇世紀の米軍による行為の規模とは比べものにならないという。今見た事件では、退役軍人の遺族はこの頭骨に愛着をいだくに至っていたが、中にはこれを手放したがった場合も多かったようだ。北アイルランド・アルスター大学の人類学者ハリソンは、こうした第二次大戦時の首級取りと、前近代社会の首狩との間には共通点があると論じている。彼によれば、狩猟と男らしさ、また戦闘と狩猟との結びつき、あるいは敵人と獲物の同一視、などがそれにあたるという(47)。

私から見れば、やはり本書で描いてきたような農耕社会の首狩と、近・現代の戦争・戦闘における首取とは、その文化的背景も根底にある観念も、大きく異なると言わざるをえない。それは冒頭（序章一一頁）に掲げたカリマンタンの例についても当てはまる。しかし、人類の抱いてきた首、ないしは頭部に対するこだわりという心理が、深いところでつながっているとは言えるだろう。

註

(1) Jensen [1951]: 231-232.
(2) Jensen [1951]: 233.
(3) Jensen 1966: 120, 邦訳：一五七。
(4) Jensen 1966: 127-128, 邦訳：一六四－一六五。
(5) Jensen 1966: 136-137, 邦訳：一七六。
(6) Schuster 1956: 99-100.
(7) Stiglmayr 1960: 4.
(8) Höfer 1975: 65-66.
(9) 山田　二〇〇一。
(10) Schuster 1956: 55-62.
(11) Haddon 1901: 397-398, 抄訳：三二三－三二六、改訳：二七〇－二七二、宇野　一九二四：三三一－三五。

(12) Scott & Hardiman 1900: 496–497, 山田　二〇〇九：一一七。
(13) Heine-Geldern 1917: 24.
(14) Schuster 1956: 59–60, Jensen 1964, 木佐木　一九九一：三－七。
(15) Heine-Geldern 1917: 64.
(16) Heine-Geldern 1923: 931, 邦訳：三八八、宇野　一九三〇：八三九。
(17) Haddon 1901: 321, 改訳：一八二。
(18) Reid 2013: 348–351.
(19) Schuster 1956: 93–98.
(20) Schuster 1956: 104.
(21) 山田　二〇〇一：一〇三－一〇四。
(22) Blust 1999: 491, Zorc 1995: 1124, Reid 2013: 348, Dempwolff 1934–38: III 72.
(23) Jensen 1974, Rousseau 1998.
(24) Schuster 1956: 101–103.
(25) 山田　二〇〇一：一〇〇。
(26) Schmitz 1958: 384, 399 ff.
(27) Rivers 1914 II: 259 ff., Riesenfeld 1950: 653.
(28) Graebner 1909: 67 f., Schmidt & Koppers 1924: 74 f., 281, Speiser 1946: 44 f.
(29) Birket-Smith 1973: 69–70.
(30) 山田　二〇〇一：一四八。

(31) 渡辺 二〇〇〇：一九三－二六〇。
(32) Barry & Yoder 2002.
(33) Schmidt 1955: 155-157, 邦訳：二三一－二三五。
(34) Grosse 1894: 106-107, 邦訳：一六九－一七一。
(35) Schefold 2007: 489, 491.
(36) 古野 一九七二：八二－八三。
(37) 岡田 [一九三四]：四三。
(38) 古野 [一九四一]：四六。
(39) Henschen [1965], Maringer 1982, Wieczorek & Rosendahl (Hrsg.) 2011.
(40) 安達 二〇〇三、ジェルールド [一九九二]。
(41) Laufer 1923.
(42) 冨谷 一九九五：五七、八九－九三。
(43) 水沢 一九九三：三九六－四〇四。
(44) Bernschneider-Reif & Gruber 2011.
(45) 藤井 二〇〇〇：七六－八一。
(46) Andree-Eysn 1910, Sörries 2011.
(47) Harrison 2006: 817-819, 2012.

あとがき

変わったものごとが好きだ。

語弊があるなら、現代日本の常識から遠くはなれたことども、と表現してもいい。そういった領域にこそ、人間の本質を知る手がかりがある、と私は思う。それで、とめどなく好奇心が湧いてくるのである。

本書のテーマである首狩に興味を持ったのは、大学院で文化人類学を専攻し、台湾原住民をフィールドに選んでからだ。もちろん、とうの昔にすたれた風習だが、サイシヤット族の古老からは、一世代前の首狩の話を聞いた。それは、頭目（首長）の妹が茶摘みに行くところを、タイヤル族の男二人に襲われ、首を狩られた。それで頭目はさっそく待ち伏せして復讐した。二人の持っていたタウカン（網袋）を調べると、山芋の葉に包み、さらに「蕃布」にくるんで娘の首が入っていたという、リアルなものだった。伝承は生きていたのである。

その後、恩師の故・大林太良先生から、ミュンヘン大学の故・ハンス゠ヨアヒム・パプロート先生を紹介され、留学した。二〇〇一－〇二年の冬学期、同先生のゼミで「東南アジアの首

狩」という発表をし、これが学位論文

Religiös-mythologische Vorstellungen bei den austronesischen Völkern Taiwans. Ein Beitrag zur Ethnologie Ost- und Südostasiens, Dissertation München, 2002

(http://edoc.ub.uni-muenchen.de/7335/でダウンロード可能)の一部になった。

二〇〇三年に帰国後、故・中村生雄先生の主宰されていた供犠論研究会でさまざまな刺激を受け、そのご縁で書いた論文が本書の根幹をなす。それらは、

「東南アジアにおける〈首狩文化複合〉」中村生雄(研究代表者)『東アジアにおける人と自然の対抗/親和の諸関係にかんする宗教民俗学的研究』(科学研究費補助金(基盤研究B)研究成果報告書、平成一六 - 一八年度):一〇七 - 一六二頁、二〇〇七年(本書第3章)

「台湾原住民における首狩」『アジア民族文化研究』七:一 - 一〇一頁、二〇〇八年(本書第4章)

の二編である。また本書第1章には、

「アジアをみる眼」片岡樹/シンジルト/山田仁史(編)『アジアの人類学』(シリーズ来たるべき人類学 四):三 - 四二頁、横浜:春風社、二〇一三年

の一部を利用したが、三編とも構成や表現を大幅に改めた。

なお本書は一般向けということで、旧字体・旧仮名や難読字などは読みやすいように変え、ルビを付したり、〔 〕で注釈を加えた部分がある。ただ出典には当たっていただけるよう、

典拠はきちんと示している。ご了承願いたい。
ここ数年は、二つの体験から多くを学んだ。第一に、旧知の研究者数名と訪れているラオス北部村落の共同調査。いまだ盛んに行われている焼畑や、豚・犬・鶏の駆け回る村々を見て、東南アジアの伝統的村落イメージを大きくふくらませることができた。もう一つは、沖縄県本部町・海洋文化館のリニューアル・プロジェクトへの参画である。第2章に記したパラオやソロモン、ニューギニアなどの首狩は、これに加わらなければ実感できなかったろう。

本書が成るまでには多くの知友のおかげをこうむったが、以下には具体的な資料を入手・教示してくださった方々のお名前だけを挙げたい。ロベルト・アマヨン（Roberte Hamayon）、飯島まさみ、大野晃嗣、長田俊樹、笠原政治、金子えりか、木村敏明、邱鴻霖、アントーン・クヴァック（Anton Quack）、オリオン・クラウタウ（Orion Klautau）、杉井信、鈴木文子、角南聡一郎、伊達聖伸、土佐美菜実、中澤克昭、花登正宏、藤本武、トーマス・O・ヘルマン（Thomas O. Höllmann）、ブルーノ・リヒツフェルト（Bruno Richtsfeld）、渡邉浩司（姓の五十音順、敬称略）。

それにしても、白川琢磨先生を通じて筑摩書房の渡辺英明氏にご紹介いただいてから、ずいぶんと経ち、息子の誕生や東日本大震災など、公私ともにさまざまな出来事があった。そのことで、生と死に関する洞察を多少なりと深めることができたかもしれないが、渡辺氏にはお詫びとお礼のことばを申し上げる。

最後に、研究室や授業で出会う学生の皆さん、および両親と妻の泉に感謝したい。あなた方が私の話に耳を傾けてくれるから、この本を書けたのだ。

二〇一四年十二月

山田仁史

山田 仁史（やまだ ひとし）

一九七二年宮城県仙台市生まれ。東北大学文学部卒業、京都大学大学院人間・環境学研究科博士課程満期退学、ミュンヘン大学ドクター・デア・フィロゾフィー（Dr.phil）。宗教民族学・神話学専攻。現在、東北大学大学院文学研究科准教授。共編著に『神の文化史事典』（白水社）、『アジアの人類学』（春風社）、『水・雪・氷のフォークロア』（勉誠出版）、共訳書にミュラー『比較宗教学の誕生』（国書刊行会）などがある。

首狩（くびかり）の宗教民族学（しゅうきょうみんぞくがく）

二〇一五年三月二十五日　初版第一刷発行

著者　山田仁史
発行者　熊沢敏之
発行所　株式会社筑摩書房
東京都台東区蔵前二―五―三　〒一一一―八七五五
振替〇〇一六〇―八―四一二三
印刷　株式会社加藤文明社
製本　牧製本印刷株式会社

ISBN 978-4-480-84305-0 C0039

乱丁・落丁本の場合は、左記宛にご送付ください。送料小社負担でお取り替えいたします。ご注文・お問い合わせも左記へお願いいたします。
筑摩書房サービスセンター
さいたま市北区櫛引町二―六〇四　〒三三一―八五〇七
電話　〇四八―六五一―〇〇五三

索　引

ア

アスマット族　80-82
アタヤル族→タイヤル族
アッカークネヒト　71, 99
アッサム　73, 144, 154-156, 169, 186, 187
アニミズム　69
アフリカ　43, 99
安倍明義　299, 301
雨乞　347, 383
アミ語　227
アミ族　128, 151, 160, 217, 240, 241, 246, 255, 267, 272, 273, 284, 301, 308, 313, 314, 317, 318, 321-324, 329, 335, 339, 341, 395, 397, 399
アルーネ族　327
粟野伝之丞　213
アンドレー　69
イード　233
イェンゼン　53, 56, 72, 381, 383-386
軍神　15
池谷和信　46
石合戦　70
夷州　229
イスラーム　76
一神教　47, 49
イテリメン族　100
伊能嘉矩　211-213, 225, 228, 237, 239, 240, 254, 255, 269-271, 273-275, 282, 284, 285, 288, 303, 305, 310, 315, 323, 327, 347, 352, 399
イバン語　390
イバン族　117, 118, 134, 137, 144, 179
イバン・ユカン　221
イフガオ族　125, 132
イモ，芋　54, 56, 257, 300, 339, 353, 381, 383, 385, 386, 389
入墨（文身）　84, 112, 155-160, 162, 163, 219, 223, 270, 272, 273, 289-292, 330, 342
イロンゴット族　72, 119
ウィルケン　23, 69, 70
ヴィルツ　77
ウースター　125
ウェマーレ族　53, 55, 56, 120, 193
移川子之蔵　241
宇野円空　24, 71
梅棹忠夫　46
エヴァンズ　182, 183
エウェンキー族　43
エーバーハルト　102
江上波夫　85, 92
エジプト　33, 98
エッカート　94
遠藤秀男　20
オーストロネシア語族　57, 61, 62, 78, 79, 209, 226, 227, 389, 390
大林太良　31, 71, 170, 188
岡田謙　71, 217, 218, 243, 313, 314, 345, 397
織田信長　20, 400
オボー　48

カ

カウカ地方　94
下顎　135, 149
下顎骨　80, 100, 135, 147, 148, 150, 228
ガジュ・ダヤク族　118, 138, 193
カチン族　119, 142
何廷瑞　219, 224
カトゥ族　114, 188
カニバリズム（食人，食人習俗，食人俗）　68, 77, 80, 82, 83, 94, 102, 117, 383, 384, 388-390, 398
金子えりか　74, 185, 195, 222
金子総平　192
樺山資紀　237, 238
カバラン族　231, 241
髪，髪毛，髪の毛 → 頭髪
雷　388
カヤン語　390
カヤン族　115, 144, 145, 152, 157, 162, 163, 168, 179, 190
カリンガ族　130, 148, 181
ガロ族　168, 169
河村只雄　221
環太平洋　71, 237, 390
干宝　30
北ユーラシア　43
キャメロン　99
球戯　92, 94, 384
競走　315
キリスト教　118, 400
ギロチン　400
『金枝篇』　71, 100
クヴァック　185, 220
クキ族　126, 127, 141, 164-166, 171
嚔　337
グジンデ　71
薬　402
クック　84
クニャー族　137, 146, 151, 168, 387
クバリー　83
首狩文化複合　111-113, 147, 194, 195
首実検　19
クビチェック　195
首塚　20-22
グラネ　220
グラボフスキー　193
グレープナー　391
クレーマー　83
クロイト　71, 170, 174, 175, 394
グローセ　393
黒田日出男　14
ゲイト　178
ケルト　88, 90, 91, 403
ゲレイロ　113
建築供犠 → 人身供犠
玄昉　21
小泉鉄　301
黄叔璥　225, 236
合田濤　72, 119
コール　166
胡家瑜　279
コクラン　224
語族　57, 59, 62
ゴッドゥン　164, 177
五年祭　348-350, 353-355
古農耕民 → 初期農耕民
呉鳳　221, 222, 224
コワフィエ　113
コンリー　97, 98

サ

サイシヤット語　226
サイシヤット族　251, 254, 259, 267, 284, 285, 290, 293, 359
犀鳥　152-154, 161
サイモン　224
サオ族　239, 240
猿祭　299-301, 312, 324, 395
斬首刑　400
シェーラー　118
シェフォルト　394-396
ジェンクス　134
『史記』　402
『詩経』　220
篠田八郎　73
シベリア　43
シベルート島　122, 394
シュアル族　94-96
銃　134, 212, 250, 256, 264, 338
宗教学　39, 56, 69, 72
宗教人類学　39
宗教民族学　39, 41, 56, 392
シュースター　24, 70, 113, 122, 136, 160, 181, 195, 385, 386
出草　129, 216, 225, 226, 228, 242, 249, 254-256, 259-262, 264, 266, 282, 283, 292-294, 302, 303, 311, 314, 316, 318, 322, 325, 337, 338, 341, 342, 345, 347, 348, 354, 355, 361, 398
シュティーグルマイヤー　72, 386
シュパイザー　391
シュミッツ　73, 390
シュミット　393
狩猟採集民　41-43, 45, 389, 392
シュルツ　70
シュレーダー　185, 220
シュロートハウアー　99
殉死　69, 170
初期農耕民（古農耕民）　53, 56, 175, 386, 389, 392, 393
食人, 食人習俗, 食人俗 → カニバリズム
植民地主義　72
『諸羅縣志』　235
人身供犠（建築供犠）　68, 69, 100, 150, 165, 169-175, 179, 181, 189, 194, 195, 312, 382, 384, 389, 395, 398
神判　293
神話　80, 324, 327, 381-384, 386-390, 392, 397
『隋書』　229
スウィンホー　233
頭蓋崇拝　67, 69-71, 77, 78, 99, 102, 400
頭蓋杯 → 髑髏杯
スキタイ　86, 87, 90, 232
スコット　141, 175
鈴木眞哉　18
ストラボン　89, 90
スハウテン＝パトゥレイア　113
スピリティズム　69
スマトラ島　171, 183
角力　300, 315
スラウェシ島　112, 125, 130, 133, 139, 145, 152, 165, 170-172, 181
スンバ島　170, 171, 184
聖遺物　400
性器　68, 98
生業　41, 56

ゼーランジャ城　232
妹尾隆彦　119
世界観　41, 46, 53, 56, 381, 392
セデック族　276, 277
ゼヘワールト　80
セラム島　53, 55, 137, 171, 327, 385
洗骨葬　405
穿耳　229
ゾーク　390
蘇我入鹿　21
『楚辞』　220
祖先崇拝　69, 70
ソロモン諸島　78, 79

タ

『台海使槎録』　236
太鼓（木鼓）　78, 94, 100, 101, 131, 139, 141–144, 167, 182, 189, 254, 255
台北帝国大学　217
タイヤル語　226
タイヤル族（アタヤル族）　155, 160, 162, 212, 213, 216, 217, 219, 220, 223, 233, 234, 240, 241, 243, 245, 247, 249–252, 254, 256–258, 268–270, 272, 273, 275, 277–280, 284, 285, 289, 290, 292, 294, 296, 305, 313, 328–330, 346, 347, 357–359, 395, 399
タイラー　68, 170
平将門　21
台湾原住民　62, 154, 175, 184, 195, 209–211, 219, 220, 223, 224, 235, 237, 238, 248, 272, 386, 394–396
台湾総督府蕃族調査会　216
ダウンズ　70
他界　161–164, 170, 171, 194, 272, 273, 278, 294, 318, 389
高山純　33
竹ナイフ　74, 75, 78, 80, 97, 116
楯　125, 126, 130, 131, 151, 153, 310
タニンバル島　171
ダヤク人　11, 136
ダヤク族　11, 116, 135, 136, 152, 154, 168, 171, 173, 190, 237
段成式　31
血　34, 53, 188, 189, 278, 296, 311, 342–344, 359, 395
千々岩助太郎　287
チベット　400, 401
チモール島　124, 139, 171, 184
張光直　227
チンギス＝ハーン　48
チン族　121, 122, 164, 171, 174
ツォウ語　227
ツォウ族　26, 215–218, 224, 247, 248, 261, 268, 272, 288, 297, 298, 303, 306, 309, 310, 325, 326, 345, 356, 399
月岡芳年　28
ティーレ　69
ディオドロス　88, 90
テイラー　241
ティンギアン族　166, 184
手鍬　51–53, 77, 179, 389
鉄器　74, 78
デマ神　381, 382
テュルク系　47
寺沢芳一郎　217
ドゥスン族　158, 182, 183
頭髪（髪，髪毛，髪の毛）　102, 135, 150–152, 185, 249, 269, 270, 281,

283, 313, 319, 321, 357, 358
『東番記』 230
頭皮剝ぎ 68, 70, 85, 86, 90, 92, 93
動物の主 42, 43
トゥルンヴァルト 42
髑髏杯（頭蓋杯） 68, 69, 85, 86, 90, 92, 94, 232–234, 304, 400–402
鳥居龍蔵 211, 212, 234, 270, 276, 305, 351
鳥占 120, 191, 248, 249, 283
鳥越憲三郎 72
トリックスター 43
鳥山石燕 28
奴隷 111, 132, 133, 164–166, 169–172, 174, 175, 194, 396
トレス海峡 74, 75

ナ

ナガ族 122, 124, 130, 133, 135, 139–141, 144, 149–151, 153–157, 161, 171, 174, 177, 178, 186, 188, 193, 390
ナスカ 33, 97, 98
ナバロイ族 131
南米 43, 94, 97
ニアス島 122, 123, 125, 135–137, 139, 159, 171, 184
ニーダム 72
ニューウェンハウス 163
ニューギニア 67, 77, 80, 116, 190, 246, 385, 390, 391
ヌエル族 47
ネーファーマン 148
ネネツ族 44, 45
年齢階梯制 272, 297, 299
農耕民 51, 53

ハ

ハーン 28, 31
ハイヌヴェレ 53, 54, 56, 381, 386
ハイネ＝ゲルデルン 23, 71, 75, 85, 115, 135, 171, 174, 175, 186, 194, 195, 388
パイワン語 227
パイワン族 27, 154, 160, 194, 214, 219, 221, 242, 246, 251, 253, 254, 262–265, 271, 272, 286–289, 291, 296, 299, 311, 313, 325, 336, 337, 348, 349, 356, 360, 405
パゼッヘ族 239
バタック族 117, 183
抜歯 229
パット＝ブリュッヘ 165
ハットン 71, 153, 178
ハッドン 74, 117, 138, 146, 168, 389
バナール族 188
バヌアツ 79
パラオ 83
原山煌 48
パリー 167
ハリソン 406
『播磨国風土記』 33
バルカン半島 91
ハルシュタット 403, 405
バンガイ諸島 385
磐司磐三郎 43
『番族慣習調査報告書』 216
『蕃族調査報告書』 216
蕃刀 269, 313, 314
榛の木 192, 334
ハンブリー 159

ピール　156
『裨海紀遊』　235
ビスポール　81, 82
飛頭蛮（飛頭伝承）　30, 32, 102
飛頭獠子　30, 31
人柱　13, 165, 172
『漂流台湾チョプラン嶋之記』　241
ビルクハーン　90
ビルケット＝スミス　24, 50, 71, 100, 390-392
ヒンズー教　76, 77
檳榔　54, 145, 227, 317, 319, 341, 391
フィッシャー　279
プーラン族　102
笛　83, 100, 254, 255, 359
フェティシズム　69
フェルテンテン　77
フォルメリング　70
武器　74, 187
二木謙一　19
仏教　76, 115, 400
ブヌン語　226
ブヌン族　27, 160, 191, 214, 217, 218, 234, 241, 245, 247, 248, 261, 273, 284, 303, 304-306, 311, 330, 332, 333, 336, 345, 360
フューラー＝ハイメンドルフ　149, 150, 216
プユマ語　227
プユマ族　160, 184, 189, 217, 220, 224, 266, 269, 270, 272, 299, 301, 312, 316, 323, 324, 339, 356, 395, 399
ブラスト　390
フリーデリチ　70, 92, 391
フリーマン　191
ブルック　168
古野清人　71, 217, 218, 227, 251, 312, 318, 321, 322, 352, 398
フレイザー　71, 100
プレイテ　70
フローレス島　139
フロベニウス　53, 70
プロメテウス型　56
文身 → 入墨
平埔族　238, 240, 316
ヘーファー　187, 386
ペッタッツォーニ　49
ヘルマン　224, 231, 232, 236
ヘロドトス　86, 232
ヘンシェン　399
ホアニャ族　239, 316
豊穣　92, 96, 149, 175, 178, 179, 186, 189, 190, 194, 195, 339, 341, 344, 346, 357, 383, 384, 388, 389
暴力　72
ホーズ　118, 151
ホーフマン　238
牧畜民　45-47, 49-51
北米　43, 92
乾し首　94-96
ホドソン　141
骨から（の）再生　44, 45
掘棒　51, 52
ボルネオ島　11, 68, 73, 112, 115-118, 123, 135-138, 144, 145, 151, 154, 157, 158, 162, 173, 179, 182, 193, 237, 326, 387, 389, 390
ホワイトヘッド　158
ボントック・イゴロット族　126, 133, 139, 147, 148

ボントック族　72, 119

マ

マイヤー　69
マオリ　83, 84
マクガヴァン　155, 160, 233
マクドゥガル　118, 151, 326
マタギ　43
マッカイ　238
松木武彦　33
マッキンリー　191
松下孝幸　32
マドゥラ人　11
マナ　79
馬淵東一　218, 247, 306
マヤ　92
マリンドアニム族　77, 246
マルケサス諸島　84
マンシ族　44
ミイラ　94
ミェーベリ　145
ミシュミ族　117
土産物　84, 96
宮武辰夫　148
宮本延人　218
ミルズ　140, 149, 178
民族学　39
ムルット族　135, 137, 158, 169
ムンタワイ（諸）島　139, 159, 171, 385
ムンドゥルク族　96
メトロー　71
メラナウ族　171
喪　167-170, 296, 312, 396
模擬戦　70
モス　132
木鼓 → 太鼓
森丑之助　211, 212, 215, 216, 225, 240, 270, 271, 273, 278, 286, 304, 328, 333, 357
モンゴル　47, 48

ヤ

焼畑　51, 78, 179, 187, 188, 209, 332, 396
椰子　53, 54, 136, 137, 182, 327, 390
山姥　43
ヤミ族　209, 241
ユカギール族　100
夢占　248
妖怪　32
吉野ヶ里遺跡　32, 33

ラ

落頭民　30
ラケール族　167
ラッター　112, 158, 169, 179
ラピタ文化　79
ラフ族　116
犂　51, 52
リヴァーズ　390
李子寧　223
『理臺末議』　235, 236
理蕃政策　215, 224
略奪婚　384
流求　229
劉銘伝　212
凌純聲　219, 220, 228
『臨海水土志』　228
林華東　32
臨時台湾旧慣調査会　216
ルーレン　57

ルカイ語　227
ルカイ族　214, 247, 261, 286, 288, 311, 324, 360
ルシャイ族　121, 141, 164, 167
霊魂　71, 145, 162, 163, 166, 167, 171, 268, 276-278, 284, 296
霊質　71, 72, 394
レンスキー　56
轆轤首　28-32
ロザルド　72, 119
ロシア人　43
ロックフェラー　80, 82

ワ

若者宿　139, 140, 144, 188, 273
ワ族　72, 102, 115, 116, 141, 143, 171, 175, 176, 186, 188, 189, 255, 387, 390

引用文献

安倍明義　1931「卑南社の猿祭（マサガル）」『南方土俗』1 (1): 59-62.

Ackerknecht, Erwin H. 1944. Head Trophies and Skull Cults in the Old World. *Ciba Symposia*, 5: 1662-1669.

安達正勝　2003『死刑執行人サンソン：国王ルイ十六世の首を刎ねた男』（集英社新書）東京：集英社.

Adriani, Nicolaus & Albertus Christiaan Kruyt. 1912-14. *De Bare'e-sprekende Toradja's van Midden-Celebes*, 4 delen. Batavia: Landsdrukkerij.

アレン　[1967] 1978『メラネシアの秘儀とイニシエーション』（人類学ゼミナール；8）中山和芳（訳）東京：弘文堂.

Andree-Eysn, Marie. 1910. *Volkskundliches aus dem bayrisch-österreichischen Alpengebiet*. Braunschweig: Vieweg.

Andree, Richard. [1875] 1878. Schädelcultus. *In*: *Ethnographische Parallelen und Vergleiche*: 127-147. Stuttgart: Verlag von Julius Maier.

——. 1912. Menschenschädel als Trinkgefässe. *Zeitschrift des Vereins für Volkskunde*, 22: 1-33.

Anonym. 1863. Der schwarze König von Dahome. *Globus*, 3: 93-94.

——. 1866. Ein Besuch beim Könige von Dahome. *Globus*, 10: 289-297, 321-331.

Armit, Ian. 2006. Inside Kurtz's Compound: Headhunting and the Human Body in Prehistoric Europe. *In*: Bonogofsky, Michelle (ed.) *Skull Collection, Modification and Decoration*. (BAR International Series; 1539): 1-14. Oxford: Archaeopress.

——. 2012. *Headhunting and the Body in Iron Age Europe*. Cambridge: Cambridge University Press.

Aswani, Shankar (ed.) 2000. *Essays on Head-Hunting in the Western Solomon Islands.* (The Journal of the Polynesian Society; Vol. 109, No. 1). Auckland: The Polynesian Society.

Axtell, James & William C. Sturtevant. 1980. The Unkindest Cut, or Who Invented Scalping? *The William and Mary Quarterly*, 3rd ser., 37 (3): 451-472.

Baldick, Julian. 2013. *Ancient Religions of the Austronesian World: From Australasia to Taiwan.* London: I. B. Tauris.

Barry, Herbert III & Brian L. Yoder. 2002. Multiple Predictors of Contribution by Women to Agriculture. *Cross-Cultural Research*, 36 (3): 286-297.

Barton, Roy Franklin. [1919] 1969. *Ifugao Law.* Berkeley: University of California Press.

de Beauclair, Inez. [1970] 1986. A Note on the Dutch Period of Formosa, 1622-1662. *In*: *Ethnographic Studies: The Collected Papers of Inez de Beauclair*: 431-434. Taipei: Southern Materials Center.

Bellwood, Peter. 2011. Holocene Population History in the Pacific Region as a Model for Worldwide Food Producer Dispersals. *In*: Price, T. Douglas & Ofer Bar-Yosef (eds.), *The Origins of Agriculture: New Data, New Ideas.* (Current Anthropology; Vol. 52, Supplement 4): 363-378. Chicago: The Chicago University Press.

Bentley, R. Alexander, Hallie R. Buckley, Matthew Spriggs, Stuart Bedford, Chris J. Ottley, Geoff M. Nowell, Colin G. Macpherson & D. Graham Pearson. 2007. Lapita Migrants in the Pacific's Oldest Cemetery: Isotopic Analysis at Teouma, Vanuatu. *American Antiquity*, 72 (4): 645-656.

von Berg, Axel. 2011. Der Schädelkult in der keltischen Eisenzeit. *In*: Wieczorek & Rosendahl (Hrsg.) 2011: 74-81.

Bernschneider-Reif, Sabine & Timo Gruber. 2011. Cranium humanum. Heilmittel in den Apotheken des Abendlandes. *In*: Wieczorek & Rosendahl (Hrsg.) 2011: 250–255.

Berryman, Carrie Anne. 2007. Captive Sacrifice and Trophy Taking among the Ancient Maya: An Evaluation of the Bioarchaeological Evidence and Its Sociopolitical Implications. *In*: Chacon & Dye (eds.) 2007: 377–399.

Beyer, H. Otley & Roy Franklin Barton. 1911. An Ifugao Burial Ceremony. *The Philippine Journal of Science*, 6 (5): 227–252.

Bienert, Hans-Dieter. 1991. Skull Cult in the Prehistoric Near East. *Journal of Prehistoric Religion*, 5: 9–23.

Birket-Smith, Kaj. [1941–42] 1962. *Geschichte der Kultur. Eine allgemeine Ethnologie*. München: Südwest-Verlag.

——. 1973. *Studies in Circumpacific Culture Relations, III. Sundry Customs and Notions*. (Det Kongelige Danske Videnskabernes Selskab, Historisk-filosofiske Meddelelser; 46, 2). København: Munksgaard.

Birkhan, Helmut. 1997. *Kelten. Versuch einer Gesamtdarstellung ihrer Kultur*. Wien: Verlag der Österreichischen Akademie der Wissenschaften.

Blumentritt, Ferdinand. 1882. *Versuch einer Ethnographie der Philippinen*. (Ergänzungsheft No. 67 zu *Petermann's Mittheilungen*). Gotha: Justus Perthes.

Blust, Robert. 1999. The fox's wedding. *Anthropos*, 94: 487–499.

Boelaars, Jan Honore Maria Cornelis. 1981. *Head-Hunters about Themselves: An Ethnographic Report from Irian Jaya, Indonesia*. (Verhandelingen van het Koninklijk Instituut voor Taal-, Land- en Volkenkunde; 92). The Hague: Martinus Nijhoff.

Bonney, Heather & Margaret Clegg. 2011. Heads as Memorials and Status Symbols: The Collection and Use of Skulls in the Torres

Strait Islands. *In*: Bonogofsky (ed.) 2011: 51–66.

Bonogofsky, Michelle & Jeremy Graham. 2011. Melanesian Modeled Skulls, Mortuary Ritual, and Dental X-Rays: Ancestors, Enemies, Women, and Children. *In*: Bonogofsky (ed.) 2011: 67–96.

Bonogofsky, Michelle (ed.) 2011. *The Bioarchaeology of the Human Head: Decapitation, Decoration, and Deformation*. Gainesville: University Press of Florida.

Borao, José Eugenio. 2001–02. *Spaniards in Taiwan*, 2 Vols. Taipei: SMC Publishing.

Boulestin, Bruno & Dominique Henry Gambier (éds.) 2012. *Crânes trophées, crânes d'ancêtres et autres pratiques autour de la tête. Problèmes d'interprétation en archéologie. Actes de la table ronde pluridisciplinaire, musée national de la Préhistoire, Les Eyzies-de-Tayac (Dordogne, France), 14–16 octobre 2010.* (BAR International Series; 2415). Oxford: Archaeopress.

Butler, John. 1855. *Travels and Adventures in the Province of Assam during a Residence of Fourteen Years*. London: Smith Elder.

Cameron, Verney Lovett. 1877. *Across Africa*, Vol. 2. London: Daldy, Isbister & Co.

Carey, Bertram Sausmerez & Henry Newman Tuck. 1896. *The Chin Hills: A History of the People, our Dealings with them, their Customs and Manners, and a Gazetteer of their Country*, Vol. 1. Rangoon: Government Printing.

Cauquelin, Josiane. 1991. *Dictionnaire puyuma-français*. (Naskah dan Dokumen Nusantara; Textes et documents nousantariens; 9). Paris: École française d'Extrême-Orient.

——. 2004. *The Aborigines of Taiwan. The Puyuma: from Headhunting to the Modern World*. London: RoutledgeCurzon.

Chacon, Richard J. & David H. Dye (eds.) 2007. *The Taking and Displaying of Human Body Parts as Trophies by Amerindians.*

(Interdisciplinary Contributions to Archaeology). New York: Springer.
Chang, Kwang-chih. 1969. *Fengpitou, Tapenkeng, and the Prehistory of Taiwan.* (Yale University Publications in Anthropology; No. 73). New Haven: Department of Anthropology, Yale University.
Chao Chin-yung (趙金勇) 2000. Changkuang: A Neolithic Burial Site on the Eastern Coast of Taiwan. *In*: Bellwood, Peter, Doreen Bowdery, Jane Allen, Elizabeth Bacus & Glenn Summerhayes (eds.), *Indo-Pacific Prehistory: The Melaka Papers*, Vol. 4 (Bulletin of the Indo-Pacific Prehistory Association; 20): 165-170. Canberra: Australian National University.
Chelius, Caldus. 1962. *Knochen als „Lebenskeime". Ethnologische Untersuchungen über das Motiv der Wiederbelebung aus Körperrelikten.* Dissertation Hamburg.
千々岩助太郎　1960『台湾高砂族の住家』東京：丸善.
邱鴻霖　2009『人類考古学による台湾鉄器時代社会構造の研究』九州大学大学院比較社会文化学府・博士論文.
Coiffier, Christian & Antonio Guerreiro. 1999. La chasse aux têtes. Une dette de vie? *In*: *La mort n'en saura rien. Catalogue du Musée National des Arts d'Afrique et d'Océanie*: 30-45. Paris: Éditions de la Réunion des Musées Nationaux.
Cole, Fay Cooper. 1922. The Tinguian: Social, Religious, and Economic Life of a Philippine Tribe. *Field Museum of Natural History, Anthropological Series*, 14: 231-493.
コンリー、クリスティーナ・A　2006「ナスカの首なし遺体の墓」島田泉／ドナルド・A・プロー／馬場悠男／篠田謙一（監修）『世界遺産ナスカ展：地上絵の創造者たち』：36-37. 東京：TBS.
Conlee, Christina A. 2007. Decapitation and Rebirth: A Headless Burial from Nasca, Peru. *Current Anthropology*, 48 (3):

438–445.
Cooper, Thomas Thornville. 1873. *The Mishmee Hills: An Account of a Journey made in an Attempt to Penetrate Thibet from Assam to Open New Routes for Commerce*. London: Henry S. King.
de Crespigny, C. A. C. 1858. Notes on Borneo. *Proceedings of the Royal Geographical Society of London*, 2: 342–350.
Dalton, Edward Tuite. 1872. *Descriptive Ethnology of Bengal*. Calcutta: Office of the Superintendent of Government Printing.
Dempwolff, Otto. 1934–38. *Vergleichende Lautlehre des austronesischen Wortschatzes*, 3 Bde. (Zeitschrift für Eingeborenen-Sprachen, Beiheft; 15 - 17 - 19). Berlin: Dietrich Reimer.
von Dewall, H. 1855. Aanteekeningen omtrent de noordoostkust van Borneo. *Tijdschrift voor Indische Taal-, Land- en Volkenkunde*, 4: 423–458.
Donohue, Mark & Tim Denham. 2010. Farming and Language in Island Southeast Asia: Reframing Austronesian History. *Current Anthropology*, 51 (2): 223–256.
Dow, James W. 2006. The Evolution of Religion: Three Anthropological Approaches. *Method and Theory in the Study of Religion*, 18: 67–91.
Downs, R. E. 1955. Head-Hunting in Indonesia. *Bijdragen tot de Taal-, Land- en Volkenkunde*, 111 (1): 40–70.
Durham, Mary Edith. 1923. Head-Hunting in the Balkans. *Man*, 23: 19–21.
Eberhard, Wolfram. 1942a. *Kultur und Siedlung der Randvölker Chinas*. (T'oung Pao supplément au vol. 36). Leiden: E. J. Brill.
——. 1942b. *Die Lokalkulturen im alten China, Teil 2: Die Lokalkulturen des Südens und Ostens*. (Monumenta Serica, Monograph; III). Peking: The Catholic University.

——. 1968. *The Local Cultures of South and East China.* Translated from the German by Alide Eberhard. Leiden: E. J. Brill.（エバーハルト『古代中国の地方文化　華南・華東』白鳥芳郎監訳、東京：六興出版、1987年）

Eckert, Georg. 1939. Die Kopfjagd im Caucatal. *Zeitschrift für Ethnologie*, 71: 305–318.

Ede, George（伊德）［1886］2006「福爾摩沙北部之旅」費德廉／羅效德（編訳）『看見十九世紀台灣：十四位西方旅行者的福爾摩沙故事』（發現台灣；2）：319–330. 台北：大雁文化.

江上波夫　［1962］1985「ユーラシアにおける頭皮剝奪と髑髏杯保有の風習：スキタイの起源の問題に寄せて」『内陸アジアの自然と文化』（江上波夫著作集；10）：298–307. 東京：平凡社.

Egerod, Søren. 1999. *Atayal-English Dictionary*, 2nd ed.（Historisk-filosofiske Skrifter; 20）. Copenhagen: The Royal Danish Academy of Sciences and Letters.

Elbert, Johannes. 1911–12. *Die Sunda-Expedition des Vereins für Geographie und Statistik zu Frankfurt am Main*, 2 Bde. Frankfurt a. M.: Hermann Minjon.

Eliot, John. 1796. Observations on the Inhabitants of the Garrow Hills, made during a Public Deputation in the Years 1788 and 1789. *Asiatic Researches*, 3: 21–45.

遠藤秀男　1973『日本の首塚』（物語歴史文庫；37）東京：雄山閣.

——　1974「首塚を発掘する」山田宗睦ほか『首取り戦国史』（歴史読本；第19巻3号）：208–217. 東京：新人物往来社.

Evans, Ivor H. N. 1923. *Studies in Religion, Folk-Lore, and Custom in British North Borneo and the Malay Peninsula.* Cambridge: Cambridge University Press.

Evans-Pritchard, Edward Evan. 1956. *Nuer Religion.* Oxford: Clarendon Press.（エヴァンズ＝プリチャード『ヌアー族の宗教』上・下、平凡社ライブラリー83・84、向井元子訳、東京：

平凡社、1995年）
Ferrell, Raleigh. 1982. *Paiwan Dictionary*. (Pacific Linguistics; C-73). Canberra: The Australian National University.
Fischer, Adolf. 1900. Streifzüge durch Formosa. Berlin: B. Behr's Verlag (E. Bock).
Fisher, Captain. 1840. Memoir of Sylhet, Kachar, and the Adjacent Districts. *Journal of the Asiatic Society of Bengal*, 9: 808-843.
Formoso, Bernard. 2000. Des sacs chargés de mémoire. Du jeu des tambours à la résistance silencieuse des Wa de Xuelin (Yunnan). *L'Homme*, 160: 41-66.
——. 2004. A l'unisson des tambours. Notes sur l'ordre social et la chasse aux têtes parmi les Wa de Chine. *Anthropos*, 99: 353-363.
Frazer, James George. 1912. *Spirits of the Corn and of the Wild*, 2 Vols. (The Golden Bough: A Study in Magic and Religion, 3rd ed.; Part V). London: Macmillan.
——. 1936. *Aftermath: A Supplement to the Golden Bough*. London: Macmillan.
Freeman, Derek. 1979. Severed Heads that Germinate. *In*: Hook, R. H. (ed.), *Fantasy and Symbol: Studies in Anthropological Interpretation*. (Studies in Anthropology): 233-246. London: Academic Press.
Friederici, Georg. 1906. *Skalpieren und ähnliche Kriegsgebräuche in Amerika*. Braunschweig: Vieweg.
Frobenius, Leo. [1901] 1909. *The Childhood of Man: A Popular Account of the Lives, Customs and Thoughts of the Primitive Races*. Translated by A. H. Keane. London: Seeley & Co.
Fürer-Haimendorf, Christoph. [1939] 1947. *Die nackten Nagas. Dreizehn Monate unter Kopfjägern Indiens*, 4. Aufl. Leipzig: Brockhaus.

藤井正雄　2000『死と骨の習俗』（ふたばらいふ新書；26）東京：双葉社.

藤崎済之助　1926『台湾史と樺山大将』東京：国史刊行会.

福本雅一　1974「臨海水土志訳注稿」『帝塚山学院短期大学研究年報』22: 89–110.

——　1975「隋書流求伝訳注稿」『アジア文化』11 (4): 80–91.

Furness, William Henry. 1902. *The Home-Life of Borneo Head-Hunters: Its Festivals and Folk-Lore*. Philadelphia: Lippincott.

古野清人　[1945] 1972『高砂族の祭儀生活』（古野清人著作集；1）東京：三一書房.

——　[1941] 1972「首狩」『原始文化の探求』（古野清人著作集；4）: 45–65. 東京：三一書房.

二木謙一　2007『合戦の文化史』（講談社学術文庫；1823）東京：講談社.

Gait, Edward A. 1898. Human Sacrifices in Ancient Assam. *Journal of the Asiatic Society of Bengal*, Part 3: Anthropology, 68: 56–65.

George, Kenneth M. 1996. *Showing Signs of Violence: The Cultural Politics of a Twentieth-Century Headhunting Ritual*. Berkeley: University of California Press.

ジェルールド、ダニエル　[1992] 1997『ギロチン：死と革命のフォークロア』金澤智（訳）東京：青弓社.

Gingging, Flory Ann Mansor. 2007. “I lost My Head in Borneo”: Tourism and the Refashioning of the Headhunting Narrative in Sabah, Malaysia. *Cultural Analysis*, 6: 1–29.

合田濤　1989『首狩りと言霊：フィリピン・ボントック族の社会構造と世界観』東京：弘文堂.

Godden, Gertrude M. 1897–98. Nágá and Other Frontier Tribes of North-East India. *Journal of the Anthropological Institute of Great Britain and Ireland*, 26: 161–201, 27: 2–51.

Godwin-Austen, Henry Haversham. 1873. On Gāro Hill Tribes,

Bengal. *Journal of the Anthropological Institute of Great Britain and Ireland*, 2: 391-396.

Graafland, Nicolaas. 1867-69. *De Minahassa. Haar verleden en haar tegenwoordige toestand*, 2 delen. Rotterdam: Wijt & Zonen.

Grabowsky, Friedrich. 1888. Ueber verschiedene weniger bekannte Opfergebräuche bei den Oloh Ngadju in Borneo. *Internationales Archiv für Ethnographie*, 1: 130-134.

Graebner, Fritz. 1909. Die melanesische Bogenkultur und ihre Verwandten. *Anthropos*, 4: 726-780, 998-1032.

Grosse, Ernst. 1894. *Die Anfänge der Kunst*. Freiburg i.Br.: J. C. B. Mohr (Paul Siebeck). (グローセ『芸術の始源』岩波文庫、安藤弘訳、東京：岩波書店、1936年)

Guerlach, Jean-Baptiste. 1887. Mœurs et superstitions des sauvages Bahnars. *Missions Catholiques*, 19: 441-444, 453-454, 466-468, 477-479, 489-491, 501-504, 513-516, 525-527.

Gusinde, Martin. 1937. *Schädelkult, Kopftrophäen und Skalp*. (Ciba-Zeitschrift, 5. Jahrgang, Nr. 49). Basel: Ciba.

Haberlandt, Arthur. 1926. Die volkstümliche Kultur Europas in ihrer geschichtlichen Entwicklung. *In*: Buschan, Georg (Hrsg.), *Illustrierte Völkerkunde*, Bd. 2, 2. Teil: 305-658, 1071-1094. Stuttgart: Strecker & Schröder.

Haddon, Alfred Cort. 1900. Houses and Family Life in Sarawak. *Journal of the Anthropological Institute of Great Britain and Ireland*, 30: 72.

——. 1901. *Head-Hunters Black, White, and Brown*. London: Methuen. (抄訳はハッドン『首狩種族の生活』宮本馨太郎訳、東京：彰考書院、1944年。改訳はハッドン『ボルネオ奥地探検』石川栄吉訳、東京：大陸書房、1969年)

Hambly, Wilfrid Dyson. 1925. *The History of Tattooing and its Significance, with Some Account of Other Forms of Corporal*

Marking. London: H. F. & G. Witherby.
原山煌　1995『モンゴルの神話・伝説』東京：東方書店.
Hardeland, August. 1859. *Dajacksch-deutsches Wörterbuch*. Amsterdam: Frederic Muller.
Harrison, Simon. 2006. Skull Trophies of the Pacific War: Transgressive Objects of Remembrance. *Journal of the Royal Anthropological Institute*, 12: 817–836.
——. 2012. *Dark Trophies: Hunting and the Enemy Body in Modern War*. New York: Berghahn.
Hawkins, Mary. 2005. 'Those Murderous Dayaks': Local Politics, National Policy, Ethnicity and Religious Difference in Southern Kalimantan, Indonesia. *Australian Religion Studies Review*, 18 (2): 179–195.
Heine-Geldern, Robert. 1917. Kopfjagd und Menschenopfer in Assam und Birma und ihre Ausstrahlungen nach Vorderindien. *Mitteilungen der Anthropologischen Gesellschaft in Wien*, 47: 1–65.
——. 1921. Mutterrecht und Kopfjagd im westlichen Hinterindien. *Mitteilungen der Anthropologischen Gesellschaft in Wien*, 51: 105–140.
——. 1923. Südostasien. *In*: Buschan, Georg（Hrsg.）, *Illustrierte Völkerkunde*, II: 689–968, 990–1004. Stuttgart: Strecker und Schröder.（ハイネ＝ゲルデルン『東南アジアの民族と文化』小堀甚二訳、東京：聖紀書房、1942年）
Henschen, Folke. [1965] 1966. *The Human Skull: A Cultural History*. New York: Frederick A. Praeger.（ヘンシェン『頭骨の文化史』鈴木誠／高橋譲訳、東京：築地書館、1974年）
Hicks, David（ed.）2010. *Ritual and Belief: Readings in the Anthropology of Religion*, 3rd ed. Lanham: AltaMira Press.
Hinlopen, P. A. M. & P. Severijn. 1855. Verslag van een onderzoek

der Poggi-eilanden. *Tijdschrift voor Indische Taal-, Land- en Volkenkunde*, 3: 319-337.

何廷瑞　1953「本系所藏泰雅族獵頭衣飾標本」『國立臺灣大學考古人類學刊』2: 22-29.

——　1954「有關泰雅族獵頭儀禮標本」『國立臺灣大學考古人類學刊』4: 39-41.

——　1955「屏東縣來義鄉排灣族之文身與獵頭」『國立臺灣大學考古人類學刊』6: 47-49.

——　1956「泰雅族獵頭風俗之研究」『國立臺灣大學文史哲學報』7: 151-208.

Hock, Klaus. 2014. *Einführung in die Religionswissenschaft*, 5., bibliografisch aktualisierte Aufl. Darmstadt: Wissenschaftliche Buchgesellschaft.

Hodson, Thomas Callan. 1911. *The Nāga Tribes of Manipur*. London: Macmillan.

Höfer, András. 1975. Die Religionen der asiatischen Negrito und der Stammesgruppen Hinterindiens. *In*: Höfer, András, Gernot Prunner, Erika Kaneko, Louis Bezacier & Manuel Sarkisyanz, *Die Religionen Südostasiens*. (Die Religionen der Menschheit; Bd. 23): 1-129. Stuttgart: W. Kohlhammer.

Höllmann, Thomas O. 1994. Wahrlich „mannhafte Taten"? Von der Kopfjagd bei den austronesischsprachigen Ethnien Taiwans. *Saeculum*, 45: 105-125.

Hoffman, Carl. 2014. *Savage Harvest: A Tale of Cannibals, Colonialism, and Michael Rockefeller's Tragic Quest for Primitive Art*. New York: William Morrow.

Hoffmann, Beatrix. 2007. Zur Bedeutung der Nasca-Trophäenköpfe und ihrer ikonographischen Präsenz als Kopfgefäße und Piktogramme. *Ethnographisch-Archäologische Zeitschrift*, 48: 203-223.

Hofmann, Amerigo. 1912. Aus Formosa. Ergebnisse einer Studienreise im Jahre 1909. *Mitteilungen der k. k. Geographischen Gesellschaft in Wien*, 55: 600–638.

Hoopes, John W. 2007. Sorcery and the Taking of Trophy Heads in Ancient Costa Rica. *In*: Chacon & Dye (eds.) 2007: 444–480.

Hose, Charles. 1894. The Natives of Borneo. *Journal of the Royal Anthropological Institute of Great Britain and Ireland*, 23: 156–172.

Hose, Charles & R. Shelford. 1906. Materials for a Study of Tatu in Borneo. *Journal of the Royal Anthropological Institute of Great Britain and Ireland*, 36: 60–91.

Hose, Charles & William McDougall. 1901. The Relations between Men and Animals in Sarawak. *Journal of the Anthropological Institute of Great Britain and Ireland*, 31: 173–213.

――. 1912. *The Pagan Tribes of Borneo*, 2 Vols. London: Macmillan.（第１巻の抄訳はホーゼ／マクドーガル『ボルネオ原住民の研究』野口勇訳、東京：文化研究社、1944 年）

Hoskins, Janet. 1996. Introduction: Headhunting as Practice and as Trope. *In*: Hoskins (ed.) 1996: 1–49.

Hoskins, Janet (ed.) 1996. *Headhunting and the Social Imagination in Southeast Asia*. Stanford: Stanford University Press.

蕭宗煌／呂理政（統籌策劃） 2006『艾爾摩莎：大航海時代的臺灣與西班牙』台北：國立臺灣博物館.

胡家瑜　1996『賽夏族的物質文化：傳統與變遷』（台灣原住民物質文化）台北：中國民族學會.

胡家瑜／崔伊蘭（編） 1998『臺大人類學系伊能藏品研究』（國立臺灣大學人類學系藏品資料彙編；1）台北：國立臺灣大學出版中心.

黄展岳　[1990] 2000『中国古代の殉送習俗："人間犠牲"（人牲・人殉）の研究』（Academic Series NEW ASIA; 33）宇都木章（監

訳）佐藤三千夫（訳）東京：第一書房.
Hutton, John Henry. 1921. *The Angami Nagas*. London: Macmillan.
——. 1928. The Significance of Head-Hunting in Assam. *Journal of the Royal Anthropological Institute of Great Britain and Ireland*, 58: 399–408.
——. 1938. *A Primitive Philosophy of Life*. (The Frazer Lecture). Oxford: Clarendon Press.
飯尾都人（訳） 1994『ストラボン　ギリシア・ローマ世界地誌』全2冊、東京：龍溪書舎.
—— 1999『ディオドロス　神代地誌』東京：龍溪書舎.
池谷和信　2006『現代の牧畜民：乾燥地域の暮らし』東京：古今書院.
伊能嘉矩　1896a「台湾通信（第七回）生蕃の Head-hanting (sic!)」『東京人類学会雑誌』11 (123): 337–346.
—— 1896b「台湾通信（第九回）」『東京人類学会雑誌』11 (125): 421–429.
—— 1897「台湾通信（第十七回）北部地方に在る生蕃の Head-hunting（首狩り）」『東京人類学会雑誌』12 (135): 333–344.
—— 1898「台湾通信　第二十一回　蕃人の新年」『東京人類学会雑誌』13 (142): 123–128.
—— 1899a「台湾通信（第二十八回）台湾に於けるペイポ族の概察」『東京人類学会雑誌』15 (154): 126–136.
—— 1899b「台湾に於けるアタイヤル族に行はるゝ酋長の家標」『東京人類学会雑誌』15 (155): 198–200.
—— 1899c「台湾及び紅頭嶼土人の用ゆる楯」『東京人類学会雑誌』15 (157): 264–269.
—— 1902「台湾の平埔蕃中に行はるゝ祭祖の儀式」『東京人類学会雑誌』17 (190): 129–135.
—— 1904「台湾に於ける蕃族の戦闘習慣」『東京人類学会雑誌』20 (223): 67–71.

―― 1906a「Dyak の Head-House と台湾土蕃の公廨」『東京人類学会雑誌』21 (246): 455-459.
―― 1906b「台湾の蕃人と獼猴」『東京人類学会雑誌』22 (247): 14-15.
―― 1908a「特殊なる殺人数記の例」『東京人類学会雑誌』23 (265): 271-272.
―― 1908b「台湾ピイポオ蕃の一支族パゼッヘ (PAZEHHE) の旧慣一斑」『東京人類学会雑誌』23 (269): 405-419.
―― 1909a「台湾のツォオ (TSO'O) 族の思想に顕はれたる神霊と悪魔」『東京人類学会雑誌』24 (277): 237-243.
―― 1909b「台湾のツァリセン蕃族に行はるゝ頭顱狩り (Head-hunting) の習慣」『東京人類学会雑誌』24 (281): 418-422.
―― 1910a「台湾パイワン蕃族の宗教思想の一端」『東京人類学会雑誌』25 (287): 168-172.
―― 1910b「台湾プユマ蕃族の死に関する慣習」『東京人類学会雑誌』25 (291): 342-345.
―― 1911「台湾のアミ蕃族に見らるゝ宗教的観想の一斑」『人類学雑誌』27 (8): 460-464.
―― 1912a「台蕃画報 (其六)」『人類学雑誌』28 (2): 122-123.
―― 1912b「台湾土蕃の銃を有せし時期」『人類学雑誌』28 (8): 443-448.
―― 1928『台湾文化志』上・中・下、東京：刀江書院.
―― 1992『伊能嘉矩の台湾踏査日記』森口雄稔 (編) 台北：台灣風物雜誌社.
伊能嘉矩／粟野伝之丞　1900『台湾蕃人事情』台北：台湾総督府民政部文書課.
石井眞夫　2002「カリマンタン首狩と国家：民族対立抗争の政治人類学」『人文論叢　三重大学人文学部文化学科研究紀要』19: 13-29.
伊藤清司　1996『中国の神話・伝説』東京：東方書店.

岩崎發　1931『台湾蕃地事情』長野：長野盲啞学校研究部.

Jacobs, Julian. [1990] 1998. *The Nagas: Hill Peoples of Northeast India. Society, Culture and the Colonial Encounter*. First Paperback Edition. New York: Thames and Hudson.

Jenks, Albert Ernest. 1905. *The Bontoc Igorot*. (Department of the Interior Ethnological Survey Publications; Vol. I). Manila.

Jensen, Adolf Ellegard. 1948. *Die drei Ströme. Züge aus dem geistigen und religiösen Leben der Wemale, einem Primitiv-Volk in den Molukken*. Leipzig: Otto Harrassowitz.

——. [1951] 1991. *Mythos und Kult bei Naturvölkern. Religionswissenschaftliche Betrachtungen*. (dtv wissenschaft; 4567). München: Deutscher Taschenbuch Verlag.

——. 1964. Kopfjagd, Blitz und Himmels-Vorstellung. *Paideuma*, 10 (1): 22–38.

——. 1966. *Die getötete Gottheit. Weltbild einer frühen Kultur*. (Urban-Bücher; 90). Stuttgart: W. Kohlhammer Verlag.（イェンゼン『殺された女神』人類学ゼミナール 2、大林太良／牛島巌／樋口大介訳、東京：弘文堂、1977 年）

Jensen, Adolf Ellegard (Hrsg.) 1936. *Im Lande des Gada. Wanderungen zwischen Volkstrümmern Südabessiniens*. Stuttgart: Strecker und Schröder.

Jensen, Adolf Ellegard & Hermann Niggemeyer. 1939. *Hainuwele. Volkserzählungen von der Molukken-Insel Ceram*. Frankfurt a. M.: Vittorio Klostermann.

イェンゼン、A・E ほか　[1960] 1963『民族学入門：諸民族と諸文化』（現代教養文庫）大林太良／鈴木満男（訳）東京：社会思想社.

Jensen, Erik. 1974. *The Iban and Their Religion*. (Oxford Monographs on Social Anthropology). Oxford: Clarendon Press.

Jezernik, Božidar. 2001. Head-Hunting in Europe: Montenegrin

Heroes, Turkish Barbarians and Western Observers. *Ethnologia Europaea*, 31 (1): 21-36.

金関丈夫　[1957] 2006「髑髏盃」金関『発掘から推理する』(岩波現代文庫)：160-166. 東京：岩波書店.

金子えりか　1999「歴史的な慣習としての首狩、そして、過去を克服する必要」『台湾原住民研究』4: 120-138.

金子総平　1942「高砂族の熊祭：ツオウ、ブヌン、パイワン族を中心とする資料」『民族学研究』8 (1): 73-82.

Karsten, Rafael. 1926. *The Civilization of the South American Indians*. (The History of Civilization). London: Kegan Paul, Trench, Trubner & Co.

笠原政治　2003「パイワン・ルカイの服飾文化、そして『隋書』の流求国」『台湾原住民研究』7: 228-240.

加藤克知　2007「パラカス－ナスカ人の頭部に残された3つの謎：人工変形頭蓋、戦勝首級、開頭術」島田泉／ドナルド・A・プロー／馬場悠男／篠田謙一 (監修)『世界遺産ナスカ展：地上絵の創造者たち』：190-196. 東京：TBS.

――　2009「形質人類学からみた古代アンデスの頭部に関する3つの風習：人工頭蓋変形、頭蓋穿孔 (開頭術)、戦勝首級」『保健学研究』21 (2): 1-17.

河村只雄　1939『南方文化の探究』東京：創元社.

木佐木哲朗　1991「首狩り研究への一視点：フィリピン・北部ルソン・ボントック族を事例として」『明治大学大学院紀要　政治経済学篇』28: 1-13.

――　1996「人がなぜ人の首を狩るのか？」『県立新潟女子短期大学研究紀要』33: 59-70.

Kleiweg de Zwaan, Johannes Pieter. 1913. *Die Heilkunde der Niasser*. Haag: Martinus Nijhoff.

Klemm, Kurt. 1898. Ein Ausflug nach Banpara von S. E. Peal. Nach der Original-Handschrift übersetzt und mit einer Einleitung

versehen von Kurt Klemm. *Zeitschrift für Ethnologie*, 30: 281-371.

Klokke, Arnoud H. 2004. *Fishing, Hunting and Headhunting in the Former Culture of the Ngaju Dayak in Central Kalimantan.* (Borneo Research Council Monograph Series; No. 8). Philips, Maine: Borneo Research Council.

小林岳二ほか　1999『伊能嘉矩所蔵台湾原住民写真集』日本順益台湾原住民研究会（編）台北：順益台灣原住民博物館.

小林眞　2006『環太平洋民族誌にみる肖像頭蓋骨』東京：里文出版.

小泉鉄　1932『蕃郷風物記』東京：建設社.

小泉八雲　[1904] 1990『怪談・奇談』（講談社学術文庫；930）平川祐弘（編）東京：講談社.

小島由道ほか　1915-22『番族慣習調査報告書』全8冊、台北：臨時台湾旧慣調査会／台湾総督府蕃族調査会.（I: たいやる族、1915年、II: 花蓮港庁あみす族・台東庁あみす族・台東庁ぷゆま族、1915年、III: さいせっと族、1917年、IV: つぉう族、1918年、V: ぱいわぬ族、1920年、VI: ぱいわぬ族、1922年、VII: ぱいわぬ族、1921年、VIII: ぱいわぬ族、1920年）

駒込武　1996『植民地帝国日本の文化統合』東京：岩波書店.

Konrad, Gunter, Ursula Konrad & Tobias Schneebaum. 1981. *Asmat. Leben mit den Ahnen.* Glashütten/Ts.: Friedhelm Brückner.

Krämer, Augustin. 1926. *Palau*, 3. Teilband. Hamburg: L. Friederichsen & Co.

Krieger, Herbert W. 1942. *Peoples of the Philippines.* (War Background Studies; No. 4). City of Washington: Smithsonian Institution.

Kroeber, Alfred Louis. 1943. *Peoples of the Philippines.* 2nd and rev. ed. (American Museum of Natural History, Handbook Series; No. 8). New York.

van der Kroef, Justus M. 1952. Some Headhunting Traditions of Southern New Guinea. *American Anthropologist*, 54: 221-235.

Kruyt, Albertus Christiaan. 1899. Het koppensnellen der Toradja's van Midden Celebes, en zijne beteekenis. *Verslagen en mededeelingen der Koninklijke Akademie van Wetenschappen*, Afdeeling Letterkunde, 4e reeks, 3: 147-229.

——. 1906. *Het animisme in den Indischen Archipel.* 's-Gravenhage: Martinus Nijhoff.

——. 1922. De Soembaneezen. *Bijdragen tot de Taal-, Land- en Volkenkunde van Nederlandsch-Indië*, 78: 466-608.

——. 1923. De Timoreezen. *Bijdragen tot de Taal-, Land- en Volkenkunde van Nederlandsch-Indië*, 79: 347-490.

——. 1938. *De West-Toradjas op Midden-Celebes*, 5 delen. Amsterdam: Noord-Hollandsche uitg.-mij.

Kubary, Jan. 1885. *Die socialen Einrichtungen der Pelauer.* (Ethnographische Beiträge zur Kenntniss der karolinischen Inselgruppe und Nachbarschaft; Heft 1). Berlin: Verlag von A. Asher & Co.

Kubitscheck, Hans-Dieter. 1984. *Südostasien. Völker und Kulturen.* Berlin: Akademie-Verlag.

黒田日出男　1988「首を懸ける」『月刊百科』310: 13-20.

Lambrechts, Pierre. 1954. *L'exaltation de la tête dans la pensée et dans l'art des Celtes.* (Dissertationes Archaeologicae Gandenses; 2). Brugge: de Tempel.

Laufer, Berthold. 1923. *Use of Human Skulls and Bones in Tibet.* (Field Museum of Natural History, Anthropology Leaflet; 10). Chicago.

Law, Robin. 1989. 'My Head Belongs to the King': On the Political and Ritual Significance of Decapitation in Pre-Colonial Dahomey. *The Journal of African History*, 30 (3): 399-415.

Le Pichon, Jean. 1938. Les chasseurs de sang. *Bulletin des amis du vieux Hué*, 25: 357-409.

Lee, Richard B. & Irven DeVore (eds.) [1968] 1979. *Man the Hunter*, 7th printing. New York: Aldine Publishing Company.

李果　1987「中国南方猟首古族試探」中山大学人類学系（編）『人類学論文選集』2: 242-256. 広州：中山大学出版社.

――　1993「從獵首看人口移動：兼談越族的起源」鄒興華（編）『嶺南古越族文化論文集』：156-161. 香港：香港市政局.

李子寧　1999「泰雅族的馘首文化」阮昌鋭／李子寧／呉佰禄／馬騰嶽『文面・馘首・泰雅文化：泰雅族文面文化展專輯』：98-139. 台北：國立臺灣博物館.

林華東　1993「吉野ヶ里遺跡にみられる首狩りの習俗について」『東アジアの古代文化』76: 127-139.

――　1999「再論　弥生文化の首狩り習俗について」『東アジアの古代文化』99: 74-80.

凌純聲　[1953] 1979「雲南卡瓦族與臺灣高山族的獵首祭」『中國邊疆民族與環太平洋文化：凌純聲先生論文集』上：557-571. 台北：聯經.

――　[1960] 1979「國殤禮魂與馘首祭梟」『中國邊疆民族與環太平洋文化：凌純聲先生論文集』上：601-662. 台北：聯經.

Ling Roth, Henry. 1896. *The Natives of Sarawak and British North Borneo*, 2 Vols. London: Truslove & Hanson.

Low, Brooke n.d. *Catalogue of the Brooke-Low Collection in Borneo*. Kuching, Sarawak: Printed at the Sarawak Gazette Office by D. J. J. Rodriguez.

Lumholtz, Carl S. 1920. *Through Central Borneo*, 2 Vols. New York: Charles Scriber's Sons.

馬淵東一　[1941] 1974「山地高砂族の地理的知識と社会・政治組織」『馬淵東一著作集』1: 237-283. 東京：社会思想社.

――　[1953] 1974「阿里山ツォウ族の道路祭」『馬淵東一著作集』3:

397–403. 東京：社会思想社.

MacCulloch, John Arnott. 1913. Head. *In*: Hastings, James (ed.), *Encyclopaedia of Religion and Ethics*, Vol. 6: 532–540. Edinburgh: T. & T. Clark.

McGovern, Janet B. Montgomery. 1922. Among the Head-Hunters of Formosa. London: T. Fisher Unwin.

――. [1922] 1923. *Unter den Kopfjägern auf Formosa*. Stuttgart: Verlag Strecker und Schröder.

マックリン、ミルト [1972] 1973『首狩りと精霊の島：ロックフェラー四世失踪の謎』水口志計夫（訳）東京：日本リーダーズダイジェスト社.

Mackay, George Leslie. 1896. *From Far Formosa: The Island, its People and Missions*. Edinburgh: Oliphant, Anderson and Ferrier.

McKinley, Robert. 1976. Human and Proud of It!: A Structural Treatment of Headhunting Rites and the Social Definition of Enemies. *In*: Appell, George N. (ed.), *Studies in Borneo Societies: Social Process and Anthropological Explanation*: 92–126. De Kalb: Center for Southeast Asian Studies, Northern Illinois University.

MacRae, John. 1803. Account of the Kookies or Lunctas. *Asiatic Researches*, 7: 183–198.

Maier, Bernhard. 1994. *Lexikon der keltischen Religion und Kultur*. (Kröners Taschenausgabe; Bd. 466). Stuttgart: Alfred Kröner Verlag.（マイヤー『ケルト事典』鶴岡真弓監修、平島直一郎訳、東京：創元社、2001年）

Major, Richard Henry (ed.) 1857. *India in the Fifteenth Century*. London: Printed for the Hakluyt Society.

Maringer, Johannes. 1982. Der menschliche Kopf/Schädel in Riten und Kult der vorgeschichtlichen Zeit. *Anthropos*, 77: 703–740.

増田福太郎　1944『原始刑法の探求：高砂族の刑制研究』東京：ダイヤモンド社.

――　1964『未開社会における法の成立』京都：三和書房.

松平千秋（訳）　1971-72『ヘロドトス　歴史』上・中・下（岩波文庫）東京：岩波書店.

松木武彦　2001『人はなぜ戦うのか：考古学からみた戦争』（講談社選書メチエ；213）東京：講談社.

松下孝幸　2001『シャレコウベが語る：日本人のルーツと未来』（長崎新聞新書；002）長崎：長崎新聞社.

Mednikova, M. B. 2003. Scalping in Eurasia. *Anthropology and Archaeology of Eurasia*, 41 (4): 57-67.

Mendoza, Rubén G. 2007. The Divine Gourd Tree: Tzompantli Skull Racks, Decapitation Rituals, and Human Trophies in Ancient Mesoamerica. *In*: Chacon & Dye (eds.) 2007: 400-443.

Mess, H. A. 1881. De Mentawei-eilanden. *Tijdschrift voor Indische Taal-, Land- en Volkenkunde*, 26: 63-101.

Métraux, Alfred. 1949. Warfare, Cannibalism, and Human Trophies. *In*: Steward, Julian H. (ed.), *Handbook of South American Indians, Vol. 5: The Comparative Ethnology of South American Indians*: 383-409. Washington: Government Printing Office.

Meuli, Karl. [1946] 1975. Griechische Opferbräuche. *In*: Gelzer, Thomas (Hrsg.), *Gesammelte Schriften*, 2. Band: 907-1012. Basel: Schwabe & Co.

Meyer, Adolf Bernhard. 1882. Der Schädelkultus im ostindischen Archipel und der Südsee. *Ausland*, 55: 323-328.

Middelkoop, Pieter. 1963. *Head Hunting in Timor and its Historical Implications*, 3 Vols. (Oceania Linguistic Monographs; No. 8). Sydney: The University of Sydney.

三木誠　2006「首狩り・焼畑・ロングハウス：マレーシア・サラワク州のIban社会に関する表象の変遷」『南方文化』33: 145-169.

——　2011「『ダヤク』諸社会と首狩り：ボルネオ先住民社会の首狩りに関する表象の考察」『南山考人』39: 3–27.

Miller, Mary & Karl Taube. 1993. *An Illustrated Dictionary of the Gods and Symbols of Ancient Mexico and the Maya*. London: Thames & Hudson.（ミラー／タウベ『図説マヤ・アステカ神話宗教事典』増田義郎監修、武井摩利訳、東京：東洋書林、2000年）

Mills, James Philip. 1922. *The Lhota Nagas*. London: Macmillan.

——. 1926. *The Ao Nagas*. London: Macmillan.

——. 1937. *The Rengma Nagas*. London: Macmillan.

《民族問題五種叢書》雲南省編輯委員会（編）　1983『佤族社会歴史調査』全3冊（中国少数民族社会歴史調査資料叢刊）昆明：雲南人民出版社.

Mischung, Roland. 2012. Religionsethnologie. *In*: Beer, Bettina & Hans Fischer (Hrsg.), *Ethnologie. Einführung und Überblick*, 7., überarbeitete und erweiterte Aufl.: 195–236. Berlin: Reimer.

三浦暁子　1988「イバン族における首と布：首狩りと機織りの象徴的対応関係」『南方文化』15: 101–118.

宮本延人　1935「台湾パイワン族に行はれる五年祭に就て」『台北帝国大学文政学部史学科研究年報』2: 391–420.

宮岡真央子　2014「呉鳳をめぐる信仰・政治・記憶」『台湾原住民研究』17: 24–50.

宮武辰夫　1943『フィリピン原住民の土俗と芸術』東京：羽田書店.

宮脇幸生　2005「敵の血は甘い：エチオピア西南部クシ系農牧民ホールの戦いのイデオロギー」『アフリカ研究』66: 13–30.

水沢利忠　1993『史記九（列伝二）』（新釈漢文大系；89）東京：明治書院.

Mjöberg, Eric. 1929. *Durch die Insel der Kopfjäger. Abenteuer im Innern von Borneo*. Leipzig: Brockhaus.

Modigliani, Elio. 1890. *Un viaggio a Nías*. Milano: Fratelli Treves.

Moor, Nienke, Wout Ultee & Ariana Need. 2009. Analogical Reasoning and the Content of Creation Stories: Quantitative Comparisons of Preindustrial Societies. *Cross-Cultural Research*, 43 (2): 91-122.

森丑之助　1908「首取懺悔」『台湾日日新報』明治41年（1908）5月3日付.

── 1913a「生蕃の首狩に対する感念と其慣習」『東洋時報』183: 25-35.

── 1913b「ブヌン族の祭祀」『蕃界』1: 36-46.

── 1916-17「ブヌン蕃地及〔其〕蕃人」『台湾時報』83: 28-33, 84: 12-16, 86: 39-44, 90: 25-30, 92: 21-27, 93: 21-27, 95: 32-37, 96: 10-14, 98: 22-27, 99: 20-26.

── 1917『台湾蕃族志』第1巻、台北：臨時台湾旧慣調査会.

── [1917] 2005「台湾蕃族に就て」楊南郡『幻の人類学者　森丑之助：台湾原住民の研究に捧げた生涯』笠原政治／宮岡真央子／宮崎聖子（編訳）：127-170. 東京：風響社.

── 1918『台湾蕃族図譜』全2巻、台北：臨時台湾旧慣調査会.

── [1924] 2005「生蕃行脚」楊南郡『幻の人類学者　森丑之助：台湾原住民の研究に捧げた生涯』笠原政治／宮岡真央子／宮崎聖子（編訳）：171-228. 東京：風響社.

Moser, Christopher L. 1973. *Human Decapitation in Ancient Mesoamerica.* (Studies in Pre-Columbian Art and Archaeology; No. 11). Washington, D.C.: Dumbarton Oaks.

Moss, Claude Russell. 1920. Nabaloi Law and Ritual. *University of California Publications in American Archaeology and Ethnology*, Vol. 15, No. 3: 207-342. Berkeley: University of California Press.

中村勝　2003『台湾高地先住民の歴史人類学：清朝・日帝初期統治政策の研究』東京：緑蔭書房.

Needham, Rodney. 1976. Skulls and Causality. *Man*, N.S., 11: 71-88.

Nevermann, Hans. 1968. Die Religionen der Südsee. *In*: Nevermann, Hans, Ernest A. Worms & Helmut Petri, *Die Religionen der Südsee und Australiens.* (Die Religionen der Menschheit; Bd. 5, 2): 1-123. Stuttgart: W. Kohlhammer Verlag.

Nieuwenhuis, Anton Willem. 1904-07. *Quer durch Borneo. Ergebnisse seiner Reisen in den Jahren 1894, 1896-97 und 1898-1900*, 2 Bde. Leiden: E. J. Brill.

Nihira, Yoshirô (仁平芳郎) 1988. *A Bunun Vocabulary: A Language of Formosa*, 3rd ed., enlarged. 東京：アド・イン.

Nolan, Patrick & Gerhard Lenski. 2009. *Human Societies: An Introduction to Macrosociology*, 11th ed. Boulder: Paradigm Publishers.

Nordenskiöld, Adolf Erik. 1882. *Die Umsegelung Asiens und Europas auf der Vega*, 1 Bd. Leipzig: Brockhaus.

O'Donnabhain, Barra. 2011. The Social Lives of Severed Heads: Skull Collection and Display in Medieval and Early Modern Ireland. *In*: Bonogofsky (ed.) 2011: 122-138.

Obadia, Lionel. 2007. *L'anthropologie des religions.* (Collection Repères). Paris: La Découverte.

大林太良　1955「東南アジアに於ける豚飼養の文化史的地位」『東洋文化研究所紀要』7: 37-146.

——　[1965] 1997『葬制の起源』(中公文庫) 東京：中央公論社.

Obayashi, Taryo. 1966. The Wooden Slit Drum of the Wa in the Sino-Burmese Border Area. *Beiträge zur Japanologie*, 3 (2): 72-88.

大林太良　1968「東亜・東南アジア・オセアニアの文身と他界観」金関丈夫博士古稀記念委員会（編）『日本民族と南方文化』: 711-738. 東京：平凡社.

——　1970「インドシナ焼畑耕作民における狩猟信仰と狩猟儀礼」『一橋論叢』64 (1): 17-35.

—— 1973「高山氏の人柱論文について」『民族学研究』38 (1): 80-81.
—— [1975] 1991「日本と東南アジアの柱祭」『神話の系譜：日本神話の源流をさぐる』(講談社学術文庫；957)：259-284. 東京：講談社.
—— 1998a「動物から宇宙まで：世界観の諸段階」『仮面と神話』：22-50. 東京：小学館.
—— 1998b「ワ族の木鼓と始祖夫婦」『国立民族学博物館調査報告』8: 153-164.
—— 2001『山の民 水辺の神々：六朝小説にもとづく民族誌』(あじあブックス；27) 東京：大修館書店.
大林太良／杉田繁治／秋道智彌（編） 1990『東南アジア・オセアニアにおける諸民族文化のデータベースの作成と分析』(国立民族学博物館研究報告別冊；11) 吹田：国立民族学博物館.
小川尚義／浅井恵倫 1935『原語による台湾高砂族伝説集』東京：刀江書院.
岡正雄（編） 1960『世界の民族』(図説世界文化史大系；2) 東京：角川書店.
岡田謙 1932a「年齢階級の社会史的意義：特に台湾アミ、プユマ、ツォウ三族の事例を中心として」『社会経済学』1 (4): 813-830.
—— 1932b「青年集会所の軍事的意義」『季刊社会学』第4輯：54-69.
—— [1934] 1944「首狩の原理」岡田『未開社会の研究』：1-45. 東京：弘文堂書房.
—— 1935「アタイヤル族の首狩」『民族学研究』1: 123-127.
長田俊樹 2000a「農耕儀礼と動物の血：『播磨国風土記』の記述とその引用をめぐって」『日本研究』20: 81-123, 21: 65-94.
—— 2000b『ムンダ人の農耕儀礼：アジア比較稲作文化論序説——インド・東南アジア・日本』(日文研叢書；21) 京都：国際日本文化研究センター.

Padt-Brugge, Robertus. 1866. Beschrijving der zeden en gewoonten van de bewoners der Minahassa. *Bijdragen tot de Taal-, Land- en Volkenkunde van Nederlandsch-Indië*, 13: 304–330.

Paproth, Hans-Joachim. 1976. *Studien über das Bärenzeremoniell, I. Bärenjagdriten und Bärenfeste bei den tungusischen Völkern*. München: Kommissions-Verlag Klaus Renner.

Parry, Nevill Edward. 1932. *The Lakhers*. London: Macmillan.

Peal, Samuel Edward. 1874. The Nagas and Neighbouring Tribes. *Journal of the Anthropological Institute of Great Britain and Ireland*, 3: 476–481.

——. 1893. On the "Morong", as possibly a Relict of Pre-Marriage Communism. *Journal of the Anthropological Institute of Great Britain and Ireland*, 22: 244–261.

Perelaer, Michael Théophile Hubert. 1870. *Ethnographische beschrijving der Dajaks*. Zalt-Bommel: Noman.

Pettazzoni, Raffaele. [1956] 1960. *Der allwissende Gott. Zur Geschichte der Gottesidee*. (Fischer Bücherei; 319). Frankfurt a. M.: Fischer.

Playfair, Alan. 1909. *The Garos*. London: David Nutt.

Pleyte, Cornelis Marinus. 1885–86. Pratiques et croyances relatives au bucéros dans l'Archipel Indien. *Revue d'Ethnographie*, 4: 313–318, 5: 464–466.

——. 1891. De geographische verbreiding van het koppensnellen in den Oost Indischen Archipel. *Tijdschrift van het Koninklijk Nederlandsch Aardrijkskundig Genootschap*, 2de serie, 8: 908–946.

Pommerening, Tanja & Stan Hendrickx. 2011. Kopf und Schädel im Alten Ägypten. *In*: Wieczorek & Rosendahl (Hrsg.) 2011: 86–95.

Rawlins, John. 1799. On the Manners, Religion, and Laws of the

Cucis, or Mountaineers of Tipra. Communicated in Persian by John Rawlins. *Asiatic Researches*, 2: 187–193.

Reid, Lawrence A. 2013. Wo Are the Philippine Negritos?: Evidence from Language. *Human Biology*, 85: 329–358.

Reinach, Adolphe. 1913. Les têtes coupées et les trophées en Gaule. *Revue celtique*, 34: 38–60, 253–286, 494.

Reinaud, Joseph Toussaint. 1845. *Relation des voyages faits par les Arabes et les Persans dans l'Inde et à la Chine dans le IXe siècle de l'ère chrétienne*, tome 1. Paris: L'Imprimerie Royale.

Riedel, Johannes Gerard Friedrich. 1872. De Minahasa in 1825. *Tijdschrift voor Indische Taal-, Land- en Volkenkunde*, 18: 458–568.

——. 1886. *De sluik- en kroesharige rassen tusschen Selebes en Papua*. 's-Gravenhage: Martinus Nijhoff.

Riedlberger, Peter. 1996. Skalpieren bei den Skythen. Zu Herodot IV 64. *Klio. Beiträge zur Alten Geschichte*, 78: 53–60.

Riesenfeld, Alphonse. 1950. *The Megalithic Culture of Melanesia*. Leiden: E. J. Brill.

Rivers, William Halse Rivers. 1914. *The History of Melanesian Society*, 2 Vols. Cambridge: Cambridge University Press.

Rivière, Claude. 2008. *Socio-anthropologie des religions*, 2e éd. Paris: Armand Colin.

Roos, S. 1872. Bijdrage tot de kennis van taal, land en volk op het eiland Soemba. *Verhandelingen van het Bataviaasch Genootschap van Kunsten en Wetenschappen*, 36: 1–160.

Roque, Ricardo. 2010. *Headhunting and Colonialism: Anthropology and the Circulation of Human Skulls in the Portuguese Empire, 1870–1930*. (Cambridge Imperial and Post-Colonial Studies). Basingstoke: Palgrave Macmillan.

Rosaldo, Michelle. 1980. *Knowledge and Passion: Ilongot Notions of*

Self and Social Life. (Cambridge Studies in Cultural Systems; 4). Cambridge: Cambridge University Press.
Rosaldo, Renato. 1980. *Ilongot Headhunting, 1883-1974: A Study in Society and History*. Stanford: Stanford University Press.
Rousseau, Jérôme. 1998. *Kayan Religion: Ritual Life and Religious Reform in Central Borneo*. (Verhandelingen van het Koninklijk Instituut voor Taal-, Land- en Volkenkunde; 180). Leiden: KITLV Press.
Rubenstein, Steven Lee. 2007. Circulation, Accumulation, and the Power of Shuar Shrunken Heads. *Cultural Anthropology*, 22 (3): 357-399.
Ruhlen, Merritt. 1991. *A Guide to the World's Languages, Vol. 1: Classification*. With a Postscript on Recent Developments. Stanford: Stanford University Press.
Rutter, Owen. 1929. *The Pagans of North Borneo*. London: Hutchinson & Co.
佐伯真一　2014「『軍神』(いくさがみ)考」『国立歴史民俗博物館研究報告』182: 7-28.
St. John, Spencer. 1862. *Life in the Forests of the Far East*, 1st ed., 2 Vols. London: Smith, Elder.
Sanderson, Stephen K. & Wesley W. Roberts. 2008. The Evolutionary Forms of the Religious Life: A Cross-Cultural, Quantitative Analysis. *American Anthropologist*, 110 (4): 454-466.
Sarasin, Paul & Fritz Sarasin. 1905. *Reisen in Celebes*, 2 Bde. Wiesbaden: C. W. Kreidel's Verlag.
佐山融吉　1913-21『蕃族調査報告書』全8冊、台北：臨時台湾旧慣調査会／台湾総督府蕃族調査会. (I: 大么族前篇、1918年、II: 大么族後篇、1920年、III: 紗績族前篇・後篇、1917年、IV: 曹族、1915年、V: 排彎族・獅設族、1921年、VI: 武崙族前篇、1919年、VII: 阿眉族奇密社・太巴塱社・馬太鞍社・海岸蕃、1914年、

VIII: 阿眉族南勢蕃・馬蘭社・卑南族卑南社、1913 年）
Schäffler, Hilde. 2006. *Begehrte Köpfe. Christoph Fürer-Haimendorfs Feldforschung im Nagaland（Nordostindien）der 30er Jahre*. Wien: Böhlau Verlag.
Schärer, Hans. 1946. *Die Gottesidee der Ngadju Dayak in Süd-Borneo*. Leiden: E. J. Brill.（シェーラー『ガジュ・ダヤク族の神観念』人類学ゼミナール 10、クネヒト・ペトロ／寒川恒夫訳、東京：弘文堂、1979 年）
Schefold, Reimar. 2007. Ambivalent Blessings: Head-Hunting on Siberut（Mentawei）in a Comparative Southeast Asian Perspective. *Anthropos*, 102: 479–494.
Schlothauer, Andreas. 2011a. Kopfjagd und Schädelkult in West-Afrika. *In*: Wieczorek & Rosendahl（Hrsg.）2011: 116–123.
——. 2011b. Eine besondere Trophäenbehandlung. Die Schrumpfköpfe der Jivaro-Völker. *In*: Wieczorek & Rosendahl（Hrsg.）2011: 216–223.
——. 2011c. Die Munducuru Brasiliens. Federschmuck und Kopftrophäen. *In*: Wieczorek & Rosendahl（Hrsg.）2011: 224–231.
Schmidt, Bettina E. 2008. *Einführung in die Religionsethnologie. Ideen und Konzepte*. Berlin: Dietrich Reimer Verlag.
Schmidt, Wilhelm. 1955. *Das Mutterrecht*.（Studia Instituti Anthropos; Vol. 10）. Wien-Mödling: Verlag der Missionsdruckerei St. Gabriel.（シュミット『母権』南山大学選書 2、山田隆治訳、東京：平凡社、1962 年）
Schmidt, Wilhelm & Wilhelm Koppers. 1924. *Völker und Kulturen, 1. Teil. Gesellschaft und Wirtschaft der Völker*. Regensburg: Josef Habbel.（シュミット／コッパース『民族と文化』上・下、大野俊一訳、東京：河出書房新社、1970 年）
Schmitz, Carl August. 1958. Zum Problem des Kannibalismus im nördlichen Neuguinea. *Paideuma*, 6: 381–410.

——. 1961. *Kopfjäger und Kannibalen. Führer durch das Museum für Völkerkunde und Schweizerische Museum für Volkskunde Basel*. Basel.

Schmitz, Carl August (Hrsg.) 1964. *Religions-Ethnologie*. Frankfurt a. M.: Akademische Verlagsgesellschaft.

Schoch, Alfred. 1954. *Rituelle Menschentötungen in Polynesien*. Ulm: A. Leufke.

Schott, Lothar. 1979. Schädelkult, Kopfjagd und Kannibalismus in ihren wechselseitigen Beziehungen. *Biologische Rundschau*, 17: 373-378.

Schouten Patuleia, Maria Johanna C. 1992. Heads for Force: On the Headhunting Complex in Southeast Asia and Melanesia. *Anais Universitários: Série Ciências sociais e humanas, Universidade da Beira Interior*, 3: 113-129.

Schröder, Dominik & Anton Quack. 1979. *Kopfjagdriten der Puyuma von Katipol (Taiwan)*. (Collectanea Instituti Anthropos; Bd. 11). St. Augustin: Anthropos-Institut / Haus Völker und Kulturen.

Schröder, Engelbertus Eliza Willem Gerards. 1917. *Nias. Ethnographische, geographische en historische aanteekeningen en studien*, 2 delen. Leiden: E. J. Brill.

Schurtz, Heinrich. 1896. Schädelkultus und Sammeltrieb. *Deutsche Geographische Blätter*, 19 (3): 93-108.

Schuster, Meinhard. 1956. *Kopfjagd in Indonesien*. Unveröffentlichte Dissertation Frankfurt a. M.

Scott, James George & J. P. Hardiman. 1900. *Gazetteer of Upper Burma and the Shan States*, Pt. I, Vol. 1. Rangoon: Superintendent of Government Printing and Stationery.

妹尾隆彦　[1957] 1960「カチン族の首かご」中野好夫／吉川幸次郎／桑原武夫（編）『世界ノンフィクション全集』4: 3-144. 東京：

筑摩書房.
Shakespear, John. 1912. *The Lushei Kuki Clans*. London: Macmillan.
清水克行　2013「耳塚・鼻塚・鉄火塚：村の慰霊碑が語る戦国の伝説」村上興匡／西村明（編）『慰霊の系譜：死者を記憶する共同体』（叢書・文化学の越境；21）：25-52. 東京：森話社.
篠田八郎　[1968] 1978『首狩り族の世界』東京：大陸書房.
白鳥清　[1933] 1972「髑髏飲器使用の風習と其の伝播」白鳥『日本・中国古代法の研究：神判・誓盟の研究』：213-252. 東京：柏書房.
Simon, Scott. 2012. Politics and Headhunting among the Formosan Sejiq: Ethnohistorical Perspectives. *Oceania*, 82: 164-185.
Sörries, Reiner. 2011. Bemalte Totenschädel. Eine bemerkenswerte Form der Memorialkultur in den süddeutschen und westösterreichischen Beinhäusern. *In*: Wieczorek & Rosendahl (Hrsg.) 2011: 256-261.
Speiser, Felix. 1946. *Versuch einer Siedlungsgeschichte der Südsee*. (Denkschriften der Schweizerischen Naturforschenden Gesellschaft; Bd. 77, Abh. 1). Zürich: Gebrüder Fretz.
van Spreeuwenberg, A. F. 1844-45. Een blik op de Minahassa. *Tijdschrift voor Nederlandsch-Indië*, 7: 161-214, 301-333, 8: 23-49.
Stein, Rebecca L. & Philip L. Stein. 2011. *The Anthropology of Religion, Magic, and Witchcraft*, 3rd ed. Boston: Prentice Hall.
Sterckx, Claude. 2005. *Les mutilations des ennemis chez les Celtes préchrétiens. La Tête, les Seins, le Graal*. (Collection Kubaba, Série Antiquité). Paris: L'Harmattan.
Stiglmayr, Engelbert. 1960. Kopfjagd. *In*: Galling, Kurt (Hrsg.), *Die Religion in Geschichte und Gegenwart*, 3. Aufl., 4. Bd.: 3-5. Tübingen: J. C. B. Mohr.
Stokes, Whitley. 1903. The Battle of Allen. *Revue Celtique*, 24: 41-70.

宋文薫ほか　1994『跨越世紀的影像：鳥居龍藏眼中的台灣原住民』台北：順益台灣原住民博物館.

鈴木眞哉　2000『刀と首取り：戦国合戦異説』(平凡社新書；36) 東京：平凡社.

Swinhoe, Robert. [1863] 2001. Notes on the Ethnology of Formosa. *In*: Harrison, Henrietta (ed.), *Natives of Formosa: British Reports of the Taiwan Indigenous People, 1650–1950*: 62–78. Taipei: Shung Ye Museum of Formosan Aborigines.

台湾総督府　1932『台湾語大辞典』上・下、台北：台湾総督府.

高山純　1972「我国の人柱に関する民間信仰の起源についての比較民族学的研究」『民族学研究』37 (2): 108–144.

——　2003「吉野ヶ里遺跡の『首なし人骨』は首狩り習俗か」大塚初重先生喜寿記念論文集刊行会 (編)『新世紀の考古学：大塚初重先生喜寿記念論文集』: 205–218. いわき：纂修堂.

覃光広／李民勝／馬彪／郭輝／蒙憲 (編著)　1982『中国少数民族宗教概覧』上・下、北京：中央民族学院科研処.（『中国少数民族の信仰と習俗』上・下、伊藤清司監訳、王汝瀾／林雅子訳、東京：第一書房、1993年）

Taylor, George. [1885–86] 1999. Aborigines of Formosa. *In*: *Aborigines of South Taiwan in the 1880s: Papers by the South Cape Lightkeeper George Taylor*. Edited and with an Introduction by Glen Dudbridge: 67–90. Taipei: Shung Ye Museum of Formosan Aborigines / Institute of Taiwan History, Academia Sinica.

寺沢芳一郎　1935「ブヌン族の出草と狩猟」『南方土俗』3 (4): 371–388.

Thiel, Franz Josef. 1984. *Religionsethnologie. Grundbegriffe der Religionen schriftloser Völker*. (Collectanea Instituti Anthropos; 33). Berlin: Dietrich Reimer.

Thomas, Northcote Whitridge. 1908. Animals. *In*: Hastings, James

(ed.), *Encyclopaedia of Religion and Ethics*, Vol. 1: 483–535. Edinburgh: T. & T. Clark.

Thurnwald, Richard. 1931. *Repräsentative Lebensbilder von Naturvölkern.* (Die menschliche Gesellschaft; 1. Bd.) Berlin: Walter de Gruyter.

冨谷至　1995『古代中国の刑罰：髑髏が語るもの』(中公新書；1252) 東京：中央公論社.

鳥越憲三郎　1995『稲作儀礼と首狩り』東京：雄山閣.

鳥居龍蔵　[1897a] 1976「東部台湾に於ける各蕃族及び其分布」『鳥居龍蔵全集』11: 464–485. 東京：朝日新聞社.

——　[1897b] 1976「東部台湾諸蕃族に就て」『鳥居龍蔵全集』11: 485–505. 東京：朝日新聞社.

——　[1899] 1976「南部台湾蕃社探検談」『鳥居龍蔵全集』11: 415–422. 東京：朝日新聞社.

Torii, Ryuzo. 1910. *Etudes Anthropologiques. Les Aborigènes de Formose.* (1^{r} Fascicule). (Journal of the College of Science, Imperial University of Tokyo; Vol. 28, Art. 6). Tokyo. (鳥居龍蔵「人類学研究・台湾の原住民1：序論」『鳥居龍蔵全集』5：1–74、小林知生訳、東京：朝日新聞社、1976年)

Tromp, S. W. 1888. Uit de Salasila van Koetei. *Bijdragen tot de Taal-, Land- en Volkenkunde van Nederlandsch-Indië*, 37: 1–108.

——. 1889. Een reis naar de bovenlanden van Koetei. *Tijdschrift voor Indische Taal-, Land- en Volkenkunde*, 32: 273–304.

Tryon, Darrell T. (ed.) 1995. *Comparative Austronesian Dictionary*, Part 1. Berlin: Mouton de Gruyter.

臧振華／李匡悌／朱正宜　2006『先民履跡：南科考古發現專輯』(南瀛文化叢書；138) 台南縣新營市：台南縣政府.

常木晃　2010「頭蓋骨埋葬の二態」『歴史人類』38: 85–113.

Tung T'ung-ho. 1964. *A Descriptive Study of the Tsou Language, Formosa.* (Institute of History and Philology, Academia Sinica,

Special Publications; No. 48). Taipei: Institute of History and Philology, Academia Sinica.

Tylor, Edward Burnett. 1871. *Primitive Culture*, 2 Vols. London: John Murray.（抄訳はタイラー『原始文化』比屋根安定訳、東京：誠信書房、1962 年）

植松安／山中樵　1939『漂流台湾チョプラン嶋之記』（愛書；第 12 輯）台北：台湾愛書会.

梅棹忠夫　1976『狩猟と遊牧の世界：自然社会の進化』（講談社学術文庫；24）東京：講談社.

宇野円空　1924「首狩について」『宗教研究』19: 33-46.

――　1930「人身供犠と首狩の発生」東京帝国大学宗教学講座創設廿五年記念会（編）『宗教学論集』: 775-868. 東京：同文舘.

――　1949『宗教民族学』東京：創元社.

移川子之蔵／小川尚義　1930「台湾の人種及言語」『台湾篇』（日本地理大系；11）: 315-352. 東京：改造社.

Valentin, Frédérique & Noémie Rolland. 2011. Marquesan Trophy Skulls: Description, Osteological Analyses, and Changing Motivations in the South Pacific. *In*: Bonogofsky (ed.) 2011: 97-121.

Vayda, Andrew P. 1960. *Maori Warfare*. Wellington: A. H. & A. W. Reed.

Vertenten, Petrus. 1923. Het koppensnellen in Zuid Nieuw-Guinea. *Bijdragen tot de Taal-, Land- en Volkenkunde*, 79: 45-72.

Vigié, Béatrice. 2011. Zurschaustellung von Köpfen bei den Kelto-Liguren. *In*: Wieczorek & Rosendahl (Hrsg.) 2011: 82-85.

Volmering, Th. 1914. Het koppensnellen bij de volken in den Oost-Insischen Archipel. *Koloniaal Tijdschrift*, 3 (2): 1153-84, 1319-37, 1461-91.

Wadley, Reed L. 2000. Warfare, Pacification, and Environment: Population Dynamics in the West Borneo Borderlands

(1823-1934). *Moussons*, 1: 41-66.
渡辺仁　2000『縄文式階層化社会』東京：六一書房.
渡邉浩司　2003「要塞都市アントルモン」『中央評論』243: 100-107.
Weiss, Gabriele. 1987. *Elementarreligionen. Eine Einführung in die Religionsethnologie*. Wien: Springer-Verlag.
Werner, J. R. 1889. *A Visit to Stanley's Rear-Guard*. Edinburgh: William Blackwood & Sons.
Wernert, Paul. 1936. L'anthropophagie rituelle et la chasse aux têtes aux époques actuelle et paléolithique. *L'Anthropologie*, 46: 33-43.
Wernhart, Karl R. 2004. *Ethnische Religionen. Universale Elemente des Religiösen*. (Topos plus Taschenbücher; 545). Kevelaer: Topos plus Verlagsgemeinschaft.
Werth, Emil. 1954. *Grabstock, Hacke und Pflug. Versuch einer Entstehungsgeschichte des Landbaues*. Ludwigsburg: Verlag Eugen Ulmer.（ヴェルト『農業文化の起源：掘棒と鍬と犂』藪内芳彦／飯沼二郎訳、東京：岩波書店、1968 年）
Whitehead, John. 1893. *Exploration of Mount Kina Balu, North Borneo*. London: Gurney and Jackson.
Wieczorek, Alfried & Wilfried Rosendahl (Hrsg.) 2011. *Schädelkult. Kopf und Schädel in der Kulturgeschichte des Menschen*. Regensburg: Verlag Schnell und Steiner.
Wilken, George Alexander. [1884-85] 1912. Het animisme bij de volken van den Indischen Archipel. *In*: *De verspreide geschriften van Prof. Dr. G. A. Wilken*, deel III: 1-287. 's-Gravenhage: G. C. T. van Dorp.
——. [1886-87] 1912. Über das Haaropfer und einige andere Trauergebräuche bei den Völkern Indonesiens. *In*: *De verspreide geschriften van Prof. Dr. G. A. Wilken*, deel III: 399-550. 's-Gravenhage: G. C. T. van Dorp.

——. [1889] 1912. Iets over de schedelvereering bij de volken van den Indischen Archipel. *In*: *De verspreide geschriften van Prof. Dr. G. A. Wilken*, deel IV: 37–81. 's-Gravenhage: G. C. T. van Dorp.

Wirz, Paul. 1922–25. *Die Marind-anim von Holländisch-Süd-Neu-Guinea*, 4 Teile. Hamburg: L. Friederichsen & Co.

von Wissmann, Hermann. 1890. *Meine zweite Durchquerung Äquarorial-Afrikas*. Frankfurt a.d.O.: Trowitzsch & Sohn.

Woodthorpe, Robert Gosset. 1882. Notes on the Wild Tribes inhabiting the so-called Naga Hills, on our North-east Frontier of India. *Journal of the Anthropological Institute of Great Britain and Ireland*, 11: 56–73, 196–214.

Worcester, Dean Conant. 1912. *Head-Hunters of Northern Luzon*. (The National Geographic Magazine, Vol. 23, No. 9: 833–930). Washington: National Geographic Society.

呉密察ほか　2001『馬偕博士收藏臺灣原住民文物：沉寂百年的海外遺珍特展圖録專輯』台北：順益台灣原住民博物館.

徐華竜　[1992] 1995『中国の鬼』鈴木博（訳）東京：青土社.

山田敦士　2009『スガンリの記憶：中国雲南省・ワ族の口頭伝承』東京：雄山閣.

山田仁史　2001「台湾原住民の作物起源神話：オーストロネシア民族学・先史学への一寄与」『台湾原住民研究』6: 91–178.

——　2012「台湾原住民における〈動物の主〉試論」『台湾原住民研究』16: 53–68.

——　2013「オーストロネシアから見た出雲神話」三浦佑之（編）『出雲：古事記、風土記、遷宮……よみがえる神話世界』（現代思想；第 41 巻 16 号）：274–285. 東京：青土社.

Yamada, Hitoshi. 2014. Forager Prototype or High-culture Influence for Hainuwele Myths? *In*: Shinoda, Chiwaki (éd.), *Route de la soie dans la mythologie*: 461–477. Chiba: Librairie Rakuro.

Zegwaard, Gerard A. 1959. Headhunting Practices of the Asmat of Netherlands New Guinea. *American Anthropologist*, 61: 1020–1041.

Zorc, R. David. 1995. A Glossary of Austronesian Reconstructions. *In*: Tryon, Darrell T. (ed.), *Comparative Austronesian Dictionary*, Part 1, Fascicle 2: 1105–1197. Berlin: Mouton de Gruyter.

Zou, David Vumlallian. 2005. Raiding the Dreaded Past: Representations of Headhunting and Human Sacrifice in North-East India. *Contributions to Indian Sociology*, 39 (1): 75–105.